KB111114

신주 사마천 사기 17

오태백세가

제태공세가

이 책은 롯데장학재단의 지원을 받아 번역, 출간되었습니다.

신주 사마천 사기 17 / 오태백세가·제태공세가

초판 1쇄 인쇄 2022년 6월 15일
초판 1쇄 발행 2022년 6월 30일

지은이 (본문) 사마천
(삼가주석) 배인·사마정·장수절
번역 및 신주 한가람역사문화연구소 사기연구실

펴낸이 이덕일
펴낸곳 한가람역사문화연구소

등록번호 제2019-000147호
주소 서울특별시 종로구 김상옥로17 대호빌딩 신관 305호
전화 02) 711-1379
팩스 02) 704-1390
이메일 hgr4012@naver.com

ISBN 979-11-90777-27-8 94910

값은 뒤표지에 있습니다.

세계 최초
**삼가주석
완역**

신주
사마천
사기

⑰

오태백세가
제태공세가

지은이
본문_ 사마천
삼가주석_ 배인·사마정·장수절

번역 및 신주
한가람역사문화연구소 사기연구실

한가람역사문화연구소

차례

머리말　《사기》〈세가〉에 관하여 …7

사기 제31권 史記卷三十一
오태백세가 吳太伯世家

사기 제32권 史記卷三十二
제태공세가 齊太公世家

新註史記

원 사료는 중화서국中華書局 발행의 《사기》와 영인본 《백납본사기百衲本史記》를 기본으로 삼고, 인터넷 사료로는 대만 중앙연구원 역사어언연구소歷史語言硏究所에서 제공하는 한적전자문헌자료고漢籍電子文獻資料庫의 《사기》를 참조했다.

일러두기

❶ 네모 상자 안의 글은 사기 본문 및 삼가주석 서문의 글이다.
❷ 한글 번역문 바로 아래 한문 원문을 실어 쉽게 대조할 수 있게 했다.
❸ 삼가주석 아래 신주를 실어 우리 연구진의 새로운 해석을 달았다.
❹ 사기 분문뿐만 아니라 삼가주석도 필요할 경우 신주를 달았다.
❺ 직역을 원칙으로 삼고 의역은 최대한 피했다.
❻ 한문 원문의 ( )는 빠져야 할 글자를, [ ]는 추가해야 할 글자를 나타낸다.

《사기》 〈세가〉에 관하여

1. 〈세가〉의 여섯 유형

《사기》 〈본기本紀〉가 제왕들의 사적이라면 〈세가世家〉는 제후들의 사적이다. 〈본기〉가 모두 12편으로 1년의 열두 달을 상징한다면 〈세가〉는 모두 30편으로 한 달을 상징한다. 훗날 북송北宋의 구양수歐陽修(1007~1072)가 《신오대사新五代史》를 편찬하면서 〈열국세가列國世家〉 10편을 저술했지만 반고班固는 《한서漢書》를 편찬할 때 〈열전〉만 저술하고 〈세가〉는 두지 않았다. 반고는 천하의 군주는 황제 1인이라고 다른 왕들의 존재를 인정하지 않았지만, 사마천은 〈세가〉를 설정해 각 지역의 제후도 독자적 영역을 가진 군주로 인정했다. 따라서 〈세가〉는 사마천이 역사를 바라보는 독특한 시각이 담긴 체제이다. 물론 《사기》의 중심은 〈본기〉로 제왕들이 중심이자 축이지만 그 중심이자 축은 혼자서는 기능하지 못하고 다른 기구들의 보좌가 있어야 제 역할을 할 수 있는데, 그중에서 제후로서 보좌한 인물들의 사적이 〈세가〉이다.

사마천이 〈세가〉를 편찬할 수 있었던 제도의 뿌리는 주나라의 봉건제라고 할 수 있다. 주나라는 제후들을 분봉할 때 공작, 후작, 백작, 자작, 남작의 다섯 작위를 주었는데 이들이 기본적으로 〈세가〉에 분류될 수 있는 제후들이다. 그러나 사마천은 주나라 이래의 수많은 제후 중에서 일부를 추려 30편의 〈세가〉를 저술했다. 〈세가〉는 대략 여섯 유형으로 나눌 수 있다.

〈세가〉의 유형별 분류

유형	목록	편수	내용
1	오태백吳太伯, 제태공齊太公, 노주공魯周公, 연소공燕召公, 관채管蔡, 진기陳杞, 위강숙衛康叔, 송미자宋微子, 진晉, 초楚, 월왕구천越王句踐, 정鄭	12	주나라 초기 분봉 제후
2	조趙, 위魏, 한韓, 전경중완田敬仲完	4	춘추전국 시기 제후가 된 인물들
3	공자孔子	1	유학의 종주
4	진섭陳涉	1	진秦 멸망 봉기의 단초
5	외척外戚, 초원왕楚元王, 형연荊燕, 제도혜왕齊悼惠王, 양효왕梁孝王, 오종五宗, 삼왕三王	7	한나라 외척 및 종친
6	소상국蕭相國, 조상국曹相國, 유후留侯, 진승상陳丞相, 강후주발絳侯周勃	5	한나라 초 개국공신

2. 〈세가〉의 대부분은 동이족 혈통

　여섯 유형 중 가장 중요한 것은 제1유형으로 모두 열두 편이다. 주로 주나라 초기에 분봉된 제후들의 사적인데, 제1유형을 특징하는 가장 중요한 요소는 혈통이다. 사마천은 열두 편의 〈세가〉를 모두 오제의 후손으로 설정했다. 사마천이《사기》를 지은 가장 중요한 목적은 황제黃帝를 시작으로 삼는 한족漢族의 천하사를 서술하려는 것이었는데, 이 목적을 더욱 세밀하게 이루려는 이유로 〈세가〉를 서술한 것이다. 사마천은《사기》에서 동이족의 역사를 한족의 역사로 대체하고자 했는데, 〈세가〉도 이 목적 내에서 벗어나서는 안 되었다.

이런 의도에서 사마천은 〈세가〉의 대부분을 주나라 왕실의 후예로 설정했다. 상商(은)나라는 동이족 국가임이 명확했기에 상나라를 꺾고 중원을 차지한 주나라를 한족의 역사를 만든 최초의 나라로 간주하고 대부분의 〈세가〉를 주나라 왕실의 후예로 설정한 것이다. 이것은 비단 사마천의 의도뿐만 아니라 주나라 자체에도 이런 성격이 있었다. 주나라는 상나라를 꺾고 중원을 차지한 후 자국의 수도를 천하의 중심이라고 인식하기 시작했다. 여기에서 하락河洛이란 개념이 나온다. 낙양 북쪽으로 흐르는 황하黃河에서 하河 자를 따고, 수도 낙양洛陽에서 낙洛 자를 딴 것이 '하락河洛'인데, 이곳이 주나라의 중심부였고, 이 지역을 주족周族들이 중국中國이라고 부른 것이 중국의 탄생이었다.

그러나 〈세가〉의 시조 대부분을 주나라 왕실의 후예로 만들어 한족漢族의 역사를 서술하려는 사마천의 의도가 성공을 거두기는 쉽지 않았다. 해석이 사실을 너무 뛰어넘었기 때문이다. 역사의 사실을 바꾸는 것은 쉽지 않은 일이어서 사마천이 서술한 〈세가〉의 이면을 연구하면 각 나라의 시조들이 사실은 한족이 아니라 동이족임을 간파할 수 있다.

특히 주나라의 시조 후직后稷도 한족이 아닌 동이족이라는 점에서 사마천의 의도가 성공을 거두기는 쉽지 않은 일이었다. 후직에 대해 《사기》〈주본기〉에서는 후직의 어머니 강원姜原이 제곡帝嚳의 원비元妃라고 말하고 있는데, 오제의 세 번째 제왕인 제곡은 동이족 소호少昊 김천씨의 손자로 동이족임이 명확하다. 그러므로 그 후예인 주나라 왕실은 동이족의 후예인 것이다. 그러니 사마천이 〈세가〉의 대부분을 주 왕실의 후예로 설정해 한족의 역사를 만들려고 했던 의도는 처음부터 빗나갈 수밖에 없었다. 사마천의 이런 의도를 간파하는 역사학자가 나타난다면 말이다.

주나라 시조 후직이 동이족이라면 사마천이 주왕실의 후예로 설정한 〈세가〉의 주요 인물들인 오태백, 노주공, 연소공, 관채(관숙 선, 채숙 도) 위강숙, 진강숙, 정환공 등도 모두 동이족의 후예일 수밖에 없다.

이는 실제의 혈통을 바꾸는 것이 얼마나 어려운 것인가를 말해주는 것이다. 〈세가〉의 두 번째 주인공인 제태공 여상이 동이족이라는 점이 이를 말해준다. 여상이 살았다는 '동해 위쪽[東海上]'에 대해서 배인裵駰이 《집해》에서 "《여씨춘추呂氏春秋》에는 '동이東夷의 땅이다.'라고 했다."고 쓴 것처럼 제태공은 명백한 동이족이자 상나라의 후예였다. 또한 진기(진陳나라와 기杞나라)는 맹자가 동이족이라고 말했던 순임금의 후예이고, 송 미자는 동이족 국가였던 은나라 왕족이니 동이족일 수밖에 없다. 사마천은 초나라의 시조를 전욱 고양의 후손으로 설정했다. 전욱은 황제黃帝의 손자이자 창의昌意의 아들인데, 창의는 어머니와 아버지가 같은 형 소호의 동생이므로 역시 동이족이다. 월왕 구천은 우禹임금의 후예로 설정했는데, 남조南朝 유송劉宋의 유의경劉義慶이 5세기에 편찬한 《세설신어世說新語》에서 "우禹는 동이족이고 주나라 문왕은 서강西羌족이다."라는 구절이 있는 것처럼 하夏, 상商, 주周는 모두 이족夷族의 국가였다. 이는 중국의 삼대, 즉 하, 상, 주의 역사가 동이족의 역사임을 말해준다.

〈세가〉의 가장 중요한 제1유형에 속하는 열두 편의 주인공들은 모두 동이족의 후예였다. 사마천은 주나라부터는 한족이 역사의 주인공인 것처럼 서술했지만 서주西周가 멸망하는 서기전 771년의 사건에 대해 〈정세가〉에서 "견융犬戎이 유왕幽王을 여산驪山 아래에서 살해하고 아울러 정환공도 살해했다."라고 말하는 것처럼 이족夷族들은 제후국뿐만 아니라 주나라 왕실의 운명을 좌우할 정도로 주나라 왕실 깊숙이 뒤섞여 살았다. 동이족의 역사를 배제하면 〈세가〉를 이해할 수 없고, 〈세가〉가 존재할 수도 없다.

3. 유학적 관점의 〈세가〉 배열과 〈공자세가〉

사마천은 제후가 아니었던 공자를 세가 반열에 포함시킬 정도로 유학을 높였다. 비록 〈화식貨殖열전〉 등을 《사기》에 편찬해 의義보다 이利를 앞세웠다는 비판도 받았지만 사마천과 아버지 사마담司馬談은 기본적으로 유학자였다. 이런 사마천의 의도는 〈세가〉를 오태백부터 시작한 것에서도 드러난다. 유학에서 최고의 가치로 여겼던 선양禪讓을 높이기 위해서 주周나라 고공단보의 장남이지만 후사를 동생 계력에게 양보한 오태백을 〈세가〉의 첫 번째로 설정한 것이다.

그러나 〈세가〉는 각국의 시조를 모두 오제나 주나라 왕실의 후예로 설정한 모순이 드러난다. 태백과 동생 중옹이 도주한 형만은 지금의 강소성江蘇省 소주蘇州로 비정하는데, 태백과 중옹이 주나라 강역이 아니었던 남방 오나라의 군주가 되었다는 서술은 많은 검증이 필요하다. 마찬가지로 월나라에 대해 "월왕 구천은 그 선조가 우禹임금의 먼 자손으로 하후夏后 제소강帝少康의 서자庶子이다."라고 말하고 있는데 하나라 강역이 아니었던 월나라의 시조를 하나라 시조의 후손으로 설정한 것도 많은 검증이 필요하다.

4. 흥망성쇠의 역사

〈세가〉는 사실 《사기》의 어느 부분보다 역동적이다. 사마천은 비록 제왕은 아니었지만 한 나라를 세우거나 다스렸던 군주들의 흥망성쇠를 현장감 있게 전해주었다. 한 제후국이 어떻게 흥하고 망하는지는 지금도 많은 교훈과 생각거리를 준다. 진晉나라가 일개 호족들이었던 위魏, 한韓, 조趙씨의 삼진三晉에 의해 멸망하는 것이나, 제나라를 세운 태공망 여씨呂氏의 후손들이 전씨田氏들에 의해 멸망하고 선조들의 제사마저 폐해지는 장면 등은 내부를 장악하지 못한 왕실의 비극적 종말을 보여준다.

또한 같은 동이족이자 영성嬴姓이었던 진秦과 조趙의 양측 100만여 군사가 전사하는 장평지전長平之戰은 때로는 같은 혈통이 다른 혈통보다 더 적대적임을 말해주는 사례이다. 이 장평지전으로 진나라와 1대 1로 맞서는 국가가 사라졌고, 결국 진秦나라가 중원을 통일했다. 만약 장평지전이 없었다면 중원은 현재의 유럽처럼 여러 나라가 공존하는 대륙으로 남을 수 있지 않았을까라는 의문이 든다.

이렇게 중원을 통일한 진나라가 일개 농민이었던 진섭陳涉의 봉기로 무너지는 것은 한 필부匹夫의 한이 역사를 바꾼 사례라는 점에서 동서고금의 위정자들이 새겨야 할 교훈이 아닐 수 없다.

〈세가〉는 한나라 왕실 사람들도 그리 행복한 인생은 아니었다는 사실을 잘 말해주고 있다. 황후들의 운명 또한 그리 행복하지 않았다는 사실을

〈외척세가〉는 잘 보여주고 있다. 특히 한문제가 훗날 소제의 생모 구익부인을 죽이는 장면은 미래의 황제를 낳은 것이 행복의 시작이 아니라 개인적 불행의 정점이라는 점에서 역사의 냉혹함을 느끼게 한다.

효경제孝景帝의 다섯 명의 비妃에게서 난 열세 명의 아들에 대해 서술한 〈오종세가五宗世家〉 역시 황제의 아들이라는 신분이 때로는 축복이 아니라 저주일 수도 있다는 사실을 잘 말해준다. 무제의 세 아들 유굉劉閎, 유단劉旦, 유서劉胥에 대해 서술한 〈삼왕세가三王世家〉도 마찬가지이다. 〈삼왕세가〉는 청나라 양옥승梁玉繩이 《사기지의》에서 저소손褚少孫이 끼워 넣은 것이라고 비판했지만, 이와는 별도로 세 아들은 모두 풍요로운 땅에 봉해졌지만 나라가 없어지거나 자살해야 했으니 이 또한 고귀한 혈통일수록 겸손하고 자제해야 한다는 역사의 교훈을 말해주고 있다.

〈세가〉에서 서술한 각국, 각 제후 명칭과 연도는 그간 숱한 논쟁의 대상이 되어 왔다. 학자들에 따라서 1~2년 정도씩 차이가 나는 경우가 적지 않았다. 우리 해역진은 현재 중국 학계에서 인정하는 연표를 기본으로 서술했다. 그러나 이런 연표들이 다른 사료와 비교 검증했을 때 실제 연도와 다른 경우도 적지 않았다. 이 경우 〈수정 연표〉를 따로 제시했다. 〈수정 연표〉 작성은 이 분야를 오래 연구한 이시율 해역자가 주로 작성했고, 다른 해역자들의 검증도 거쳤음을 밝힌다.

사기 제31권 史記卷三十一

오태백세가 吳太伯世家

사기 제31권 오[1]태백세가 제1
史記卷三十一 吳[1]太伯世家第一

[색은] 세가[1]란 제후의 본 계통을 기록한 것이며, 그 후대와 자손이 항상 국國[2]을 가진 것을 말한다. 그러므로《맹자》에서 "진중자陳仲子[3]는 제齊의 세가다."라고 했다. 또 동중서는 "왕이 된 자가 제후를 봉한 것은 관직을 준 것이 아니고 대대로 가家를 이룰 수 있게 한 것이다."라고 했다.
系家[1]者 記諸侯本系也 言其下及子孫常有國[2] 故孟子曰陳仲子[3] 齊之系家 又董仲舒曰王者封諸侯 非官之也 得以代爲家也

1 系家세가

[신주] [색은] 원문은 '계가系家'이다.《색은》의 저자 사마정은 당나라 사람이므로 당태종 이세민李世民의 휘를 피해서 세世를 계系로 고쳤다. 따라서 원래는 '세가世家'가 맞다. 주석에서 언급한《계본系本》또한《세본世本》이 맞다. 본 번역에서는 모두 '세가'와《세본》이라고 번역한다.

2 國국

[신주] 국國이란 오늘날의 '국가(Nation)'란 뜻이 아니라, 원래 한 지역을 가리키는 용어로, 주州나 군郡 등과 같은 의미다. 제후의 작위에 따라 왕국

王國, 공국公國, 후국侯國 등이 있다. 한漢 이후 국國이란 독립적인 국가가 아니고 중앙정부의 통제를 받는 지역이다. 한나라 초기를 제외하곤 왕국은 동성同姓을 봉하며, 보통 군郡급이다. 공국도 거의 동성을 봉하며, 보통 현縣급이다. 후국은 향鄕이나 정亭급이 보통이다. 이 이후로 이성異姓의 제후로 왕에 봉해진 자는 위魏무제로 추존된 조조曹操가 최초다.

하지만 여기 〈공자세가〉 이전에 말하는 '국'들은 춘추전국시대 반독립적인 위치에서부터 독립적인 지위를 지닌 나라들을 가리킨다.

3 陳仲子진중자

신주 제濟로 망명한 진완陳完의 아우다. 《맹자》에 자세히 나오며, 〈노중련추양열전〉에 《색은》의 주석이 달려 있다. 제나라에서 벼슬한 진완과 달리 숨어서 처사로 지냈다고 한다.

① 吳오

신주 오吳는 오국吳國을 뜻하는데 구오句吳라고도 한다. 오국은 주나라 왕실의 일원이므로 희성姬姓이다. 희성은 사마정이 《색은》에서 "황제黃帝는 수구壽丘에서 태어나 희수姬水에서 자라서 이를 성姓으로 삼았다."고 한 것처럼 황제의 성이다. 황제의 맏아들인 소호 김천씨가 희성姬姓이자 동이족인 데서 알 수 있는 것처럼 주나라도 동이족 국가다.

중국에서는 오국이 서기전 12세기경부터 서기전 473년까지 장강 하류에 있던 주나라의 제후국이라고 설명한다. 《좌전》, 《사기》 등은 오국의 개국 군주를 주周 나라 고공단보古公亶父의 장자 태백泰伯이라고 한다. 고공단보는 사후 태왕太王에 추존된다. 태백은 아우인 (고공단보의 셋째) 계력季歷의 아들 창昌(문왕)이 성스럽다는 사실을 알고 그를 왕위에 오르게 하려고 동생 중옹仲雍과 함께 이족夷族 지역인 형만 땅으로 도주했다고 한다. 태백은 사후에 아들이 없어서 중옹이 뒤를 이었는데, 주무왕이 상나라를 무너뜨린 후 중옹의 4세손 주장周章을 오나라 자작으로 봉해주었다고 한다.

태백 때 주나라는 중원을 차지하지 못했고, 상商나라의 제후국에 불과했는데 이런 제후국의 후예들이 장강 유역까지 와서 토착세력을 지배하고 다스렸다고 보기는 어렵다. 중국사의 여러 부분이 그렇듯이 후대에 오 왕실의 세계를 끌어올려 주나라와 연결했을 가능성이 크다.

오나라에서 실제로 재위연대가 확인되는 인물은 오왕 수몽壽夢(재위 서기전 585~서기전 561)이다. 오나라는 장강長江(양자강) 남쪽의 월越나라와 세력을 다투었는데, 오왕 합려闔閭는 월왕 구천句踐과 싸우다가 상처를 입어 죽었다. 합려의 아들 부차夫差는 서기전 494년 월나라를 대파하고 승리했으나 오자서의 간언을 듣지 않고 월나라를 존속시켰다가 서기전 473년 절치부심하던 월왕 구천에게 고소대에서 포위 공격당해 자결하였다. 부차가 자결함으로써 오나라는 멸망하고 말았다.

오나라 군주 세계

태백太伯 → 중옹仲雍(태백의 동생) → 계간季簡 → 숙달叔達 → 주장周章(첫 봉함을 받음) → 웅수熊遂 → 가상柯相 → 강구이彊鳩夷 → 여교의오餘橋疑吾 → 가로柯盧 → 주요周繇 → 굴우屈羽 → 이오夷吾 → 금처禽處 → 전轉 → 파고頗高 → 구비句卑 → 거제去齊 →

군주 칭호	이름	재위 기간(모두 서기 전)	재위 연수
오왕 수몽壽夢	승乘	585~561	25
오왕 제번諸樊	알遏	560~548	13
오왕 여제餘祭	여제	547~544	4
오왕 여말餘眜	여말	543~527	17
오왕 요僚	요	526~515	12
오왕 합려闔閭	광光	514~496	19
오왕 부개夫槪	부개	496	찬위簒位
오왕 부차夫差	부차	495~473	23

태백의 후예라고 하지만

> 오태백①과 태백의 아우 중옹仲雍②은 모두 주周태왕(고공단보)의
> 아들이며 주나라 왕 계력季歷③의 형이다. 계력은 현명한 데다 성
> 스러운 아들 창昌을 낳자 태왕은 계력을 군주로 세워서 창에게
> 나라가 이르게 하려 했다.
>
> 吳太伯①太伯弟仲雍② 皆周太王之子 而王季歷③之兄也 季歷賢 而有聖
> 子昌 太王欲立季歷以及昌

① 吳太伯오태백

집해 위소가 말했다. "뒤에 무왕이 추봉해서 오백吳伯으로 삼았으므
로 오태백이라고 한다."

韋昭曰 後武王追封爲吳伯 故曰吳太伯

색은 《국어》에서 말한다. "황지黃池의 회합에서 진晉정공이 사신을 시
켜 오왕 부차夫差에게 말하기를 '명규命圭(제후가 쥐는 규)에는 명이 있으니,
진실로 오백吳伯이라 해야지, 오왕이라 하지 못한다.'라고 했다. 이는 오
나라는 본래 백작伯爵이었다는 것이다. 범녕范甯은 《논어》를 해설하며
이르기를 '태太 자는 선善이 큼을 일컫는다. 백伯은 맏이다. 주태왕의 원

자元子이므로 태백이라 한다.'고 했다. 중옹이나 계력이라고 일컫는 것은 모두 자字를 이름에 짝지은 것인즉, 伯 또한 자이다. 또 이는 작위이기도 하다. 다만 그 이름은 사적史籍에서 앞서부터 빠진 것일 뿐이다."

國語曰黃池之會 晉定公使謂吳王夫差曰 夫命圭有命 固曰吳伯 不曰吳王 是吳 本伯爵也 范甯解論語曰太者 善大之稱 伯者 長也 周太王之元子故曰太伯 稱 仲雍季歷 皆以字配名 則伯亦是字 又是爵 但其名史籍先闕耳

정의 오吳는 국호다. 태백은 매리梅里에 거처했는데 (당나라) 상주常州 무 석현無錫縣 동남쪽 60리에 있다. 19세손 수몽壽夢에 이르기까지 거처해 서 구오句吳라고 불렀다. 수몽이 죽고 제번諸樊이 남쪽 오로 이사했다. 21 세손 광光에 이르러 자서子胥(오자서)를 시켜 합려성闔閭城을 쌓고 도읍했 는데, 지금의 소주이다.

吳 國號也 太伯居梅里 在常州無錫縣東南六十里 至十九世孫壽夢居之 號句吳 壽夢卒 諸樊南徙吳 至二十一代孫光 使子胥築闔閭城都之 今蘇州也

② 太伯弟仲雍태백제중옹

색은 백, 중, 계는 형제 순서대로의 자字이다. 덕을 드러내는 자字는 뜻 을 이름과 서로 부합하게 한다. 그런즉 《세본》에서 "오의 숙재孰哉는 번 리蕃離에 자리 잡았다."라고 했는데, 송충은 "숙재는 중옹의 자이다. 번 리는 지금 오군吳郡의 여기餘暨다."라고 했다. 해석한 자가 이르기를 "옹 雍은 익혀 먹는 것이므로 옹雍의 자는 숙재孰哉이다."라고 했다.

伯仲季是兄弟次第之字 若表德之字 意義與名相符 則系本曰吳孰哉居蕃離 宋 忠曰孰哉 仲雍字 蕃離 今吳之餘暨也 解者云雍是孰食 故曰雍字孰哉也

신주 형제의 순서에 따라 '백, 중, 숙, 계, 유幼'의 순서로 간다. 중국 삼 국시대 최후의 승자인 사마의司馬懿의 자는 중달仲達인데, 형 사마랑은 백달이고 아우 사마부는 숙달이다. 이렇듯 형제 순서에 따라 순서를 매기고 달達 자를 돌림자로 하여 자로 삼았다. 이런 경우가 많이 보인다. 오나라 손권孫權의 아들들 이름은 손등孫登, 손려慮, 손화和, 손패覇, 손분奮, 손휴休, 손량亮인데, 각각 자를 '자고子高, 자지子智, 자효子孝, 자위子威, 자양子揚, 자열子烈, 자명子明'이라 했다. '登=高, 慮=智, 和=孝, 覇=威, 奮=揚, 休=烈, 亮=明'으로, 자子 자를 돌림자로 하면서 모두 어울리는 글자를 가지고 지었다. 이렇듯 자는 함부로 짓는 것이 아니라 반드시 그 이름의 뜻[德]에 어울리는 글자를 가지고 짓는다.

③ 季歷계력

신주 주나라 왕 계季이며, 문왕의 아버지다. 《죽서기년》에서는 은나라 왕 문정文丁에게 살해당했다고 한다. 《사기》 〈은본기〉에는 문정을 '태정太丁'이라고 하는데 태정은 성탕의 아들이니 《죽서기년》의 기록이 맞을 개연성이 있다.

이에 태백과 중옹 두 사람은 형만荊蠻으로 달아나 몸에 문신을 하고 머리털을 잘라① 자신들은 후계로 등용될 수 없음을 보였는데, 계력을 위해 피한 것이었다. 계력이 과연 태왕의 뒤를 계승했는데, 이이가 왕계王季가 되었고 창昌이 문왕文王이 되었다.
於是太伯仲雍二人乃奔荊蠻 文身斷髮① 示不可用 以避季歷 季歷果立 是爲王季 而昌爲文王

① 文身斷髮문신단발

집해 응소가 말했다. "보통 물속에서 생활하니, 그 머리털을 자르고 그 몸에 문신을 해 교룡을 본떴다. 그러므로 상해傷害를 당하지 않았다."

應劭曰 常在水中 故斷其髮 文其身 以象龍子 故不見傷害

정의 강희가 말했다. "태백의 막내아우 계력은 문왕 창昌을 낳았는데 성덕이 있었다. 태백은 그가 반드시 천하를 가질 것으로 알았다. 그러므로 국가를 계력에게 전하고자 했다. 태왕이 병이 들자, 오吳와 월越에서 약재를 캐어 오겠다고 핑계를 대고 돌아오지 않았다. 태왕이 죽고 계력이 즉위하였으니, 한 번 양보한 것이다. 계력이 죽고 문왕이 즉위하였으니, 두 번 양보한 것이다. 문왕이 죽고 무왕이 즉위하여 마침내 천하를 소유했으니, 세 번 양보한 것이다."

또 해석하기를 "태왕이 병이 들자 약을 캐어 오겠다고 핑계를 대고는 살아서는 예를 갖추어 섬기지 않았으니 한 번 양보한 것이고, 태왕이 죽자 돌아오지 않고 계력을 시켜 상喪을 주관케 하고는 예를 갖추어 장례를 치르지 않았으니 두 번 양보한 것이고, 머리털을 자르고 몸에 문신을 해 등용되지 못함을 보이고 계력에게 제사를 주관하게 하고는 예를 갖추어 제사하지 않았으니 세 번 양보한 것"이라고 한다.

江熙云 太伯少弟季歷生文王昌 有聖德 太伯知其必有天下 故欲傳國於季歷 以太王病 託採藥於吳越 不反 太王薨而季歷立 一讓也 季歷薨而文王立 二讓也 文王薨而武王立 遂有天下 三讓也 又釋云 太王病 託採藥 生不事之以禮 一讓也 太王薨而不反 使季歷主喪 不葬之以禮 二讓也 斷髮文身 示不可用 使歷主祭祀 不祭之以禮 三讓也

신주 당시 주나라는 은나라의 제후국에 불과했고, 이때는 오吳와 월越이 존재하지도 않았으니 후대에 만든 사실일 개연성이 크다. 이 말이 사실이 되려면, 오와 월은 주나라 이전에 존재했던 국가여야 하니 주나라 제후국이란 말은 거짓이 된다. 중국역사는 고대로 갈수록 조작이 많다는 '고사변학파'의 주장을 떠올리게 된다. 아울러 여기서 '교룡'이라는 존재는 아마 양쯔강 등 회남과 강남 지역에 살던 돌고래나 철갑상어와 같은 거대한 물고기를 달리 부르는 이름이었을 것이다.

태백은 형만으로 달아나 스스로 구오句吳[1]라고 불렸다. 형만에서 태백을 의인으로 여기니 그를 따라 귀의한 자가 1,000여 가구나 되어서, 그를 군주로 세워서 오태백吳太伯으로 삼았다.

太伯之犇荊蠻 自號句吳[1] 荊蠻義之 從而歸之千餘家 立爲吳太伯

---

① 自號句吳자호구오

집해 송충이 말했다. "구오는 태백이 처음으로 거처했던 땅 이름이다."

宋忠曰 句吳 太伯始所居地名

색은 형荊은 초楚의 옛 호칭인데 주州로서 말하면 형(형주)이라고 한다. 만蠻이란 민閩으로 남이南夷의 명칭이다. 만은 또한 월越을 일컫는다. 이들이 스스로 구오句吳라고 불렸다는 말로서, 오吳의 이름은 태백에게서 기원하였으니 지난날에는 오吳라는 호칭이 있지 않았다는 것이 명백하다. 지역이 초와 월의 경계에 있어서, '형만'이라고 일컬었다.

안사고는《한서》주석에서 오吳를 '구句'라고 말했는데, 이어夷語(이민족의 말)의 발성이며 (월越을) '우월於越'이라 말한 것과 같다. 여기서 "구오句吳라고 부른다."라고 말했으니, 마땅히 안사고의 해석과 같다. 그런데 주석에서 송충의 말을 인용해서 (구오를) 지명이라 했다. 《세본》〈거편居篇〉에서 "숙재孰哉는 번리蕃離에 자리 잡았고, 숙고孰姑는 구오로 이사했다."라고 했는데, 송충은 《사기》에 '태백자호구오太白自號句吳'라는 문장이 있는 것을 보고 마침내 미봉책으로 그것을 해석해서 이곳을 태백이 처음 자리잡은 지명이라고 한 것이다.

배인이 인용한 것은 아마 그런 뜻이 아닐 것이다. 번리에 그 땅이 이미 있었다면, 구오에 대해 어찌 전혀 진실을 몰랐겠는가. 오나라 사람들은 구오라는 이름의 성읍이 별도로 있다는 것을 들은 적이 없으니, 곧 《세본》의 문장은 있는 그대로 믿기 어려울 듯하다. 《오지기》에서 말한다. "태백은 매리梅里에 거처했는데, 합려성의 북쪽 50리쯤에 있다."

荊者 楚之舊號 以州而言之曰荊 蠻者 閩也 南夷之名 蠻亦稱越 此言自號句吳 吳名起於太伯 明以前未有吳號 地在楚越之界 故稱荊蠻 顏師古注漢書 以吳言句者 夷語之發聲 猶言於越耳 此言號句吳 當如顏解 而注引宋忠以爲地名者 系本居篇曰孰哉居蕃離 孰姑徙句吳 宋氏見史記有太伯自號句吳之文 遂彌縫解彼云是太伯始所居地名 裴氏引之 恐非其義 蕃離既有其地 句吳何總不知真實 吳人不聞別有城邑曾名句吳 則系本之文或難依信 吳地記曰 泰伯居梅里 在閨閭城北五十里許

신주 주나라 수도가 낙양이고, 그 북부에 황하가 흐른다. 그 지역을 황하黃河의 '하' 자와 낙양의 '낙' 자를 따서 하락河洛이라고 하는데, 이 넓지 않은 지역을 중국中國이라고 부른 것이 중국과 이민족을 가리는 시초였다. 동이·서융·남만·북적이 그것인데, 주나라도 이夷의 하나에 불과했으므로 정확하게 나눌 수 있는 명칭은 아니다. 위 내용을 셋으로 나누어 설명할 수 있다.

첫째, 만蠻은 남방 이민족을 가리키며 '형荊'이란 명칭은 진秦나라 통일 후에 진시황이 아버지 자초子楚의 이름을 피하려고 '초楚'를 '형'으로 고친 데서 비롯되었다. 그래서 전국시대 말기 초나라가 있었던 회수 일대를 형이라고 고쳐 불렀다. 그 후 원래 초나라 영역이던 장강 중류 일대를, 한漢나라에서 또 형주荊州라고 불렀다. 또 회수 하류 일대는 원래 동이東夷의 하나인 회이淮夷의 영역이지 만蠻의 영역이 아니었고, 주나라 영역이 된 것도 주나라 무왕의 4세손 목왕穆王 이후 정벌로 인한 결과이다. 따라서 무왕이 태백을 이곳에 봉했다는 것도 어불성설이다. 후대의 개념인 '형만'이란 명칭이 사용된 것 자체가 후대의 변조임을 증거하고 있다.

둘째, 역사적으로 다른 민족이 중원과 접촉하면 훗날 역사적으로 유력한 집단과 연결해서 설명하는 경우가 대다수였다. 고대 오나라와 월나라 역시 강남 지역에서 발생했지만, 훗날 중원과 연결하려는 고리가 있었을 것이다. 실제 오나라가 이 지역을 영유하기 시작한 것은 춘추시대 중기 이후로, 원래 이곳에 존재하던 태백과 중옹의 전설을 채택했을 수도 있다. 또 〈오태백세가〉 자체만 보더라도 그들은 중옹의 후손이지 태백의 후손이 아닌데 태백의 후예로 연결했다.

셋째, 오나라는 물론 월나라와 초나라도 중원과 접하면서부터 왕王이라고 호칭했다. 춘추시대 주나라의 제후국이라면 불가능한 말이다. 그들 스스로 독자적인 나라임을 천명한 것이다.

이는 오와 월이 강남에서 스스로 일어났다가 중원과 접촉하면서 훗날 그들의 역사에 흡수되었다고 보는 것이 이치에 합당할 것이다.

태백이 죽었는데[1] 아들이 없어서 아우 중옹仲雍이 계승했으니 이이가 오중옹吳仲雍이다. 중옹이 죽고[2] 아들 계간季簡이 계승했다. 계간이 죽고 아들 숙달叔達이 계승했다. 숙달이 죽고 아들 주장周章이 계승했다.

이때 주나라 무왕은 은殷나라를 공격해서 이기고 태백과 중옹의 후사들을 찾아 주장周章을 얻었다. 주장은 이미 오나라 군주가 되어 있었기 때문에 오나라에 봉했다.

주장의 동생 우중虞仲을 주나라의 북쪽 하허夏虛[3]에 봉했는데 이이가 우중이 되었다.[4] 제후에 반열했다.

太伯卒[1] 無子 弟仲雍立 是爲吳仲雍 仲雍卒[2] 子季簡立 季簡卒 子叔達立 叔達卒 子周章立 是時周武王克殷 求太伯仲雍之後 得周章 周章已君吳 因而封之 乃封周章弟虞仲於周之北故夏虛[3] 是爲虞仲[4] 列爲諸侯

① 太伯卒태백졸

집해 《황람》에서 말한다. "태백의 무덤은 오현 북쪽 매리취에 있는데, 성에서 10리 떨어져 있다."

皇覽曰 太伯冢在吳縣北梅里聚 去城十里

② 仲雍卒중옹졸

색은 《오지기》에서 말한다. "중옹의 무덤은 오군 상숙현 서쪽 해우산 위에 있으며 언언言偃의 묘와 나란히 있다."

吳地記曰 仲雍冢在吳郡常孰縣西海虞山上 與言偃冢竝列

신주 태백과 중옹의 무덤은 후대에 만들어졌을 가능성이 있다.

③ 夏虛하허

집해 서광이 말했다. "하동군 대양현에 있다."

徐廣曰 在河東大陽縣

④ 虞仲우중

색은 하나라는 안읍安邑에 도읍했고 우중虞仲은 대양大陽의 우성虞城에 도읍했는데, 안읍의 남쪽에 있다. 그러므로 하허夏虛라고 했다. 《좌전》에서 "태백과 우중은 태왕太王의 소昭이다."라고 했으니, 곧 우중은 태왕의 아들임이 분명하다. 또 《논어》에서 이르기를 "우중과 이일夷逸은 숨어 살면서 거리낌 없이 말했다."라고 하니, 이는 중옹이 우중임을 일컬은 것이다. 지금 주장周章의 아우를 또한 우중이라고 일컬은 것은 아마 주장의 아우 자는 중仲인데, 비로소 우虞에 봉해졌으므로 우중이라 한 것이다. 즉 중옹의 본래 자는 중仲으로, 우虞나라의 시조가 되었으므로 후대에 또한 우중이라고 일컬은 것이며, 조부와 손자가 동일하게 호칭된 까닭이다.

夏都安邑 虞仲都大陽之虞城 在安邑南 故曰夏虛 左傳曰太伯虞仲 太王之昭 則虞仲是太王之子必也 又論語稱虞仲夷逸隱居放言 是仲雍稱虞仲 今周章之弟亦稱虞仲者 蓋周章之弟字仲 始封於虞 故曰虞仲 則仲雍本字仲 而爲虞之始祖 故後代亦稱虞仲 所以祖與孫同號也

신주 '태백과 우중은 태왕의 소昭'란 말에서 소는 소목昭穆 제도를 일컫는다. 시조를 중앙에 모시고 2-4-6의 세대를 왼쪽에 모시는 것을 소昭라 하고, 3-5-7의 세대를 오른쪽에 모시는 것을 목穆이라 한다. 태백과 중옹은 태왕에 이어 2세대이니, 곧 태왕의 아들이란 소리다. 무왕이 정말 태백이나 중옹의 후손을 봉했다면, 곧 이 우虞나라일 것이다. 마침 글자 모양이나 발음마저 오吳와 비슷하다.

주장이 죽자 아들 웅수熊遂가 계승했다. 웅수가 죽자 아들 가상柯相[1]이 계승했다. 가상이 죽자 아들 강구이彊鳩夷가 계승했다. 강구이가 죽자 아들 여교의오餘橋疑吾[2]가 계승했다. 여교의오가 죽자 아들 가로柯盧가 계승했다. 가로가 죽자 아들 주요周繇[3]가 계승했다. 주요가 죽자 아들 굴우屈羽[4]가 계승했다. 굴우가 죽자 아들 이오夷吾가 계승했다. 이오가 죽자 아들 금처禽處가 계승했다. 금처가 죽자 아들 전轉[5]이 계승했다. 전이 죽자 아들 파고頗高[6]가 계승했다. 파고가 죽자 아들 구비句卑[7]가 계승했다.

周章卒 子熊遂立 熊遂卒 子柯相[1]立 柯相卒 子彊鳩夷立 彊鳩夷卒 子餘橋疑吾[2]立 餘橋疑吾卒 子柯盧立 柯盧卒 子周繇[3]立 周繇卒 子屈羽[4]立 屈羽卒 子夷吾立 夷吾卒 子禽處立 禽處卒 子轉[5]立 轉卒 子頗高[6]立 頗高卒 子句卑[7]立

① 柯相가상
　정의　柯는 '가歌'로 발음하고 相의 발음은 '상[相匠反]'이다.
柯音歌 相音相匠反

② 餘橋疑吾여교의오
　정의　橋의 발음은 '교[蹻驕反]'이다.
橋音蹻驕反

③ 周繇주요

정의 繇의 발음은 '요遙'인데 또 '유由'로도 발음한다.

繇音遙 又音由

④ 屈羽굴우

정의 屈의 발음은 '굴[居勿反]'이다.

屈 居勿反

⑤ 轉전

색은 초주는《고사고》에서 '가전柯轉'이라 했다.

譙周古史考云 柯轉

⑥ 頗高파고

색은 《고사고》에는 '파몽頗夢'으로 쓰여 있다.

古史考作頗夢

⑦ 句卑구비

색은 《고사고》에는 '필진畢軫'이라고 한다.

古史考云畢軫

이때 진晉헌공이 주나라 북쪽에 있는 우공虞公을 멸망시켰는데, 진晉나라를 개척하려고 곽虢[1]을 공격한 시기였다.

구비句卑가 죽고 아들 거제去齊가 계승했다. 거제가 죽고 아들 수몽壽蒙[2]이 계승했다. 수몽이 계승하자 오나라는 비로소 더욱 커져서 왕王이라고 칭했다.

是時晉獻公滅周北虞公 以開晉伐虢[1]也 句卑卒 子去齊立 去齊卒 子壽夢[2]立 壽夢立而吳始益大 稱王

① 虢곽

색은 《춘추》 희공 5년(서기전 655)에서 말한다. "겨울에 진晉나라 사람이 우공虞公을 체포했다." 《좌전》 희공 2년에서 "진晉나라 순식荀息이 굴산屈産의 승乘(말)과 수극垂棘의 벽璧(구슬)으로 우나라의 길을 빌려 곽虢을 공격하겠다고 청하자, 우공은 궁지기宮之奇의 간언을 듣지 않고 우나라 공작이 길을 허락했다. 또 먼저 그들을 공격할 것을 청했는데, 끝내 곽을 공격하고 하양下陽을 멸했다."라고 했다.

《좌전》 희공 5년에서 이르기를 "진나라 후작이 다시 길을 빌려 곽나라를 공격하려고 하자, 궁지기가 간했는데, 우공이 듣지 않았다. 이에 그의 가족과 길을 떠나면서 이르기를 '우나라는 납제臘祭(12월 제사)를 하지 못할 것이다.'라고 했다. 8월 갑오일, 진후晉侯가 상양上陽을 포위했다. 겨울 12월, 곽을 멸했다. 군사가 돌아오는 길에 마침내 우나라를 습격해 멸했다."라고 한다.

春秋經僖公五年 冬晉人執虞公 左氏二年傳曰晉荀息請以屈産之乘與垂棘之璧假道伐虢 宮之奇諫 不聽 虞公許之 且請先伐之 遂伐虢 滅下陽 五年傳曰晉

侯復假道伐虢 宮之奇諫 不聽 以其族行 曰虞不臘矣 八月甲午 晉侯圍上陽 冬十有二月 滅虢 師還 遂襲虞滅之也

이른바 "길을 빌려 곽나라를 멸하다."라는 뜻의 고사성어 '가도멸괵假道滅虢'의 출전이다. 다른 나라의 길을 임시로 빌려 쓰다가 마침내 그 나라를 쳐서 없앤다는 뜻이다. 〈진晉세가〉에 다시 나온다.

② 夢몽

정의 夢의 발음은 '몽[莫公反]'이다.

夢 莫公反

> 태백이 오나라를 일으킨 뒤로 5대째 되었을 때 무왕은 은나라를 멸망시키고 그의 후에 2명을 봉했다. 그 하나는 우나라로 중원에 있었고, 그 하나는 오나라로 이만夷蠻에 있었다. 12대가 지나 진晉이 중원에 있는 우虞를 멸망시켰다. 중원의 우나라가 멸망한 뒤로 2대째에 이만 땅의 오吳나라가 흥성했다.[1] 대략 태백으로부터 수몽[2]에 이르기까지 19대였다.
>
> 自太伯作吳 五世而武王克殷 封其後爲二 其一虞 在中國 其一吳 在夷蠻 十二世而晉滅中國之虞 中國之虞滅二世而夷蠻之吳興[1] 大凡從太伯至壽夢[2]十九世

① 吳興오흥

정의 중국의 우나라가 멸망한 뒤 2대에 이르기까지 합 71년인데, 수몽

壽夢에 이르러 흥성하고 커져서 왕이라고 칭했다.

中國之虞滅後二世 合七十一年 至壽夢而興大 稱王

② 壽夢수몽

수몽은 중옹仲雍의 19세손이다.

壽夢是仲雍十九代孫也

왕 수몽[1] 2년, 초나라에서 망명한 대부 신공무신申公巫臣이 초나라의 장수 자반子反과의 원한 때문에 진晉나라로 달아났다. 무신은 진晉나라에서 오나라에 사신으로 와서 오나라에 용병술과 수레 타는법을 가르치고, 그의 아들에게 오나라의 행인行人[2]이 되게 했다. 오나라는 이로써 중원과 소통을 시작했다. 오나라는 초나라를 공격했다.

16년, 초나라 공왕共王이 오나라를 공격하여 형산衡山에 이르렀다.[3]

王壽夢[1]二年 楚之亡大夫申公巫臣怨楚將子反而犇晉 自晉使吳 教吳用兵乘車 令其子爲吳行人[2] 吳於是始通於中國 吳伐楚 十六年 楚共王伐吳 至衡山[3]

① 王壽夢왕수몽

수몽부터 처음으로 그 연도를 기록했으며, 《춘추》에는 오직 죽은 년도만 기록했다. 2년을 계산하면 (노나라) 성공成公 7년에 해당한다.

自壽夢已下始有其年 春秋唯記卒年 計二當成七年也

② 行人행인

집해 복건이 말했다. "행인은 국가에서 빈객의 예절과 기록을 관장하여 사방의 사신을 대접하고, 대객大客을 인도하며 소객小客의 폐백과 사辭를 받는다."

服虔曰 行人 掌國賓客之禮籍 以待四方之使 賓大客 受小客之幣辭

색은 《좌전》 노성공 2년에서 말한다. "무신巫臣이 제나라에 사신으로 가는데, 정나라에 이르러 사개使介(사신의 보좌)에게 폐백을 (초나라로) 되돌려 보내게 하고 하희夏姬와 길을 나서 마침내 진晉나라로 달아났다.

《좌전》 노성공 7년에서 "자중子重과 자반子反이 무신의 가족을 죽이고 그의 집안을 나누어 갖자, 무신은 두 사람에게 편지를 보내서 이르기를 '나는 반드시 너희들이 명령에 분주하다 지쳐 죽게 할 것이다.'라고 했다. 무신이 오나라에 사신으로 가자, 오자吳子 수몽은 기뻐하고, 이에 오나라는 진晉과 통교했다. 오나라에 수레 타는 방법을 가르쳤고 싸우는 진형을 가르쳤으며 초나라를 배반할 것을 가르쳤다. 또 그의 아들 호용狐庸을 오나라에 두고, 행인이 되게 했다. 오나라가 비로소 초나라를 쳐서 소巢를 공격하고 서徐를 공격했다. 마릉馬陵의 모임에서 오나라가 주래州來로 쳐들어가자, 자중子重과 자반子反이 이에 한 해에 일곱 번이나 명령을 따르느라 분주했다."라고 한 것이 이것이다.

左傳魯成二年曰巫臣使齊 及鄭 使介反幣 而以夏姬行 遂犇晉 七年傳曰子重子反殺巫臣之族而分其室 巫臣遺二子書曰余必使爾罷於奔命以死 巫臣使於吳 吳子壽夢悦之 乃通吳于晉 敎吳乘車 敎之戰陣 敎之叛楚 寘其子狐庸焉 使爲行人 吳始伐楚 伐巢 伐徐 馬陵之會 吳入州來 子重子反於是乎一歲七奔命是

신주 신공무신申公巫臣이 진나라로 달아나기에 앞서, 초장왕楚莊王은 진陳나라를 정벌하여 영공靈公을 시해한 하징서夏徵舒를 처단했는데, 그

과정이 〈진기세가〉에 나온다. 그리고 하희夏姬를 초나라로 데려가서 애첩으로 들이려고 했다. 하희는 정목공鄭穆公의 딸로 진陳나라 하어숙夏御叔에게 시집와서 하징서를 낳았다. 그러나 신공무신이 간하여 하희를 애첩으로 삼으려는 것을 그만둔다. 자반子反이 그녀를 욕심내자 또 무신이 충고하여 그만두게 한다. 이에 하희는 양로養老에게 주어졌는데, 양로가 진晉과 필邲 싸움에서 죽었다. 그러자 하희는 양로의 서자 흑요黑要와 관계했다.

하희를 탐냈던 무신은 장왕에게 양로의 시체를 찾는다는 핑계로 그녀를 정나라로 보내자고 했는데 장왕이 허락하여 마침내 정나라로 가게 된다. 앞서 필의 싸움에서 초나라가 승리하고 진晉나라의 지앵智罃을 포로로 잡아 돌아온다. 하희에게 양로의 시체를 찾으면, 지앵과 바꿀 수 있다는 말을 전하기 위해 하희를 정나라로 보내게 한다. 초나라와 진晉나라의 필 싸움 과정은 〈진세가〉 경공景公 3년에 자세히 나온다. 무신은 애초에 하희와 제齊로 도망가려 했지만, 마침 그때 제나라와 진晉나라 사이에 전쟁이 벌어져, 제경공頃公이 패하게 된다. 그러자 신공무신은 마침내 진晉으로 달아난다.

하희에 관한 일은 〈진기세가〉와 〈진세가〉에 나오는데, 이 모든 과정은 《좌전》에서 더욱 자세히 기록하고 있다.

③ 衡山형산

[집해] 두예가 말했다. "오흥군 오정현烏程縣 남쪽이다."

杜預曰 吳興烏程縣南也

[색은] 《춘추》 양공 3년 경문에서 말한다. "초나라 공자 영제嬰齊가 군사를 거느리고 오나라를 공격했다." 《좌전》에서 말한다. "초나라 자중子

重이 오나라를 공격하여 선발된 군사로 구자鳩玆에서 승리하고 형산까지 이르렀다."

春秋經襄三年楚公子嬰齊帥師伐吳 左傳曰楚子重伐吳 爲簡之師 克鳩玆 至于 衡山也

현인 계찰

25년, 오왕 수몽이 죽었다.[①] 수몽에게는 4명의 아들이 있었는데,
맏이가 제번諸樊[②]이고 다음이 여제餘祭이며 다음이 여말餘眜[③]이
고 막내가 계찰季札[④]이다. 계찰이 현명하여 수몽은 계찰을 군주
로 세우려고 했으나 계찰은 옳지 않다고 여기고 사양했다. 이에
맏이 제번을 세우고 일을 대신하게 하여 국정을 맡겼다.

二十五年 王壽夢卒[①] 壽夢有子四人 長曰諸樊[②] 次曰餘祭 次曰餘眜[③]
次曰季札[④] 季札賢 而壽夢欲立之 季札讓不可 於是乃立長子諸樊 攝行
事當國

① 王壽夢卒왕수몽졸

색은 《춘추》양공 12년 경문에서 "가을 9월에 오나라 자작 승乘이 죽
었다."라고 하였는데, 《좌전》에는 수몽이 죽었다고 하였다. 계산해보니
성공 6년에서부터 이에 이르면 바로 25년이다. 《세본》에서 "오나라 숙고
孰姑가 구오句吳로 옮겼다."라고 하였는데, 송충은 "숙고孰姑는 수몽이
다."라고 하였다. 대대로 축몽승제祝夢乘諸라고 일컬었다. 수壽와 숙孰은
발음이 서로 비슷하고 고姑는 제諸라고 말한다. 《모시전》에서 고姑를 제

諸라 읽으니, 숙고와 수몽은 한 사람이며 또 이름은 승乘이라는 것을 알 수 있다.

襄十二年經曰秋九月 吳子乘卒 左傳曰壽夢 計從成六年至此 正二十五年 系本曰吳孰姑徙句吳 宋忠曰孰姑 壽夢也 代謂祝夢乘諸也 壽孰音相近 姑之言諸也 毛詩傳讀姑爲諸 知孰姑壽夢是一人 又名乘也

② 諸樊제번

색은 《춘추》경문에서는 '오나라 자작 알遏'이라고 썼다. 《좌전》에는 '제번諸樊'이라고 일컬었는데, 아마 알遏은 그의 이름이고 제번은 그의 호號일 것이다. 《공양전》에는 알遏을 알謁이라 했다.

春秋經書吳子遏 左傳稱諸樊 蓋遏是其名 諸樊是其號 公羊傳遏作謁

③ 餘眜여말

색은 《좌전》(양공 31년)에는 "문지기가 대오戴吳를 죽였다."라고 했는데, 두예는 "대오戴吳는 여제餘祭이다."라고 했다. 또 《좌전》 양공 28년에는 제나라의 경봉慶封이 오나라로 달아났는데, 구여句餘가 주방朱方 땅을 주었다고 했다. 두예는 "구여句餘는 오나라 자작 이말夷末이다."라고 하였는데, 여제餘祭가 양공 29년에 죽었다는 것을 가지고 헤아려보면 28년에 경봉에게 읍을 하사한 사람은 이말이 될 수 없다. 또 구여와 여제는 혹시 곧 한 사람을 이르는 것일 수 있는데, 이말은 오직 《사기》와 《공양전》에만 여말이라고 되어 있고, 《좌전》과 《곡량전》에는 모두 '여제'라고 했다. 이말과 구여는 발음과 글자가 각각 달라 하나가 될 수 없으니, 아마도 두예가 잘못 본듯하다.

左傳曰閽戕戴吳 杜預曰戴吳 餘祭也 又襄二十八年左傳 齊慶封奔吳 句餘與之

朱方 杜預曰句餘 吳子夷末也 計餘祭以襄二十九年卒 則二十八年賜慶封邑 不
得是夷末 且句餘餘祭或謂是一人 夷末惟史記公羊作餘眛 左氏及穀梁竝爲餘
祭 夷末句餘音字各異 不得爲一 或杜氏誤耳

정의 祭의 발음은 '체[側界反]'이고, 眛의 발음은 '말[莫葛反]'이다.
祭 側界反 眛 莫葛反

④ 季札계찰

색은 《공양전》에서 말한다. "알謁이나 여제餘祭나 이말夷末은 계자季
子와 더불어 어머니를 함께한 네 사람이다. 계자는 가장 어리지만 재주
가 있어서 형제들이 모두 아꼈으며 함께 군주로 삼으려고 했다. 형제들
은 서로 번갈아 군주가 되고 마지막으로 계자에게 국가가 이르도록 했
다. 그러므로 알이 죽자 여제가 즉위하였고 여제가 죽자 이말이 즉위하
였다. 이말이 죽자 국가는 마땅히 계자에게 갔어야 했는데, 계자는 사신
으로 갔다가 도망쳤다. 요僚가 여러 아들 가운데 가장 나이가 많아서 군
주로 즉위했다. 합려闔閭가 말하기를 '장차 선군의 명을 따른다면, 나라
는 계자에게 가는 것이 마땅하다. 만약 선군의 명령을 따르지 않는다면,
마땅히 즉위해야 할 사람은 나다. 요가 어떻게 군주가 된단 말인가?'라
하고 이에 전저專諸[1]를 시켜 요를 찌르게 했다."

《사기》에서 수몽은 4명의 아들을 두었다고 했으니, 또한 《공양전》의
문장과 합치하는데, 다만 요僚를 여왕餘迂의 아들이라고 한 점이 다를
뿐이다. 《좌전》은 그 문장이 분명하지 않아 복건은 《공양전》을 사용했
고, 두예는 《사기》와 《오월춘추》에서 근거했다. 아래의 주석에서 서광은
《세본》을 인용해 이르기를 "이왕夷迂(이말夷末)은 요僚에 이르렀고, 이왕
은 광光을 낳았다."고 했는데, 《세본》을 검색하면 지금 이 말은 없다. 그

러나 《좌전》에서 호용狐庸과 조문자趙文子가 대화한 것을 살펴보니, "이 말夷末은 덕이 매우 크고 법도가 있다. 그는 하늘이 열어 주는 것이다. 반드시 이 군주의 자손으로 실로 끝까지 이어질 것이다."라고 했다. 만약 요가 이말의 아들이 된다면, 이 말과 대응하지 않는다. 또 광이 "나는 왕의 계승자이다."라고 말했으니, 곧 광은 이왕의 아들이고 또 곧 서자庶子임이 분명하다.

公羊傳曰 謁也 餘祭也 夷末也 與季子同母者四人 季子弱而才 兄弟皆愛之 同欲以爲君 兄弟遞相爲君 而致國乎季子 故謁也死 餘祭也立 餘祭也死 夷末也立 夷末也死 則國宜之季子 季子使而亡焉 僚者長庶也 即之 闔閭曰 將從先君之命與 則國宜之季子也 如不從君之命 則宜立者我也 僚惡得爲君乎 於是使專諸[1]刺僚 史記壽夢四子 亦約公羊文 但以僚爲餘眜子爲異耳 左氏其文不明 服虔用公羊 杜預依史記及吳越春秋 下注徐廣引系本曰夷眜及僚 夷眜生光 檢系本今無此語 然按左狐庸對趙文子 謂夷末甚德而度 其天所啓也 必此君之子孫實終之 若以僚爲末子 不應此言 又光言我王嗣 則光是夷眜子 且明是庶子

신주 1 전저專諸에서, 제저의 옛 음은 '져' 혹은 '저'에 가까우며, 또한 고유명사이므로 '전제'보다는 '전저'라고 발음하는 것이 옳을 것이다. 《당운唐韻》과 《광운廣韻》에서도 역시 '장어절章魚切'이라 하여 'ㅈ+ㅓ=저'라 한다고 했다.

오왕 제번諸樊[1] 원년, 제번이 수몽의 상복을 벗고 나서 왕의 자리를 계찰에게 양보하자, 계찰이 사양하며 말했다.

"조曹나라 선공宣公이 죽자, 제후들과 조나라 사람들은 조나라

군주를 의롭게 여기지 않아[2] 장차 자장子臧을 군주로 세우려 했
는데, 자장은 (송나라로) 떠나가서 성공(부추)을 조나라 군주로 삼았
다.[3] 군자君子[4]는 이미 이에 대해 '능히 절의를 지켰다.'라고 했습
니다. 군주를 의에 맞게 계승하면[5] 누가 감히 군주를 세우는 데
간섭하겠습니까! 국가를 소유하는 것은 제 절의가 아닙니다. 저
는 비록 불민하지만, 자장의 절의를 따르고자합니다."

王諸樊[1]元年 諸樊已除喪 讓位季札 季札謝曰 曹宣公之卒也 諸侯與曹
人不義曹君[2] 將立子臧 子臧去之 以成曹君[3] 君子[4]曰 能守節矣 君義
嗣[5] 誰敢干君 有國 非吾節也 札雖不材 願附於子臧之義

① 諸樊제번

집해 《세본》에는 "제번은 오吳로 옮겼다."라고 했다.

世本曰 諸樊徙吳也

② 諸侯與曹人不義曹君제후여조인불의조군

집해 복건이 말했다. "선공宣公은 조나라 백작 로盧이다. 노성공 13년
에 진후晉侯와 회합하고 진秦을 공격하다 군중軍中에서 죽었다. 조군曹
君은 공자 부추負芻이다. 부추가 나라에 있다가 선공이 죽었다는 소식을
듣고, 태자를 죽이고 스스로 즉위하였다. 그래서 '불의不義'라고 했다."

服虔曰 宣公 曹伯盧也 以魯成公十三年會晉侯伐秦 卒于師 曹君 公子負芻也
負芻在國 聞宣公卒 殺太子而自立 故曰不義之也

③ 子臧~以成曹君자장~이성조군

복건이 말했다. "자장은 부추負芻의 서형이다."

服虔曰 子臧 負芻庶兄

색은 《좌전》 성공 13년에서 말한다. "조선공曹宣公이 군중에서 죽었다. 조曹나라 사람들은 공자 부추에게 도읍을 지키게 하고, 공자 흔시欣時에게 상여를 (조나라로) 돌아오게 했다. 가을에 부추는 그 태자를 죽이고 즉위하였다." 두예는 "모두 선공의 서자이다. 부추負芻는 성공成公이다. 흔시는 자장子臧이다."라고 했다.

《좌전》 성공 15년에서 말한다. "척戚 땅에서 회합하여 조성공을 토벌하여, 성공을 체포해 경사로 보냈다. 제후들이 장차 천자에게 자장을 보이고 그를 군주로 세우려고 했다. 자장이 사양하면서 말하기를 '옛날에 뜻이 있었으니, 성인은 분수를 남김없이 발휘하고, (두예는 성인은 천명에 응하고 항구적인 예절에 구애받지 않는다고 했다.) 그다음 가는 사람은 분수를 지키고, (두예는 현명한 자를 일컫는다고 했다.) 못난이는 분수를 잃는다고 했습니다. (두예는 어리석은 자는 마구 행동한다고 했다.) 군주가 된다는 것은 제 분수가 아닙니다. 비록 성인이 못 될망정 감히 분수를 잃겠습니까?'라고 하고, 마침내 도망쳐 송나라로 달아났다."

成十三年左傳曰 曹宣公卒于師 曹人使公子負芻守 使公子欣時逆喪 秋 負芻殺其太子而自立 杜預曰 皆宣公庶子也 負芻 成公也 欣時 子臧也 十五年傳曰 會于戚 討曹成公也 執而歸諸京師 諸侯將見子臧於王而立之 子臧曰 前志有之曰 聖達節 杜預曰 聖人應天命 不拘常禮也 次守節 杜預曰 謂賢者也 下失節 杜預曰 愚者 妄動也 爲君 非吾節也 雖不能聖 敢失守乎 遂逃奔宋

④ 君子군자

색은 군자란 좌구명이 중니仲尼의 말을 가지고 역사를 평한 것으로, 중니를 가리켜 군자君子라고 했다.

君子者 左丘明所爲史評仲尼之詞 指仲尼爲君子也

⑤ 君義嗣군의사

집해 왕숙이 말했다. "의義는 마땅한 것이다. 적자嫡子가 국가를 계승하는 것은 예절에서 마땅함을 얻은 것이다." 두예가 말했다. "제번이 적자이므로 의에 맞게 계승한 것이다(義嗣)라고 했다."

王肅曰 義 宜也 嫡子嗣國 得禮之宜 杜預曰 諸樊嫡子 故曰義嗣

> 오나라 사람들은 진실로 계찰을 군주로 세우고자 했으나 계찰이
> 그의 집을 버리고 떠나서 농사를 짓자, 그를 포기하였다.[①]
> 가을에 오나라가 초나라를 공격했으나 초나라가 오나라 군사를
> 무찔렀다.[②]
> 4년, 진평공晉平公이 비로소 즉위하였다.[③]
> 吳人固立季札 季札棄其室而耕 乃舍之[①] 秋 吳伐楚 楚敗我師[②] 四年 晉
> 平公初立[③]

① 乃舍之내사지

색은 '제번원년이제상諸樊元年已除喪'에서 '내사지乃舍之'에 이르는 문장은 모두《좌전》양공 14년의 문장이다.

諸樊元年已除喪至乃舍之 皆襄十四年左氏傳文

정의 舍의 발음은 '샤'이다.

舍音捨

② 秋 吳伐楚 楚敗我師추 오벌초 초패아사

신주 《사기지의》는 이렇게 말한다. "이 해는 제번 2년이며, 노양공 14년에 해당한다. 곧 초나라는 오나라를 공격했는데, 오나라는 초나라 군사를 무찔렀다. 만약 오나라가 초나라를 공격하다 패했다면, 곧 전년의 일이다." 곧 〈오태백세가〉는 제번 원년이므로, 《사기》 기록이 맞는 것이며, 《사기지의》가 오류이다.

③ 晉平公初立진평공초립

색은 《좌전》에서 말한다. "양공 16년 봄, '진도공晉悼公을 장사지내고 평공이 즉위했다.'라고 한 것이 이것이다."

左傳襄十六年春葬晉悼公 平公即位是也

13년, 오왕 제번이 죽었다.[1] 아우 여제餘祭에게 전수하고 차례로 전해서 반드시 계찰에게까지 국정을 맡게 하라는 제번의 유명遺命이 있어 떠나려는 그를 만류했다. 이는 계자까지 선양하라는 선왕 수몽의 뜻을 일컬은 것이다. 또 계찰의 절의를 아름답게 여겨 형제들도 모두 그에게 나라를 맡기려고 했으며, 순서대로 이에 이르게 하려고 계찰을 연릉延陵에 봉했다.[2] 이 때문에 '연릉계자延陵季子'라고 호칭하게 되었다.

十三年 王諸樊卒[1] 有命授弟餘祭 欲傳以次 必致國於季札而止 以稱先

① 王諸樊卒 왕제번졸

　색은　《춘추》경문 양공 25년에서 말한다. "12월, 오나라 자작 알제(제번)이 초나라를 공격하는데, 소巢 땅의 성문을 공격하다가 죽었다."《좌전》에서 말한다. "오나라 자작 제번이 초나라를 공격해서 그 전의 수군水軍과의 싸움에 대해 보복했다. 오나라 군주가 소의 성문을 공격하자 소巢의 우신牛臣이 말하기를, '오나라 왕은 용감하지만 가벼우니 만약 성문을 열어 놓으면 그는 친히 성문으로 들어와 공격하려 할 것이다. 그때 우리가 그를 잡으려고 활을 쏘면, 반드시 쓰러질 것이다. 그 군주가 죽으면, 우리 국경은 조금이나마 편안할 것이다.'라고 했다. 그의 의견에 따랐다. 오나라 자작이 성문을 공격하자, 우신이 낮은 담장에 숨어 있다가 활을 쏘았다. 오나라 군주가 죽었다."

春秋經襄二十五年 十有二月 吳子遏伐楚 門于巢 卒 左傳曰 吳子諸樊伐楚 以報舟師之役 門于巢 巢牛臣曰 吳王勇而輕 若啓之 將親門 我獲射之 必殪 是君也死 疆其少安 從之 吳子門焉 牛臣隱於短牆以射之 卒

② 季札封於延陵 계찰봉어연릉

　색은　《좌전》양공 31년에서 조문자趙文子가 굴호용屈狐庸에게 물었다. "연주래延州來의 계자季子(계찰)가 과연 군주가 되겠습니까?"라고 하였는데, 두예가 말했다. "연주래는 계찰의 읍이다."《좌전》소공 27년에서 말한다. "오나라 자작이 연릉과 주래를 다스리는 계자를 시켜 상국上國(중국의 제후국)을 예방하게 했다."라고 하였는데, 두예가 말했다. "계자는 본래 연릉에 봉해졌고 그 뒤에 다시 주래에 봉해졌으므로, 연주래라고 한다." 《좌전》 성공 7년에서 "오나라가 주래로 쳐들어갔다."라고 했는데 두예는 "주래는 초나라 읍이고, 회남군 하채현下蔡縣이 이곳이다."라고 했다.

《좌전》 소공 13년에서 "오나라가 주래를 쳤다."라고 했고, 《좌전》 소공 23년에서 "오나라가 주래를 멸하다."라고 했다. 곧 주래는 본래 초나라 읍인데, 오나라 광光(합려)이 쳐서 멸하고, 마침내 계자를 봉했다.《한서》〈지리지〉에서 회계군 비릉현毗陵縣은 계찰이 거처한 곳이라고 한다. 《태강지리지》에서 옛 연릉읍은 계찰이 살던 곳인데 율두栗頭에 계찰사季札祠가 있다고 한다.〈지리지〉패군 하채현에서 말한다. "옛날 주래국인데, 초나라에 의해 멸망되었고 뒤에 오나라가 빼앗았다. 부차夫差에 이르러 채蔡나라 소후昭侯를 이곳으로 옮겼다."

《공양전》에서 말한다. "계자는 연릉을 떠나 종신토록 오나라에 들어가지 않았다." 하휴가 말했다. "오나라 조정에 들어가지 않은 것이다." 여기에서 이르기를 '연릉에 봉했다.'고 했으니 이러한 이유로 채읍菜邑을 하사한 것을 일컫는다. 그런데 두예의 《춘추석례》〈토지명〉에서는 곧 "연주래延州來는 빠져 있다."라고 했는데 무슨 까닭으로 이런 말을 했는지 알 수 없다.

襄三十一年左傳趙文子問於屈狐庸曰延州來季子其果立乎 杜預曰延州來 季札邑也 昭二十七年左傳曰吳子使延州來季子聘于上國 杜預曰季子本封延陵 後復封州來 故曰延州來 成七年左傳曰吳入州來 杜預曰州來 楚邑 淮南下蔡縣是 昭十三年傳吳伐州來 二十三年傳吳滅州來 則州來本爲楚邑 吳光伐滅 遂以封季子也 地理志云會稽毗陵縣 季札所居 太康地理志曰故延陵邑 季札所居 栗頭有季札祠 地理志沛郡下蔡縣云 古州來國 爲楚所滅 後吳取之 至夫差 遷昭

侯於此 公羊傳曰季子去之延陵 終身不入吳國 何休曰不入吳朝廷也 此云封於
延陵 謂因而賜之以菜邑 而杜預春秋釋例土地名則云延州來 闕 不知何故而爲
此言也

오왕 여제餘祭 3년, 제나라 재상 경봉慶封이 죄를 짓고 제나라에
서 오나라로 도망쳐 왔다. 오나라는 경봉에게 주방朱方[1]의 현을
봉읍으로 주고, 또 딸을 아내로 주어 제나라에 있을 때보다 부유
하게 해주었다.

王餘祭三年 齊相慶封有罪 自齊來犇吳 吳予慶封朱方[1]之縣 以爲奉邑
以女妻之 富於在齊

① 朱方주방

집해 《오지기》에서 말한다. "주방은 진秦나라에서 이름을 바꾸어 단
도丹徒라고 했다."

吳地記曰 朱方 秦改曰丹徒

4년, 오나라에서는 계찰을 사신으로 보내 노魯나라를 방문하게
했다.[1] 계찰은 주周나라 음악[2]을 들려주기를 청했다. 이에 주남
周南과 소남召南[3]의 노래를 들려주자, 계찰이 말했다.
"아름답도다! 처음으로 터전으로 삼았던 곳의 노래로다.[4] 아직

(雅雅와 頌頌의 공을) 다 이루지는 못했으나[5] 속을 태우면서도 이를 원망하지 않는구나.[6]"

四年 吳使季札聘於魯[1] 請觀周樂[2] 爲歌周南召南[3] 曰 美哉 始基之矣[4] 猶未也[5] 然勤而不怨[6]

① 季札聘於魯계찰빙어노

[집해] 《춘추》 노양공 29년에 있다.

在春秋魯襄公二十九年

② 周樂주악

[집해] 복건이 말했다. "주악은 노나라가 받은 4대의 음악이다." 두예가 말했다. "노나라는 주공周公 덕분에 천자의 예악을 가졌다."

服虔曰 周樂 魯所受四代之樂也 杜預曰 魯以周公故 有天子禮樂

③ 爲歌周南召南위가주남소남

[집해] 두예가 말했다. "이것은 모두 각각 그 본국에 의거한 가락으로 항상 사용하는 성곡聲曲이다."

杜預曰 此皆各依其本國歌所用聲曲

④ 始基之矣시기지의

[집해] 왕숙이 말했다. "처음으로 왕의 터전을 조성한 것을 말한다."

王肅曰 言始造王基也

⑤ 猶未也유미야

<u>집해</u> 가규가 말했다. "아雅와 송頌의 공을 이루는 것이 있지 않다는 말이다." 두예가 말했다. "아직 상商나라 주紂의 흔적이 남아 있어 전부 선하지 못하다."

賈逵曰 言未有雅頌之成功也 杜預曰 猶有商紂 未盡善也

⑥ 然勤而不怨연근이불원

<u>집해</u> 두예가 말했다. "능히 안락하지는 못했다. 그러나 그 음音은 원망하고 노여워하지 않았다."

預曰 未能安樂 然其音不怨怒

패邶와 용鄘과 위衛나라①의 민요를 들려주자 계찰이 말했다. "아름답도다! 뜻이 심오함이여, (백성들은) 근심하면서도 괴로워하지 않는구나.② 내가 듣기로 위나라의 강숙康叔과 무공武公의 덕이 이와 같다고 하니,③ 이것은 아마도 위나라의 민요이리라!"

歌邶鄘衛①曰 美哉 淵乎 憂而不困者也② 吾聞衛康叔武公之德如是③
是其衛風乎

---

① 邶鄘衛패용위

<u>집해</u> 두예가 말했다. "무왕이 주紂를 토벌하고 그의 땅을 나누어 삼감三監을 만들었다. 삼감이 반역하자, 주공이 멸하고 삼감의 땅을 합병해 다시 강숙康叔을 봉했다. 그러므로 3국은 모두 강숙의 교화를 입었다."

杜預曰 武王伐紂 分其地爲三監 三監叛 周公滅之 幷三監之地 更封康叔 故三國盡被康叔之化

② 憂而不困者也우이불곤자야

집해 가규가 말했다. "연淵은 깊은 것이다." 두예가 말했다. "망국亡國의 음악은 애처로운 것을 생각하게 하니 그 백성이 괴로워한다. 위강숙과 무공의 덕화德化가 깊고 원대해, 비록 선공宣公의 음란함을 만나고 의공懿公에 의해 멸망되었으나 백성들은 오히려 의를 지켜 괴로움에 이르지 않았다."

賈逵曰 淵 深也 杜預曰 亡國之音哀以思 其民困 衛康叔武公德化深遠 雖遭宣公淫亂 懿公滅亡 民猶秉義 不至於困

③ 吾聞衛康叔武公之德如是오문위강숙무공지덕여시

집해 가규가 말했다. "강숙은 관숙管叔과 채숙蔡叔의 난을 당하고, 무공은 유왕幽王과 포사褒姒의 우환을 만났다. 그러므로 강숙과 무공의 덕이 이와 같다고 한 것이다." 두예가 말했다. "강숙이나 무공은 모두 위衛나라의 훌륭한 덕이 있는 군주이다. 음악을 듣고 구별했으므로 추정하는 말이 있었다."

賈逵曰 康叔遭管叔蔡叔之難 武公罹幽王褒姒之憂 故曰康叔武公之德如是 杜預曰 康叔武公 皆衛之令德君也 聽聲以爲別 故有疑言

이에 주나라 평왕平王의 노래를 들려주자[1] 계찰이 말했다.

"아름답도다! 지난날의 유풍을 생각하며 두려워하지 않는 마음
이 드러나 있구나. 아마도 주나라가 동쪽으로 옮긴 때의 노래이
리라![2]"

정나라의 노래를 들려주자[3] 계찰이 말했다.

"그 자잘함이 너무 심하도다. 백성이 곤란한 것을 감당하지 못하
리라. 이는 아마도 먼저 망할 징조이리라![4]"

歌王[1] 曰 美哉 思而不懼 其周之東乎[2] 歌鄭[3] 曰 其細已甚 民不堪也
是其先亡乎[4]

① 歌王가왕

집해 복건이 말했다. "왕실의 음악은 마땅히 아雅에 있어야 하지만, 쇠
미衰微해져서 풍風(민요)에 배열해 있었다. 그러므로 나라 사람들이 오히
려 높여서 왕王이라고 일컬었으니, 《춘추》에서 왕인王人이라고 한 것과
같다." 두예가 말했다. "왕王은 《시경》〈서리黍離〉이다."

服虔曰 王室當在雅 衰微而列在風 故國人猶尊之 故稱王 猶春秋之王人也 杜
預曰 王 黍離也

② 其周之東乎기주지동호

집해 복건이 말했다. "평왕은 동쪽 낙읍雒邑으로 옮겼다." 두예가 말했
다. "종주宗周가 죽어 없어졌으므로 근심스럽게 생각했다. 그렇지만 오히
려 선왕의 유풍遺風이 있어서 두려워하지 않았다."

服虔曰 平王東遷雒邑 杜預曰 宗周殞滅 故憂思 猶有先王之遺風 故不懼也

정의 思의 발음은 '사肆'이다.

思音肆

③ 歌鄭가정

집해 가규가 말했다. "정풍鄭風은 동쪽 정나라가 맞다."

賈逵曰 鄭風 東鄭是

신주 정나라도 주나라와 마찬가지로 함곡관 서쪽에 있다가 동쪽으로 옮겼다. 그러므로 여기서 동쪽의 정나라라고 한 것이다.

④ 其細已甚~是其先亡乎기세이심~시기선망호

집해 복건이 말했다. "그 민요가 자잘하고 약한 것이 이미 심했는데, 대국大國 사이에서 간섭받으니 멀리 생각하고 오래도록 유지하는 풍조가 없었다. 그러므로 백성이 감당하지 못하여, 장차 먼저 망할 것이라고 했다."

服虔曰 其風細弱已甚 攝於大國之間 無遠慮持久之風 故曰民不堪 將先亡也

제나라 노래를 들려주자 계찰이 말했다.

"아름답도다! 넓고 넓음이여. 큰 풍조가 넘치는구나!① 동해東海의 표식이 되는 것은 아마도 태공太公의 나라이니,② 나라의 끝을 헤아릴 수 없으리라!③"

빈豳 나라의 노래를 들려주자, 계찰이 말했다.

"아름답도다! 호탕浩蕩함이여. 즐겁지만 음란하지 않으니④ 아마도 주공周公께서 동쪽을 평정할 때의 노래이리라!⑤"

歌齊 曰 美哉 泱泱[1]乎大風也哉 表東海者[2] 其太公乎 國未可量也[3] 歌
豳 曰 美哉 蕩蕩乎 樂而不淫[4] 其周公之東乎[5]

① 泱泱앙앙

집해 복건이 말했다. "앙앙泱泱은 여유 있고 느긋하며 깊고 원대하여
크게 화락한 뜻이 있다. 그 시詩가 풍자하는 것은 말은 간략하고 뜻은 은
미하며, 체제는 간소하고 단절되지 않았으므로 대풍大風이라 했다."

服虔曰 泱泱 舒緩深遠 有大和之意 其詩風刺 辭約而義微 體疏而不切 故曰大風

색은 泱의 발음은 '양[於良反]'이다. 앙앙泱泱은 왕왕汪汪(넓고 넓은 것)하고
양양洋洋(물의 기세가 성대한 것)한 것과 같으니 아름답고 성대한 모양이다. 두
예가 말했다. "넓고 큰 소리이다."

泱 於良反 泱泱猶汪汪洋洋 美盛貌也 杜預曰 弘大之聲也

② 表東海者표동해자

집해 왕숙이 말했다. "동해의 표식表式이 되었다는 말이다."

王肅曰 言爲東海之表式

③ 國未可量也국미가량야

집해 복건이 말했다. "국가의 흥함이나 쇠함이나 계승하는 대수代數가
길고 짧은 것을 아직 헤아리지 못한다는 뜻이다." 두예가 말했다. "그들
이 아마도 장차 부흥할 것이라는 말이다."

服虔曰 國之興衰 世數長短 未可量也 杜預曰 言其或將復興

④ 蕩蕩乎~樂而不淫탕탕호~낙이불음

[집해] 가규가 말했다. "탕연蕩然히 근심이 없고, 스스로 즐기면서도 황음荒淫하지 않았다."

賈逵曰 蕩然無憂 自樂而不荒淫也

⑤ 其周公之東乎기주공지동호

[집해] 두예가 말했다. "주공은 관숙과 채숙의 변란(삼감의 난)을 만나서 동쪽을 원정했는데, (주공이) 성왕成王을 위해 후직后稷과 선공先公의 이야기를 늘어놓았지만, 감히 멋대로하지 않았고 성왕은 공업을 이루었다. 그래서 주공이 동쪽으로 간 것을 말한다."

杜預曰 周公遭管蔡之變 東征 爲成王陳后稷先公不敢荒淫 以成王業 故言其周公東乎

진秦나라 노래를 들려주자 계찰이 말했다.

"이것은 하성夏聲이라고 할것이다. 무릇 하夏를 노래했으니 커질 것이고, 커져서 지극해질 것이다. 아마도 주나라의 옛 노래인가?①"

위魏나라 노래를 들려주자 계찰이 말했다.

"아름답도다! 중용의 소리로구나!② 웅대하면서도 관대하고③ 까다로우면서도 평이하구나. 행동하는데 덕을 보충한다면, 이는 곧 현명한 군주가 되리라!④"

歌秦 曰 此之謂夏聲 夫能夏則大 大之至也 其周之舊乎① 歌魏 曰 美哉 渢渢乎② 大而寬③ 儉而易 行以德輔 此則盟主也④

① 此之謂夏聲~其周之舊乎차지위하성~기주지구호

집해 두예가 말했다. "진중秦仲이 처음으로 거마車馬와 예악을 갖추고, 융적戎狄의 음악을 버리고 제하諸夏(중원)의 음악을 두었다. 그러므로 하성夏聲이라고 일렀다. 양공襄公에 이르러 주나라 평왕이 동쪽으로 천도하는 것을 보좌하고 그 옛 땅을 받았으므로 주나라의 옛 노래라고 한 것이다."

杜預曰 秦仲始有車馬禮樂 去戎狄之音而有諸夏之聲 故謂之夏聲 及襄公佐周平王東遷而受其故地 故曰周之舊也

신주 하夏는 곧 크다는 뜻이다. 여름은 온갖 만물이 자라므로 커지는 것이다. 또 하夏는 하·은·주 삼대의 시작인 하나라를 뜻해서 중원을 통칭하기도 한다.

② 渢渢乎풍풍호

색은 渢은 '풍馮'이라고 읽는데 또 '범泛'이라고도 읽는다. 두예가 말했다. "중용의 소리이다."

渢音馮 又音泛 杜預曰 中庸之聲

③ 大而寬대이관

색은 《좌전》에는 '대이완大而婉'으로 되어 있다. 두예는 "완婉은 약約이다. 웅대하되 간략하면, 곧 검소하고 절약하므로 행동하기가 쉽다."라고 했다. 관寬 자는 마땅히 '완婉' 자로 해독해야 한다.

左傳作大而婉 杜預曰 婉 約也 大而約 則儉節易行 寬字宜讀爲婉也

④ 此則盟主也차즉맹주야

서광이 말했다. "맹盟은 다른 판본에는 '명明'으로 되어 있다." 살펴보니 가규는 "그 뜻이 커서, 곧지만 곡체曲體가 있어 중화中和와 중용中庸의 덕으로 돌아가니 성취하기는 어렵지만 실로 행하기는 쉽다. 그러므로 덕으로써 이를 보충하면 곧 맹주盟主가 될 것이다."라고 했다. 두예는 "그의 국가가 작고 현명한 군주가 없는 것을 애석해하는 것이다."라고 했다.

徐廣曰盟 一作明 駰案 賈逵曰其志大 直而有曲體 歸中和中庸之德 難成而實易行 故曰以德輔此 則盟主也 杜預曰惜其國小而無明君

주석에서 서광의 말을 인용해서 "'맹盟'은 다른 판본에는 '명明'으로 되어 있다."라고 했다. 살펴보니 《좌전》에는 또한 '명明'으로 되어 있다. 이것은 음악을 듣고 정치를 아는 것으로, 그가 밝게 들었다고 말한 것이지, 맹회盟會를 말한 것은 아니다.

注引徐廣曰盟 一作明 按 左傳亦作明 此以聽聲知政 言其明聽耳 非盟會也

《좌전》 양공襄公 29년에는 "아름답도다, 중용의 소리로다. 웅대하면서도 요약했고 검소해서 행하기 쉬우니 덕으로 이를 보좌한다면 곧 밝은 군주가 되리라[美哉 渢渢乎 大而婉 險而易行 以德輔此 則明主也]"라고 했다.

당唐나라 노래를 들려주자 계찰이 말했다.

"생각이 심오하도다. 아마도 도당씨陶唐氏가 남긴 풍류이리라! 그렇지 않다면 어떻게 이리 먼 것까지 근심하겠는가?[1] 훌륭한 덕을 가진 분의 후손이 아니고서야 누가 능히 이와 같겠는가?"

진陳나라 노래를 들려주자 계찰이 말했다.

> "이 나라에는 군주가 없으리라[2] 어찌 오래가겠는가?"
> 회鄶나라부터 이하의 노래에는 비평을 한 게 없었다.[3]
> 歌唐 曰 思深哉 其有陶唐氏之遺風乎 不然 何憂之遠也[1] 非令德之後
> 誰能若是 歌陳 曰 國無主[2] 其能久乎 自鄶以下 無譏焉[3]

① 唐氏之遺風~何憂之遠也당씨지유풍~하우지원야

집해 두예가 말했다. "진晉은 본래 당국唐國이다. 그러므로 요임금의 유풍이 있다. 근심이 깊고 생각이 심원하여 정情이 음악에서 일어났다."

杜預曰 晉本唐國 故有堯之遺風 憂深思遠 情發於聲也

② 國無主국무주

집해 두예가 말했다. "음란한 음악이 방탕하여 두려워하고 꺼리는 바가 없으므로 국가에 주인이 없을 것이라고 했다."

杜預曰 淫聲放蕩 無所畏忌 故曰國無主

③ 自鄶以下~無譏焉자회이하~무기언

집해 복건이 말했다. "회鄶 이하에서 조풍曹風까지이다. 그 국가는 작으므로 비평하는 바가 없었다."

服虔曰 鄶以下 及曹風也 其國小 無所刺譏

이어 소아小雅[1]의 시詩를 노래로 들려주자 계찰이 말했다.

"아름답도다! (문왕과 무왕의 덕을) 생각하여 두 마음이 없고[2] 원망하되 터놓고 말하지 않았으니[3] 아마도 주나라 덕이 쇠퇴할 때의 노래이리라![4] 이는 아직도 선왕先王께서 백성에게 끼치신 덕이 남아 있는 것이리라.[5]"

대아大雅[6]의 시詩를 노래로 들려주자 계찰이 말했다.

"광활하도다! 화락하고 화락함이여.[7] 완곡하면서도 강직한 본심을 가지고 있으니[8] 아마도 문왕의 덕이리라!"

歌小雅[1]曰 美哉 思而不貳[2] 怨而不言[3] 其周德之衰乎[4] 猶有先王之遺民也[5] 歌大雅[6]曰 廣哉 熙熙乎[7] 曲而有直體[8] 其文王之德乎

① 小雅소아

집해 두예가 말했다. "소아는 소정小正이며 또한 악가樂歌의 장章이다."

杜預曰 小雅 小正 亦樂歌之章

② 思而不貳사이불이

집해 두예가 말했다. "(주나라) 문왕과 무왕의 덕을 생각하여, 두 마음을 가지고 배반하려는 마음이 없다."

杜預曰 思文武之德 無貳叛之心也

③ 怨而不言원이불언

집해 왕숙이 말했다. "능히 말하지는 못한다는 것이 아니라 죄와 허물을 두려워한다는 것이다."

王肅曰 非不能言 畏罪咎也

④ 衰乎쇠호

집해 두예가 말했다. "쇠衰는 작아지는 것이다."

杜預曰 衰 小也

⑤ 先王之遺民也선왕지유민야

집해 두예가 말했다. "은殷나라 왕이 남긴 풍속이 있었기에 아직 크게 쇠약해지지는 않았다고는 말이다."

杜預曰 謂有殷王餘俗 故未大衰

신주 선왕先王이란 의미는 주周나라 선대 왕들을 말하는 것이지, 두예의 의견처럼 은나라 왕을 가리키는 것은 아닐 것이다.

⑥ 歌大雅가대아

집해 두예가 말했다. "대아大雅는 문왕의 덕을 펼쳐서 천하를 바르게 한 것이다."

杜預曰 大雅 陳文王之德 以正天下

⑦ 熙熙乎희희호

집해 두예가 말했다. "희희熙熙는 화락和樂한 음악이다."

杜預曰 熙熙 和樂聲

⑧ 曲而有直體곡이유직체

집해 두예가 말했다. "(계찰이) 그 음악을 논한 것이다."

杜預曰 論其聲

《시경》의 송頌을 노래하여[1] 들려주자 계찰이 말했다.

"지극하도다![2] 곧으면서도 거만하지 않고[3] 완곡하면서도 비굴하지 않고[4] 가까우면서도 너무 다가서지 않고[5] 멀면서도 등 돌리지 않는구나.[6] 옮겼지만 방탕하지 않고[7] 거듭하면서도 싫증나지 않고[8] 애달프면서도 우울하지 않고[9] 즐거우면서도 지나치지 않구나![10]

歌頌[1] 曰 至矣哉[2] 直而不倨[3] 曲而不詘[4] 近而不偪[5] 遠而不攜[6] 而遷不淫[7] 復而不厭[8] 哀而不愁[9] 樂而不荒[10]

① 歌頌가송

집해 두예가 말했다. "송頌은 그의 성공을 신명에게 고한 것이다."

杜預曰 頌者 以其成功告於神明

② 至矣哉지의재

집해 가규가 말했다. "도道가 갖추어져 지극한 것을 말한다."

賈逵曰 言道備至也

③ 直而不倨직이불거

집해 두예가 말했다. "거倨는 오만한 것이다."

杜預曰 倨 傲也

④ 曲而不詘곡이불굴

집해 두예가 말했다. "굴詘은 요撓(휘다)이다."

杜預曰 詘 撓也

⑤ 近而不偪근이불핍

집해 두예가 말했다. "(가까우면서도 너무 다가서지 않음은) 겸손하여 물러서는 것이다."

杜預曰 謙退也

신주 본문에는 '겸謙' 자가 없으나, 두예는 '겸퇴야謙退也'라고 주석했다. 중화서국본을 비롯해서 대부분은 "겸손한 것은 물러서는 것이다.[謙, 退也]"라고 구두점을 찍었는데, "겸손하여 물러서는 것이다.[謙退也]"라고 하는 것이 맞을 것이다.

⑥ 遠而不攜원이불휴

집해 두예가 말했다. "휴攜는 이貳(두 마음)이다."

杜預曰 攜 貳也

⑦ 而遷不淫이천불음

집해 복건이 말했다. "천遷은 옮기는 것이다. 문왕이 풍酆 땅으로 옮겼고 무왕은 호鄗 땅에 거처했다." 두예가 말했다. "음淫은 지나치게 방탕함이다."

服虔曰 遷 徙也 文王徙酆 武王居鄗 杜預曰 淫 過蕩也

⑧ 復而不厭복이불염

집해 두예가 말했다. "(거듭하면서도 싫증나지 않음은) 항상 날로 새롭게 함이다."

杜預曰 常日新也

⑨ 哀而不愁애이불수

집해 두예가 말했다. "(애달프면서도 우울하지 않음은) 천명을 아는 것이다."

杜預曰 知命也

⑩ 樂而不荒낙이불황

집해 두예가 말했다. "(즐거우면서도 지나치지 않음은) 예로써 절제함이다."

杜預曰 節之以禮也

쓰되 모자라지 않고① 광대하되 떠벌리지 않고② 베풀되 낭비하지
않는구나.③ 가지되 탐하지 않고④ 거주하되 멈추어 있지 않고⑤
행동하되 유행에 흐르지 않는구나.⑥ 오성五聲이 조화롭고 팔풍八
風이 평화롭고⑦ 음절에는 절도가 있고 지키는데 차례가 있으니⑧
성대한 덕은 (은나라와 노나라가) 똑같은 것이구나.⑨"

用而不匱① 廣而不宣② 施而不費③ 取而不貪④ 處而不底⑤ 行而不流⑥
五聲和 八風平⑦ 節有度 守有序⑧ 盛德之所同也⑨

---

① 用而不匱용이불궤

집해 두예가 말했다. "(쓰되 모자라지 않음은) 덕이 넓고 큰 것이다."

杜預曰 德弘大

② 廣而不宣광이불선

집해 두예가 말했다. "(광대하되 떠벌리지 않음은) 스스로 드러내지 않는 것이다."

杜預曰 不自顯也

③ 施而不費시이불비

집해 두예가 말했다. "(베풀되 낭비하지 않음은) 백성들이 이로운 바를 따라서 이롭게 하는 것이다."

杜預曰 因民所利而利之

④ 取而不貪취이불탐

집해 두예가 말했다. "(가지되 탐하지 않음은) 의롭게 한 연후에 갖는 것이다."

杜預曰 義然後取

⑤ 處而不底처이불지

집해 두예가 말했다. "(거주하되 멈추어 있지 않음은) 지키는 것을 도道로써 함이다."

杜預曰 守之以道

⑥ 行而不流행이불유

집해 두예가 말했다. "(행동하되 유행에 흐르지 않음은) 의로써 제어함이다."

杜預曰 制之以義

⑦ 五聲和 八風平오성화 팔풍평

집해 두예가 말했다. "궁상각치우宮商角徵羽를 오성五聲이라고 이르고, 팔방八方의 기氣를 팔풍八風이라고 이른다."

杜預曰 宮商角徵羽謂之五聲 八方之氣謂之八風

⑧ 節有度~守有序절유도~수유서

집해 두예가 말했다. "팔음八音이 지극히 조화되어 절주節奏(연주의 강약)에 법도가 있다. 서로 순서를 빼앗는 것이 없으니 지키는데 차례가 있다."

杜預曰 八音克諧 節有度也 無相奪倫 守有序也

⑨ 盛德之所同也성덕지소동야

집해 두예가 말했다. "송頌은 은殷나라와 노魯나라에 있다. 그러므로 성대한 덕이 똑같다는 것이다."

杜預曰 頌有殷魯 故曰盛德之所同

신주 은殷과 노魯는 모두 동이족 국가이다. 은나라에서 송宋나라가 나왔고, 송나라에서 노나라가 나왔으니 모두 같은 뿌리의 국가들이기에 그 음악의 성대한 뿌리가 같다는 것이다.

또 상소象箾와 남약南籥①의 무舞를 보고 말했다.

"아름답도다! 아직도 감정이 남아 있구나.②"

대무大武③의 무舞를 보고 말했다.

"아름답도다! 주나라의 번성함이 이와 같았느니라!"

소호韶濩④의 무舞를 보고 말했다.

> "성인聖人의 큰 덕[5]이로다. 그러나 아직도 부끄러운 덕이 있는 듯
> 하니, 성인이 되기는 어려운 것이구나![6]"
> 見舞象箭南籥者[1] 曰 美哉 猶有感[2] 見舞大武[3] 曰 美哉 周之盛也 其若
> 此乎 見舞韶護者[4] 曰 聖人之弘也[5] 猶有慙德 聖人之難也[6]

① 見舞象箭南籥者견무상소남약자

집해 가규가 말했다. "상象은 문왕의 음악으로 무상武象이다. 소箭는
무곡舞曲이다. 남약南籥은 피리 불며 춤을 추는 것이다."

賈逵曰 象 文王之樂 武象也 箭 舞曲也 南籥 以籥舞也

색은 소箭의 발음은 '삭朔'이고 또 '쇼[素交反]'이다.

箭音朔 又素交反

② 有感유감

집해 복건이 말했다. "감憾은 한恨이다. 부득이하게 (은나라) 주왕紂王을
정벌해서 태평에 이른 것을 한스러워한 것이다."

服虔曰 憾 恨也 恨不及已以伐紂而致太平也

색은 감感은 감憾으로 해독해야 하니, 글자가 간략하게 되었을 뿐이다.
발음은 '함[胡暗反]'이다.

感讀爲憾 字省耳 胡暗反

③ 大武대무

집해 가규가 말했다. "대무는 주공이 만든 무왕의 음악이다."

賈逵曰 大武 周公所作武王樂也

④ 韶護소호

［집해］ 가규가 말했다. "소호는 은나라 성탕成湯의 음악인 대호大護이다."

賈逵曰 韶護 殷成湯樂大護也

⑤ 聖人之弘也성인지홍야

［집해］ 가규가 말했다. "홍弘은 큰 것이다."

賈逵曰 弘 大也

⑥ 聖人之難也성인지난야

［집해］ 복건이 말했다. "처음 정벌하는데 성인의 보좌가 없는 것을 부끄럽게 여겼다. 그러므로 성인이 되기는 어려운 것이라고 했다."

服虔曰 慙於始伐而無聖佐 故曰聖人之難也

대하大夏①의 무舞를 보고 말했다.

"아름답도다! 부지런히 힘쓰고도 덕으로 여기지 않는구나!② 우禹 임금이 아니면 누가 이에 이를 수 있으랴."

소소招箾③의 무舞를 보고 말했다.

"덕의 지극함이여!④ 크도다. 하늘이 가리어⑤ 주지 않는 것이 없고 땅이 실어주지 않는 것이 없는 것과 같구나. 비록 매우 성대한 덕일지라도 이에 더함이 없을 것이로다! 이제 보는 것을 그만하겠노라. 만약 다른 음악이 있더라도, 나는 감히 듣지 않겠노라!⑥"

見舞大夏① 曰 美哉 勤而不德② 非禹其誰能及之 見舞招箾③ 曰 德至矣

> 哉^④ 大矣 如天之無不燾也^⑤ 如地之無不載也 雖甚盛德 無以加矣 觀止
> 矣 若有他樂 吾不敢觀^⑥

① 大夏대하

집해 가규가 말했다. "하우夏禹의 음악인 대하이다."

賈逵曰 夏禹之樂大夏也

② 勤而不德근이부덕

집해 복건이 말했다. "우임금이 그 몸을 부지런히 움직여서 홍수와 토
지를 다스렸다."

服虔曰 禹勤其身以治水土也

③ 招箾소소

집해 복건이 말했다. "유우씨(순임금)의 음악인 대소大韶이다."

服虔曰 有虞氏之樂大韶也

색은 '소소招箾'는 소韶와 소箾 두 글자의 자체가 변화한 것일 따름이다.

韶箾二字體變耳

신주 《논어》〈팔일〉에서 "공자가 소음악에 대해서 '극도로 아름답고
또 지극히 착하다'고 평하였고, 무음악에 대해서는 '극도로 아름답지만
극도로 착하지는 않다'고 평하였다.[子謂韶 盡美矣 又盡善也 謂武 盡美矣 未盡善
也]"라고 했다. 소악韶樂은 순임금의 음악을 뜻하고 무악武樂은 주나라 무
왕의 음악을 뜻한다. 주나라 무왕은 임금으로 모셨던 은나라 주왕紂王을
멸망시켰으므로 지극히 착하지는 않다고 한 것이다. 더 자세한 주석은

〈공자세가〉에 있다.

④ 德至矣哉덕지의재

[집해] 복건이 말했다. "지至는 대왕의 도가 소韶에서 지극함이다. 아름다움을 다하고 선함을 다한 것이다."

服虔曰 至 帝王之道極於韶也 盡美盡善也

⑤ 如天之無不燾也여천지무부도야

[집해] 가규가 말했다. "도燾는 덮는다는 뜻이다."

賈逵曰 燾 覆也

⑥ 吾不敢觀오불감관

[집해] 복건이 말했다. "주나라는 6대六代의 음악을 사용했다. 요임금은 함지咸池이고, 황제黃帝는 운문雲門이다. 노나라는 4대四代의 음악을 받아 주나라보다 2등급 아래였으므로 그 두 가지는 무악舞樂을 연주하지 않았다. 계찰이 이것을 알고 있었기에, 다른 음악이 있어도 나는 감히 청하지 않겠다고 한 것이다."

服虔曰 周用六代之樂 堯曰咸池 黃帝曰雲門 魯受四代 下周二等 故不舞其二 季札知之 故曰有他樂吾不敢請

계찰은 노나라를 떠나 마침내 제나라에 사신으로 갔다. 안평중晏平仲을 설득하여 말했다.

"그대는 빨리 식읍과 정사를 반납하십시오.[①] 식읍이 없고 정사도 그만두게 되면 곧 어려움에서 벗어날 것입니다. 제나라의 정사는 장차 돌아갈 곳이 있겠지만, 아직 돌아갈 곳을 얻지 못하였으니 어려움이 그치지 않을 것입니다."

이런 까닭으로 안자晏子(안평중)는 진환자陳桓子(전무우田無宇)를 통해 정사와 식읍을 반납했다. 이로써 난씨欒氏와 고씨高氏가 만든 난에서 벗어났다.[②]

去魯 遂使齊 說晏平仲曰 子速納邑與政[①] 無邑無政 乃免於難 齊國之政 將有所歸 未得所歸 難未息也 故晏子因陳桓子以納政與邑 是以免於欒高之難[②]

① 子速納邑與政자속납읍여정

〔집해〕 복건이 말했다. "식읍과 정사의 직분을 공公에 바치고 국가의 일을 더불어 하지 않는 것이다."

服虔曰 入邑與政職於公 不與國家之事

② 欒高之難난고지란

〔집해〕 난은 노소공 8년에 있었다.

難在魯昭公八年

〔정의〕 難의 발음은 '난[乃憚反]'이다. 노소공 8년에 있었다. 난시欒施와 고강高彊 두 사람이 난을 일으켰는데, 진환자陳桓子가 중재하여 마침내

해결했다.

難 乃憚反 在魯昭公八年 欒施高彊二氏作難 陳桓子和之乃解也

계찰은 제나라를 떠나 정나라에 사신으로 갔다. 정나라 자산子産을 만났는데, 오래 사귄 벗과 같았다. 자산에게 일러 말했다.

"정나라의 정사를 맡은 자가 사치스러우니 난이 장차 닥칠 것입니다. 정사가 반드시 그대에게 이를 것이니 그대가 정사를 하게 되면 예로써 신중하게 하십시오.[①] 그렇지 않으면 정나라는 장차 무너질 것입니다."

정나라를 떠나 위衛나라로 갔다. 거원蘧瑗(거백옥 蘧伯玉)과 사구史狗와 사추史鰍와 공자 형荊과 공숙발公叔發과 공자 조朝를 설득하여 말했다.

"위衛나라에는 군자君子가 많으니, 아직 근심할 게 없습니다."

계찰이 위衛나라에서 진晉나라로 가는 길에 장차 숙宿 땅의 객사에서 머무르려고 하는데[②] 악종樂鍾(악기) 소리가 들리자[③] 말했다.

"이상하다! 내가 듣기로 '말을 잘하는데 덕이 없으면 반드시 형벌을 받게 된다'고 했다.[④] 저 사람(손림보 孫林父)은 군주에게 죄를 얻어 이곳에 있게 되었는데,[⑤] 두려워해도 오히려 부족하거늘 또 악종樂鍾소리를 듣는 것이 옳은가![⑥] 저 사람이 이곳에 있는 것은 제비가 막사 위에 둥지를 트는 것과 같다.[⑦] 군주(위헌공 衛獻公)의 시신이 아직 빈소에 있는데 음악을 즐기는 것이 옳은가?[⑧]"

마침내 (유숙하지 않고) 떠났다. 문자文子(손림보)가 이를 듣고 죽을 때

까지 금슬琴瑟(음악)을 듣지 않았다.[9]

去齊 使於鄭 見子産 如舊交 謂子産曰 鄭之執政侈 難將至矣 政必及子 子爲政 愼以禮[1] 不然 鄭國將敗 去鄭 適衛 說蘧瑗史狗史鰌公子荊公 叔發公子朝曰 衛多君子 未有患也 自衛如晉 將舍於宿[2] 聞鍾聲[3]曰 異 哉 吾聞之 辯而不德 必加於戮[4] 夫子獲罪於君以在此[5] 懼猶不足 而又 可以畔乎[6] 夫子之在此 猶燕之巢于幕也[7] 君在殯而可以樂乎[8] 遂去之 文子聞之 終身不聽琴瑟[9]

① 子爲政愼以禮 자위정신이예

집해 복건이 말했다. "예禮로써 국가를 경영하는 까닭은 사직을 이롭게 하기 때문이다."

服虔曰 禮 所以經國家 利社稷也

② 將舍於宿 장사어숙

집해 《좌전》에는 "장차 척戚에서 묵으려 했다."라고 되어 있다.

左傳曰 將宿於戚

색은 주석에서 《좌전》을 인용하여 "장차 척戚에서 묵으려 했다."라고 했다. 살펴보니 태사공이 스스로 일가一家를 이루고자 해서 사건은 비록 《좌전》에서 가져왔으나 문장은 뜻에 따라 바꾸었다. 이미 '사舍' 자로 '숙宿' 자를 바꾸었기 때문에 마침내 '숙宿' 자를 써서 '척戚' 자를 잘못 바꾸었다. 척은 이미 읍의 이름이 맞으니, 이치상 바꾸지 않아야 한다. 지금 마땅히 숙을 '척'으로 읽어야 한다. 척은 위衛나라의 읍으로 손문자孫文子가 예부터 식읍으로 가졌던 곳이다.

注引左傳曰將宿於戚 按 太史公欲自爲一家 事雖出左氏 文則隨義而換 旣以舍字替宿 遂誤下宿字替於戚 戚旣是邑名 理應不易 今宜讀宿爲戚 戚 衞邑 孫文子舊所食地

사마정이 〈위강숙세가〉를 제대로 살피지 못한 결과이다. 사마천은 손림보의 봉읍을 일관되게 숙宿이라 했으므로 마땅히 척戚을 숙宿으로 고친 것이다. 그러나《좌전》의 '척'이 맞는지《사기》의 '숙'이 맞는지는 앞으로 연구를 통해 밝혀야 할 문제이다.

③ 聞鍾聲문종성

집해 복건이 말했다. "손문자가 종鍾을 쳐서 음악을 만든 것이다."

服虔曰 孫文子鼓鍾作樂也

④ 辯而不德～必加於戮변이부덕～필가어륙

집해 복건이 말했다. "변辯은 말로 싸우는 것과 같다. 무릇 말다툼을 하고 덕에 거처하지 않으면 반드시 형벌이 더해진다."

服虔曰 辯若鬪辯也 夫以辯爭 不以德居之 必加於刑戮也

⑤ 夫子獲罪於君以在此부자획죄어군이재차

집해 가규가 말했다. "부자夫子는 손문자이다. 죄를 얻자 헌공을 내쫓았고 척戚 땅을 식읍으로 누렸다."

賈逵曰 夫子 孫文子也 獲罪 出獻公 以戚畔也

⑥ 而又可以畔乎이우가이반호

색은 《좌전》에는 "또 무슨 음악을 듣는단 말인가?"라고 되어 있다. 여기 '반畔' 자는 '악樂'으로 해독해야 마땅하다. 악은 종 치는 소리를 듣는 것인데, 반은 그런 뜻이 아니다.

左傳曰 而又何樂 此畔字宜讀曰樂 樂謂所聞鍾聲也 畔非其義也

신주 손문자는 손림보孫林父를 뜻한다. 희성姬姓의 손씨孫氏로서 위무공衛武公의 후예이다. 위정공衛定公을 피해 진晉나라로 도주했다가 진공이 죽고 그 아들 헌공獻公이 즉위하자 귀국했다. 이후 헌공과도 사이가 틀어져서 헌공을 내쫓고 동생 상공殤公을 세웠다. 헌공이 제齊나라로 도주했다가 나중에 귀국하자 식읍을 바치고 진晉나라로 다시 피신했다.

⑦ 猶燕之巢于幕也유연지소우막야

집해 왕숙이 말했다. "지극히 위태한 것을 말한다."

王肅曰 言至危也

⑧ 君在殯而可以樂乎군재빈이가이락호

집해 가규가 말했다. "위衛의 군주 헌공獻公의 관이 빈소에 있고 아직 장례를 치르지 않은 것이다."

賈逵曰 衛君獻公棺在殯未葬

⑨ 文子聞之~終身不聽琴瑟문자문지~종신불청금슬

집해 복건이 말했다. "의로운 소리를 듣고 행동을 고쳤다. 금슬을 듣지 않았는데 하물며 종을 쳤겠는가?"

服虔曰 聞義而改也 琴瑟不聽 況於鍾鼓乎

계찰은 진晉나라에 가서 조문자趙文子[1]와 한선자韓宣子[2]와 위헌자魏獻子[3]를 만나 설득하여 말했다.

"진晉나라는 아마 세 집안으로 나뉠 것입니다.[4]"

장차 떠나려 하면서 숙향叔向에게 일러서 말했다.

"그대는 힘쓰십시오. 군주께서 사치스럽지만 어진 이들이 많고 대부들은 모두 부유하니 정사는 장차 세 집안에 있게 될 것입니다.[5] 그대는 강직하니[6] 반드시 스스로 난에서 벗어날 것을 생각하십시오."

適晉 說趙文子[1]韓宣子[2]魏獻子[3]曰 晉國其萃於三家乎[4] 將去 謂叔向曰 吾子勉之 君侈而多良 大夫皆富 政將在三家[5] 吾子直[6] 必思自免於難

① 趙文子조문자

[색은] 조문자의 이름은 무武이다.

名武也

② 韓宣子한선자

[색은] 한선자의 이름은 기起이다.

名起也

[정의] 《세본》에는 이름을 진秦이라고 했다.

世本云名秦

③ 魏獻子위헌자

[색은] 위헌자의 이름은 종서鍾舒이다.

名鍾舒也

④ 晉國其萃於三家乎진국기췌어삼가호
집해 복건이 말했다. "진나라 복이 장차 세 집안에 모인다는 말이다."
服虔曰 言晉國之祚將集於三家

⑤ 大夫皆富~政將在三家대부개부~정장재삼가
집해 두예가 말했다. "부유하면 반드시 후하게 베푼다. 그러므로 정사
가 세 대부의 집안에 있게 된다."
杜預曰 富必厚施 故政在三家也

⑥ 吾子直오자직
집해 복건이 말했다. "직直이란 따르는 무리들에게 굽히지 않는 것이다."
服虔曰 直 不能曲撓以從眾

계찰이 처음 사신으로 갈 때, 북쪽으로 서徐나라 군주에게 들렀
다. 서나라 군주는 계찰이 차고 있는 검을 좋아했는데 입으로 감
히 말하지 못했다. 계찰은 마음속으로 알고 있었지만 상국上國에
사신으로 가는 길이라 드리지 못했다. 돌아오는 길에 서徐나라에
이르니 서나라 군주는 이미 죽고 없었다. 이에 그의 보검을 풀어
서나라 군주 무덤①의 나무에 매달아두고 떠났다.
모시며 따르는 자가 말했다.

> "서나라 군주는 이미 죽었는데, 오히려 누구에게 주는 것입니까?"
> 계찰이 말했다.
> "그렇지 않다. 처음부터 내 마음이 이미 허락했는데 어찌 죽었다
> 고 내 마음을 거스르겠는가?"
> 季札之初使 北過徐君 徐君好季札劍 口弗敢言 季札心知之 爲使上國
> 未獻 還至徐 徐君已死 於是乃解其寶劍 繫之徐君冢[1]樹而去 從者曰
> 徐君已死 尚誰予乎 季子曰 不然 始吾心已許之 豈以死倍吾心哉

[1] 徐君冢서군총

정의 《괄지지》에서 말한다. "서나라 군주의 묘廟는 사주泗州 서성현徐
城縣 서남쪽 1리에 있다. 곧 연릉계자가 검을 서군徐君의 무덤에 걸어 두
고 간 곳이다."

括地志云 徐君廟在泗州徐城縣西南一里 即延陵季子挂劍之徐君也

신주 서국徐國은 회수 일대 동이의 하나인 회이淮夷의 국가이다. 군주
의 성은 영성嬴姓으로서 진秦, 조趙와 같다. 서언왕徐偃王 때 크게 강성해
서 지금의 산동반도 및 강소성江蘇省, 안휘성安徽省의 장강長江 이북을 차
지했는데, 주위 36개국이 조공을 바칠 정도였다. 서기전 512년경 오吳나
라에 멸망했다.

오자서와 합려

여제餘祭 7년, 초나라 공자 위圍가 그 왕 겹오夾敖를 시해하고 그
를 대신해 왕이 되었는데, 이이가 영왕靈王이다.[①]

10년, 초나라 영왕이 제후들의 회맹會盟을 주재하고 오나라의 주
방朱方을 공격하고 제나라의 경봉慶封을 주륙했다. 오나라도 또한
초나라를 공격해[②] 초나라의 3개 읍邑을 빼앗고 물러갔다.

11년, 초나라가 오나라를 공격해 우루雩婁[③]에 이르렀다.

12년, 초나라가 다시 쳐들어와 건계乾谿[④]에 주둔했는데 초나라
군사가 패해서 달아났다.

七年 楚公子圍弑其王夾敖而代立 是爲靈王[①] 十年 楚靈王會諸侯而以
伐吳之朱方 以誅齊慶封 吳亦攻楚[②] 取三邑而去 十一年 楚伐吳 至雩
婁[③] 十二年 楚復來伐 次於乾谿[④] 楚師敗走

① 七年～靈王 칠년～영왕

색은 《춘추》경문 양공 25년에서 "오나라 자작 알遏이 죽었다."라고 하
였고, 양공 29년에서 "문지기가 오나라 자작 여제를 죽였다."라고 하였
고, 소공 15년에서 "오나라 군주 이말夷末이 죽었다."라고 하였다. 여제는

4년간 재위에 있었고 여말은 17년간 재위에 있었다. 〈오태백세가〉에서는 두 왕의 햇수를 거꾸로 착오했으니, 여기 7년은 바로 여말의 3년이 맞다.

소공 원년 경문에서 "겨울 11월, 초나라 자작 균麇이 죽었다."라고 했다. 《좌전》에서 "초나라 공자 위圍가 장차 정鄭나라를 예방하려는데, 국경을 나가지 않았을 때 초나라 왕이 병이 들었다는 소식을 듣고 돌아왔다. 왕의 병을 문병한다고 하고 안으로 들어가 왕을 목 졸라 살해했는데, 손경孫卿(순자)은 갓끈으로 목을 졸랐다고 했다. 마침내 왕의 아들 막幕과 평하平夏도 죽였다. 왕을 겹郟 땅에 장사 지내고 겹오郟敖라고 일컬었다."라고 했다.

春秋經襄二十五年 吳子遏卒 二十九年 閽殺吳子餘祭 昭十五年 吳子夷末卒 是餘祭在位四年 餘眜在位十七年 系家倒錯二王之年 此七年正是餘眜之三年 昭元年經曰冬十有一月 楚子麇卒 左傳曰楚公子圍將聘于鄭 未出竟 聞王有疾 而還 入問王疾 縊而殺之 孫卿曰 以冠纓絞之 遂殺其子幕及平夏 葬王于郟 謂 之郟敖也

신주 사마정의 말처럼 여제와 여말의 재위 기간이 바뀌었다. 〈십이제후연표〉에는 여제가 4년에 살해되었다고 기록해 놓고 재위 기간은 17년이라고 오기했고, 여기서는 아예 17년이라 하여 착오를 일으켰다. 실제는 다음과 같다.

여제餘祭 7년→여말 3년, 10년→여말 6년, 11년→여말 7년,

12년→여말 8년

전체적인 기년 수정 사항은 본서에서 〈춘추시대 수정 연표〉로 정리해 두었다.

② 吳亦攻楚오역공초

집해 《좌전》에서 말한다. "오나라에서 초나라를 공격해 극棘과 역櫟과 마麻로 쳐들어가서 주방朱方의 싸움에 대해 보복했다."

左傳曰 吳伐楚 入棘櫟麻 以報朱方之役

색은 두예는 주석에서 그곳에 관해서 이르기를 "모두 초나라 동쪽 변두리 읍이다. 초국譙國 찬현酇縣 동북쪽에 극정棘亭이 있고, 여음군 신채현新蔡縣 동북쪽에 역정櫟亭이 있다."라고 했다. 살펴보니 해석하는 자는 마麻를 곧 양성현襄城縣의 옛 마성麻城이 맞다고 한 것이다.

杜預注彼云皆楚東鄙邑也 譙國酇縣東北有棘亭 汝陰新蔡縣東北有櫟亭 按 解者以麻即襄城縣故麻城是也

③ 雩婁우루

집해 복건이 말했다. "우루雩婁는 초나라의 동쪽 읍이다."

服虔曰 雩婁 楚之東邑

색은 《좌전》 소공 5년에서 말한다. "초나라 자작이 심沈 지방의 윤석尹射에게 소巢 땅에 머물러 명령을 기다리게 하고, 위계강遠啓强에게는 우루에서 명령을 기다리게 했다." 지금 곧바로 우루에 이르렀다고 말한 것은 간략하게 한 것뿐이다.

昭五年左傳曰楚子使沈尹射待命于巢 遠啓强待命於雩婁 今直言至雩婁 略耳

④ 乾谿건계

집해 두예가 말했다. "건계는 초국譙國 성보현城父縣 남쪽에 있는데 초나라의 동쪽 경계이다."

杜預曰 乾谿在譙國城父縣南 楚東境

신주 초국 혹 초군은 한漢나라 패沛군 남부를 조위曹魏 이후 나눈 곳으로, 조조曹操의 고향이다. 회수 북쪽으로 춘추시대 후반 초나라 동단 영토이다.

> 17년, 오왕 여제가 죽고[1] 아우 여말餘昧이 왕위에 섰다.
> 오왕 여말 2년, 초나라 공자 기질棄疾은 그 군주 영왕靈王을 시해하고 그 대신 왕이 되었다.[2]
> 十七年 王餘祭卒[1] 弟餘昧立 王餘昧二年 楚公子棄疾弑其君靈王代立焉[2]

[1] 王餘祭卒 왕여제졸

색은 《춘추》 양공 29년의 경문經文에서 "문지기(혼閽)가 오나라 자작 여제餘祭를 살해했다."고 한다. 《좌전》에서 말한다. "오나라 사람이 월나라(실제로는 초나라)를 공격해 포로를 잡았는데, 문지기로 삼아 배를 지키게 했다. 오나라 자작 여제가 배를 보러 갔는데, 그 문지기가 칼로 오나라 군주를 살해했다."《공양전》에서 "형벌을 받은 사람을 가까이하는 것은 죽음을 가벼이 여기는 길이다."라고 했는데, 이 말이 옳다.

春秋襄二十九年經曰閽殺吳子餘祭 左傳曰吳人伐越 獲俘焉 以爲閽 使守舟 吳子餘祭觀舟 閽以刀殺之 公羊傳曰近刑人則輕死之道 是也

[2] 楚公子棄疾弑其君靈王代立焉 초공자기질시기군령왕대립언

색은 《춘추》에 근거하면 곧 여말餘昧 15년이다. 소공 13년 경문에서 말한다. "여름 4월, 초나라 공자 비比가 진晉나라에서 초나라로 돌아가서 그 군주 건虔을 건계에서 시해했는데, 초나라 공자 기질棄疾이 공자 비를

죽였다."《좌전》에서는 구체적으로 게재했지만 문장이 번잡해서 수록하지 않는다. 공자 비와 기질은 모두 영왕靈王의 아우이다. 비는 곧 자간子干이다. 영왕은 공자 위圍이다. 즉위 후에 이름을 바꾸어 건虔이라고 했다. 기질은 즉위 후에 이름을 바꾸어 웅거熊居라고 했는데, 이이가 평왕平王이다. 《사기》에서는 평왕이 마침내 초나라를 가졌으므로 "기질이 군주를 시해했다."라고 한 것이다. 그러나 《춘추》에서는 자간이 이미 왕이 되었기 때문에 "비가 군주를 살해했다."라고 한 것이다. 피차 각각 의의가 있다.

據春秋 即眜之十五年也 昭十三年經曰夏四月 楚公子比自晉歸于楚 弑其君虔于乾谿 楚公子棄疾殺公子比 左傳具載 以詞繁不錄 公子比棄疾 皆靈王弟也 比即子干也 靈王 公子圍也 即位後易名爲虔 棄疾即位後易名熊居 是爲平王 史記以平王遂有楚國 故曰棄疾弑君 春秋以子干已爲王 故曰比殺君 彼此各有意義也

신주 오왕 여말 2년→여말 15년(수정 연표)

4년,[1] 오왕 여말이 죽으면서 아우 계찰에게 왕위를 주고자 했다. 계찰이 사양하고 도주해서 갔다. 이에 오나라 사람들이 말했다.
"선왕께서 명이 있었으니 형이 죽으면 아우가 계승하여 즉위하되 반드시 막내아들까지 이르도록 했는데, 계자季子가 지금 왕위를 버리고 도주했다. 곧 왕은 여말의 후사를 세워야 하는데, 이제 죽었으니 그의 아들이 마땅히 계승해야 한다."
이에 오왕 여말의 아들 요僚를 세워서 왕으로 삼았다.[2]

四年^① 王餘眜卒 欲授弟季札 季札讓 逃去 於是吳人曰 先王有命 兄卒
弟代立 必致季子 季子今逃位 則王餘眜後立 今卒 其子當代 乃立王餘
眜之子僚爲王^②

① 四年4년

신주 4년→여말 17년(수정 연표)

② 餘眜之子僚爲王여말지자요위왕

집해 《오월춘추》에는 오왕 요僚는 이말夷眜의 아들이라 했는데 《사기》
의 기록과 같다.

吳越春秋曰 王僚 夷眜子 與史記同

색은 이 문장에서는 여말餘眜의 아들로 여겼다. 《공양전》에서는 수몽
壽夢의 서자라고 했다.

此文以爲餘眜子 公羊傳以爲壽夢庶子也

오왕 요 2년,^① 공자 광光^②이 초나라를 공격하다 패배하고 왕의
배를 잃었다. 광은 두려워서 초나라를 습격해서 다시 왕의 배를
찾아서 돌아왔다.^③
5년, 초楚나라에서 망명한 신하 오자서伍子胥가 달려왔다. 공자 광
光이 그를 빈객으로 삼았다.^④ 공자 광光은 오왕 제번諸樊의 아들
이다.^⑤ 광光은 항상 '우리 아버지의 형제 네 명이 마땅히 왕위를

전해서 계자季子(계찰)에게 이르게 해야 한다고 했다. 계자가 나라를 받지 않았기에 나의 아버지가 먼저 왕이 된 것이다. 이제 계자에게 전해지지 않았으므로 내가 마땅히 왕이 되어야 한다.'고 생각하고 있었다. 이에 몰래 현명한 사인士人들을 받아들여 오왕 요를 습격하려고 했다.

王僚二年[1] 公子光[2]伐楚 敗而亡王舟 光懼 襲楚 復得王舟而還[3] 五年 楚之亡臣伍子胥來犇 公子光客之[4] 公子光者 王諸樊之子也[5] 常以爲 吾父兄弟四人 當傳至季子 季子即不受國 光父先立 即不傳季子 光當立 陰納賢士 欲以襲王僚

① 王僚二年왕요이년

색은 계산해 보면 요 원년은 노魯소공 16년에 해당한다. 2년과 공자 광光이 왕의 배를 잃은 때를 비교해보면, 사건은 《좌전》 소공 17년에 있다.

計僚元年當昭十六年 比二年 公子光亡王舟 事在昭十七年左傳

② 公子光공자광

집해 서광이 말했다. "《세본》에 이말夷眛이 광光을 낳았다고 한다."

徐廣曰 世本云夷眛生光

③ 復得王舟而還복득여주이환

집해 《좌전》에서 말한다. "배의 이름을 '여황餘皇'이다."

左傳曰 舟名餘皇

④ 公子光客之공자광객지

《좌전》 소공 20년에서 말한다. "오원伍員은 오나라에 가서 오왕 주우에게 초나라를 정벌하면 이로운 것을 말했다. 두예가 말하기를 '주우州于는 오나라 자작 요僚이다.'라고 했다. 공자 광光이 말하기를 '저 사람은 부형이 살육을 당해 그 원수를 갚고자 하는 것이니, 그의 말을 따라서는 안 됩니다.' 라고 했다. 오원이 생각하기를 '저 사람은 장차 딴 뜻을 가지고 있구나. 나는 일단 그를 위해 역사力士를 구해 주고, 나는 시골로 내려가 때를 기다릴 것이다.'라고 하고, 이에 전설제鱄設諸라는 사람을 발견하고, (오자서는) 시골로 내려가 농사를 지었다." 이것을 가지고 빈객의 예로 접대한 것이라고 일컬은 것이다.

左傳昭二十年曰 伍員如吳 言伐楚之利於州于 杜預曰 州于 吳子僚也 公子光曰 是宗爲戮 而欲反其讎 不可從也 員曰 彼將有他志 余姑爲之求士 而鄙以待之 乃見鱄設諸焉 而耕於鄙 是謂客禮以接待也

⑤ 王諸樊之子也왕제번지자야

이 문장에서는 '제번의 아들'이라 했지만,《세본》에서는 '이말夷眜의 아들'이라고 했다.

此文以爲諸樊子 系本以爲夷眜子

> 요 8년, 오나라는 공자 광光에게 초나라를 공격하게 했는데, 초나라 군사를 무너뜨리고 초나라의 옛 태자 건建의 어머니를 거소居巢에서 모시고 돌아왔다. 이로 인해 북쪽을 공격해 진陳나라와 채蔡

나라의 군사를 무너뜨렸다.[1]

요 9년, 공자 광은 초나라를 공격하고 거소居巢와 종리鍾離를 함락했다.[2]

이에 앞서 초나라 변방 읍에서 비량씨鼻梁氏의 처녀와 오나라 변방 읍의 여자가 뽕을 따다가 다투게 되었다.[3] 두 여인의 집안에서 화가 나서 서로 공격해 멸하려 했다. 두 나라 변방 읍장이 이 소식을 듣고 화가 나서 서로 공격했는데, 초나라가 오나라 변방 읍을 없애버렸다. 이에 오왕은 화가 나서 마침내 초나라를 공격해, 두 도회지[4]를 빼앗고 갔다.

八年 吳使公子光伐楚 敗楚師 迎楚故太子建母於居巢以歸 因北伐 敗陳蔡之師[1] 九年 公子光伐楚 拔居巢鍾離[2] 初 楚邊邑卑梁氏之處女與吳邊邑之女爭桑[3] 二女家怒相滅 兩國邊邑長聞之 怒而相攻 滅吳之邊邑 吳王怒 故遂伐楚 取兩都[4]而去

[1] 因北伐 敗陳蔡之師인북벌 패진채지사

신주 《춘추》와 《좌전》에 따르면 이때 오나라가 공격한 곳은 회수淮水를 끼고 있는 주래州來라고 한다. 훗날 채蔡나라가 나라를 옮긴 하채下蔡가 바로 이곳이고, 전국 말기 초나라 수도 수춘壽春이 바로 이웃이다. 수춘은 한漢나라 때 회남군의 중심지다. 또 《좌전》에서 건의 어머니는 거소가 아니라 격鄏에 있었다고 한다. 아마 다음 해 오나라에서 거소를 점령하는데, 이것과 혼동된 것으로 보인다.

한편, 오나라 공격에 초나라는 진과 채 등 회수 유역의 소국들을 대거 동원하여 막는데, 결국 패하고 주래를 빼앗긴다. 〈진기세가〉와 〈초세가〉

에 아울러 나온다.

② 鍾離종리

집해 복건이 말했다. "종리는 주래州來의 서쪽 읍이다."

服虔曰 鍾離 州來西邑也

색은 《춘추》 소공 24년 경문에서 말한다. "겨울, 오나라가 소巢나라를 멸했다."《좌전》에서 말한다. "초나라 자작이 수군을 만들어 오나라 국경을 공략했다. 이에 심沈 지방의 윤尹 술戌이 말하기를 '이 행동으로 초나라는 반드시 읍을 잃을 것이다. 군주가 사람들을 어루만지지 않고 그들에게 일만 시키면서 오나라가 움직이지 않는데도 급하게 싸움을 걸었다.'라고 했다. 오나라 사람들이 초나라 군사들의 뒤를 따라붙었는데, 초나라 변방 사람은 대비하지 않았다. 마침내 소巢와 종리鍾離를 멸하고 곧 돌아갔다."《한서》〈지리지〉에서 "거소居巢는 여강군에 속하고, 종리는 구강九江(회남군)에 속한다."고 했다. 응소는 '종리자鍾離子의 나라'라고 했다.

昭二十四年經曰 冬 吳滅巢 左傳曰 楚子爲舟師以略吳疆 沈尹戌曰 此行也 楚必亡邑 不撫人而勞之 吳不動而速之 吳人踵楚 邊人不備 遂滅巢及鍾離乃還也 地理志居巢屬廬江 鍾離屬九江 應劭曰 鍾離子之國也

③ 楚邊邑～爭桑초변읍～쟁상

색은 《좌전》에는 이러한 사실이 없다.

左傳無其事

④ 兩都양도

정의 두 도회지는 곧 종리와 거소이다.

兩都即鍾離居巢

오자서가 처음 오나라로 달아났을 때, 오왕 요를 설득해서 초나라를 공격하면 이롭다고 말했다. 이에 공자 광이 말했다.

"오자서의 부형들이 초나라에서 죽임을 당했으니, 스스로 그의 원수를 갚고자 할 뿐입니다. 아직 그 이로운 점을 보지 못하겠습니다."

이에 오원伍員(오자서)은 공자 광에게 다른 뜻[1]이 있는 것을 알아차리고 용사 전저專諸[2]를 구해서 광에게 보이자 광은 기뻐했다. 이에 오자서를 객客으로 삼았는데 오자서는 물러나 들에서 밭을 갈면서 전저의 거사를 기다렸다.[3]

伍子胥之初犇吳 說吳王僚以伐楚之利 公子光曰 胥之父兄爲僇於楚 欲自報其仇耳 未見其利 於是伍員知光有他志[1] 乃求勇士專諸[2] 見之 光 光喜 乃客伍子胥 子胥退而耕於野 以待專諸之事[3]

---

① 伍員知光有他志오원지광유타지

집해 복건이 말했다. "국가를 빼앗고자 한 것이다."

服虔曰 欲取國

② 勇士專諸용사전제

집해 가규가 말했다. "오나라의 용사이다."

賈逵曰 吳勇士

전전은 어떤 판본에는 '전제剸'으로 되어 있다. 《좌전》에는 '전설저鱄設諸'로 되어 있다. 〈자객전〉에는 "전저는 당읍棠邑 사람이다."라고 했다.

專或作剸 左傳作鱄設諸 刺客傳曰 諸 棠邑人也

《오월춘추》에서 말한다. "전저는 풍읍豐邑 사람이다. 오자서가 처음 초나라에서 도망쳐 오나라로 갈 때 길에서 만났다. 전저는 마침 다른 사람과 다투는데 너무 당해낼 수 없어 그 아내가 부르자 돌아갔다. 오자서가 괴상해서 그 상황을 물었다. 전저가 이르기를 '무릇 한 사람 아래에서 굽히면 반드시 만 사람의 위에 펼 수 있다.'라고 했다. 오자서는 그로 인해 그의 관상을 보았는데, 영웅의 모습과 깊은 눈, 큰 입, 곰 같은 등을 보고 그가 용사임을 알아보았다."

吳越春秋云 專諸 豊邑人 伍子胥初亡楚如吳時 遇之於途 專諸方與人鬪 甚不可當 其妻呼 還 子胥怪而問其狀 專諸曰 夫屈一人之下 必申萬人之上 胥因而相之 雄貌深目 侈口熊背 知其勇士

③ 客伍子胥~待專諸之事객오자서~대전저지사

《좌전》에 근거하면 곧 윗 문장에서 "5년에 공자 광이 빈객으로 삼았다."라고 한 것이 이것이다. 일이 5년 기록과 부합하는데 그것을 대략 기록하여 응하지 않았지만, 여기에 다시 구체적으로 기록했다.

依左傳即上五年公子光客之是也 事合記於五年 不應略彼而更具於此也

12년 겨울, 초평왕이 죽었다.[1]

13년 봄, 오나라는 초나라의 상喪을 계기로 공격하고자[2] 공자 개여蓋餘와 촉용燭庸[3]을 시켜서 군사를 거느리고 초나라의 육六과 첨灊[4]을 포위하게 했다. 그리고 계찰을 진晉나라에 사신으로 보내 제후들의 변화를 관찰하게 했다.[5]

十二年冬 楚平王卒[1] 十三年春 吳欲因楚喪而伐之[2] 使公子蓋餘燭庸[3] 以兵圍楚之六灊[4] 使季札於晉 以觀諸侯之變[5]

① 楚平王卒초평왕졸

[색은] 《춘추》 소공 26년 경문에서 "초나라 자작 거居가 죽었다."라고 한 것이 이것이다. 〈십이제후연표〉와 《좌전》을 살펴보니 요僚 11년에 부합한다.

昭二十六年春秋經書楚子居卒 是也 按十二諸侯年表及左傳 合在僚十一年

[신주] 〈십이제후연표〉에는 요 11년이라고 기록했으나 여기서는 1년 늦게 기록되어 있다.

② 吳欲因楚喪而伐之오욕인초상이벌지

[색은] 〈십이제후연표〉와 《좌전》에 근거하면 12년에 있었던 것이 맞다. 일이 《좌전》 소공 27년에도 나타나 있다.

據表及左氏傳止合有十二年 事竝見昭二十七年左傳也

③ 蓋餘燭庸개여촉용

[집해] 가규가 말했다. "두 공자는 모두 오왕 요의 아우이다."

賈逵曰 二公子皆吳王僚之弟.

색은 《춘추》에는 '엄여掩餘'로 되어 있고, 《사기》에는 아울러 '개여蓋餘'로 되어 있는데 뜻은 같고 글자만 다른 것이다. 어떤 이는 태사공이 부형腐刑(궁형宮刑)을 당하였기 때문에 '엄掩'이라는 글자를 말하고자 하지 않았다고 한다. 가규와 두예의 설과 〈자객전〉에서 모두 이르기를 "두 공자는 오왕 요와 어머니가 같은 아우이다."라고 했다.

그리고 《좌전》 소공 23년에서 "광光은 우군을 거느렸고, 엄여는 좌군을 거느렸다."라고 한다. 두예는 그것에 주석하여 "엄여掩餘는 오왕 수몽壽夢의 아들이다."라고 했다. 또 《세족보系族譜》에서 또한 이르기를 "두 공자는 모두 수몽의 아들이다."라고 했다. 《공양전》에 근거하면 요僚는 수몽의 아들이 되니 곧 《세족보》와 합치한다.

春秋作掩餘 史記竝作蓋餘 義同而字異 或者謂太史公被腐刑 不欲言掩也 賈逵及杜預及刺客傳皆云二公子 王僚母弟 而昭二十三年左傳曰光帥右 掩餘帥左 杜注彼則云掩餘 吳王壽夢子 又系族譜亦云二公子竝壽夢子 若依公羊 僚爲壽夢子 則與系族譜合也

④ 灊첨
집해 두예가 말했다. "첨은 여강군 육현六縣 서남쪽에 있다."
杜預曰 灊在盧江六縣西南

⑤ 觀諸侯之變관제후지변
집해 복건이 말했다. "강하고 약한 것을 살피는 것이다."
服虔曰 察彊弱

초나라에서 군사를 일으켜 오나라 군사의 뒤를 끊자 오나라 군사는 돌아오지 못하게 되었다. 이에 오나라 공자 광이 말했다.

"이때를 놓치지 않아야 한다.[①]"

그리고 전저에게 알려 말했다.

"찾지 않으면 언제 얻겠는가![②] 내가 참된 왕의 후사이니 당연히 계승해야 하고 나는 그것을 구할 것이다. 계자季子가 비록 이르더라도 나를 폐하지 못할 것이다.[③]"

楚發兵絕吳兵後 吳兵不得還 於是吳公子光曰 此時不可失也[①] 告專諸曰 不索何獲[②] 我真王嗣 當立 吾欲求之 季子雖至 不吾廢也[③]

① 此時不可失也차시불가실야

집해 가규가 말했다. "시時는 왕을 죽일 수 있는 때를 말한다."

賈逵曰 時 言可殺王時也

② 不索何獲불색하획

집해 복건이 말했다. "찾지 않는다면 마땅히 어느 때에 얻겠는가?"

服虔曰 不索當何時得也

③ 季子雖至 不吾廢也계자수지 불오폐야

집해 왕숙이 말했다. "진晉나라를 방문하고 돌아와서 이르는 것이다."

王肅曰 聘晉還至也

전저가 말했다.

"왕 요를 죽일 수 있습니다. 어머니는 늙었고 아들은 어립니다.[①] 그리고 두 공자는 군사를 거느리고 초나라를 공격했는데, 초나라에서 그들의 퇴로를 끊었습니다. 이제 오나라는 밖으로 초나라에게 곤경에 처했고 안에는 강직한 신하가 없으니, 이는 내가 뭘 하든 (그들은) 어쩔 수 없습니다."

광이 말했다.

"나의 몸은 그대의 몸이다.[②]"

專諸曰 王僚可殺也 母老子弱[①] 而兩公子將兵攻楚 楚絶其路 方今吳外困於楚 而內空無骨鯁之臣 是無奈我何 光曰 我身 子之身也[②]

---

① *母老子弱*모로자약

집해 복건이 말했다. "어머니는 늙고 아들은 어리다는 것은 전저가 그의 어머니와 아들을 광에게 부탁한 것이다." 왕숙이 말했다. "전저는 왕요의 어머니는 늙고 아들은 어리다고 말한 것이다."

服虔曰 母老子弱 專諸託其母子於光也 王肅曰 專諸言王母老子弱也

색은 왕숙의 해석에 의거하면 《사기》와 똑같아 이치를 잃는 것이 없다. 복건과 두예가 《좌전》의 아래 문장인 "나는 너의 몸이다. 그래서 그의 아들을 경卿으로 삼았다."라고 운운한 것을 보고 마침내 "이는 내가 뭘 해도 어쩔 수 없습니다."를 억지로 해석해서 오히려 "내가 곧 어찌할 수가 없다."라는 말이라고 했다. 말이 사정事情에 가깝지 않고, 지나치게 멀리 돈 것이니, 잘못이다.

依王肅解 與史記同 於理無失 服虔杜預見左傳下文云我 爾身也 以其子爲卿

遂強解是無若我何 猶言我無若是何 語不近情 過爲迂回 非也

② 我身 子之身也아신 자지신야

집해 복건이 말했다. "나의 몸은 너의 몸과 같다는 말이다."

服虔曰 言我身猶爾身也

4월 병자일,[1] 광은 갑옷 입은 병사들을 토굴[2]에 매복시켜 놓고 오왕 요에게 술을 마시자고 청했다.[3] 오왕 요는 군사들을 길에 늘어서게 하고 왕궁에서 광의 집에 이르렀는데 대문과 계단, 출입문과 내석內席까지 모두 오왕 요의 측근들이었다. 사람마다 칼[4]을 차고 있었는데, 공자 광은 거짓으로[5] 발이 아프다고 핑계 대고 토굴 속으로 들어갔다.[6]

四月丙子[1] 光伏甲士於窟室[2] 而謁[3]王僚飮 王僚使兵陳於道 自王宮至光之家 門階戶席 皆王僚之親也 人夾持鈹[4] 公子光詳爲[5]足疾 入于窟室[6]

---

① 四月丙子사월병자

색은 《춘추》 경문에는 오직 "여름 4월이다."라고 말한다. 《좌전》에는 또한 '병자丙子'라는 말이 없다. 마땅히 따로 살핀 것에 근거했겠지만, 어느 기록에서 나왔는지 알지 못하겠다.

春秋經唯言夏四月 左傳亦無丙子 當別有按據 不知出何書也

② 光伏甲士於窟室광복갑사어굴실

집해 두예가 말했다. "땅을 파고 방을 만들었다는 것이다."

杜預曰 掘地爲室也

③ 謁알

색은 알은 청하는 것[請]이다. 본래 혹 '청請' 자로 되었을 것이다.

謁 請也 本或作請也

④ 人夾持鈹인협지피

집해 鈹의 발음은 '피披'이다.

音披

색은 鈹의 발음은 '피披'이다. 유규는《오도부》에 주석하면서 "피鈹는 양쪽으로 날이 있는 작은 칼이다."라고 했다.

音披 劉逵注吳都賦鈹 兩刃小刀

⑤ 公子光詳爲공자광상위

색은 詳의 발음은 '양陽'이고 爲의 발음은 글자대로 읽는다.《좌전》에서 "광이 거짓으로 발이 아프다."라고 했으니, 상詳은 곧 거짓이란 뜻이다. 어떤 이는 여기 '위爲' 자를 '위僞'로 읽어서 해독해야 한다고 하는데, 잘못이다. 어찌 상詳과 위僞를 거듭 말하겠는가?

上音陽 下如字 左傳曰光僞足疾 詳即僞也 或讀此爲字音僞 非也 豈詳僞重言邪

⑥ 入于窟室입우굴실

집해 두예가 말했다. "아마 난이 일어나면 왕의 무리들이 자신을 죽이려고 할 것이므로 처음부터 그곳으로 피한 것이다."

杜預曰 恐難作 王黨殺己 素避之也

그리고 전저를 시켜 비수[1]를 구운 생선[2] 뱃속에 숨겨두고 음식을 올리게 했다. (전저가) 손으로 비수를 꺼내 오왕 요를 찌르자, (요왕의 측근들이) 단검으로 전저의 가슴을 번갈아 찔러 죽였지만[3] 마침내 오왕 요도 시해되었다. 공자 광이 마침내 왕위를 계승하였는데, 이이가 오왕 합려闔廬이다. 합려는 이에 전저의 아들을 경卿으로 삼았다.

使專諸置匕首[1]於炙魚[2]之中以進食 手匕首刺王僚 鈹交於匈[3] 遂弑王僚 公子光竟代立爲王 是爲吳王闔廬 闔廬乃以專諸子爲卿

---

① 匕首비수

색은 유씨가 말했다. "비수는 짧은 검劍이다." 살펴보니 《염철론》에는 길이가 한 자 여덟 치라고 했다. 《통속문》에서 말한다. "그 머리가 화살촉과 비슷하므로 비수匕首라고 한다."

劉氏曰 匕首 短劍也 按 塩鐵論以爲長尺八寸 通俗文云其頭類匕 故曰匕首也

② 炙魚자어

집해 복건이 말했다. "온전한 물고기를 구운 것이다."

服虔曰 全魚炙也

③ 鈹交於匈피교어흉

집해 가규가 말했다. "전저의 가슴을 번갈아 찌른 것이다."

賈逵曰 交專諸匈也

신주 〈자객열전〉에 따르면 "좌우에서 또한 전저를 죽였다.[左右亦殺專諸]"라고 하여, 좌우에 있던 오왕 요의 근위병들이 전저를 찔러 죽였음을 나타내고 있다. 그 근위병들이 가진 것이 피鈹(단검)였다 그러므로 본문을 "단검을 든 근위병들이 전저의 가슴을 번갈아 찔렀다."라는 뜻으로 번역했다. 《좌전》과 《오월춘추》 또한 그렇게 되어 있다. 비鈹자에는 짧은 검이란 뜻 외에 화살촉, 숟가락이란 뜻도 있다.

계자가 이르러 말했다.

"진실로 선군先君의 제사를 폐하는 일이 없고 인민이 군주를 폐하는 일이 없으며, 사직을 받듦이 있으면, 곧 우리 군주이니 내가 감히 누구를 원망하겠는가? 죽은 이를 애도하고 살아 있는 자를 섬겨 하늘의 명을 기다릴 것이다.① 내가 난을 일으키는 것이 아니라면, (왕위를) 계승한 자를 따르는 것이 선인先人의 도리인 것이다.②"

季子至 曰 苟先君無廢祀 民人無廢主 社稷有奉 乃吾君也 吾敢誰怨乎 哀死事生 以待天命① 非我生亂 立者從之 先人之道也②

---

① 待天命대천명

집해 복건이 말했다. "그 천명이 마침을 기다리는 것이다."

服虔曰 待其天命之終也

② 先人之道也선인지도야

집해 두예가 말했다. "오나라는 제번 이하부터 형제들이 서로 전하고 적자를 세우지 않았으니, 이번 난리는 선인先人들 때문에 일어난 것이다. 계자는 자신의 힘으로 광을 토벌하지 못함을 알았으므로, 이렇게 말한 것이다."

杜預曰 吳自諸樊以下 兄弟相傳而不立適 是亂由先人起也 季子自知力不能討光 故云

요왕에게 사신의 명을 받들고 돌아와 고하면서 요의 무덤에서 곡을 했으며① 자신의 자리로 돌아와 명령을 기다렸다.② 오나라 공자 촉용과 개여 두 사람이 군사를 거느리고 갔다가 초나라에 포위당했는데, 공자 광이 오왕 요를 시해하고 스스로 왕이 되었다는 소식을 듣자 곧 그들의 군사들과 초나라에 투항했다. 초나라는 이들을 서舒 땅에 봉했다.③

復命 哭僚墓① 復位而待② 吳公子燭庸蓋餘二人將兵遇圍於楚者 聞公子光弑王僚自立 乃以其兵降楚 楚封之於舒③

---

① 復命 哭僚墓복명 곡요묘

집해 복건이 말했다. "요에게 사신의 명을 받들고 돌아와 고하면서 그의 묘에서 곡했다."

服虔曰 復命於僚 哭其墓也

정의 復의 발음은 '복伏'인데 아래도 같다.

復音伏 下同

② 復位而待복위이대

두예가 말했다. "본래의 자리로 돌아와서 광光의 명을 기다렸다."
杜預曰 復本位 待光命

③ 燭庸蓋餘~楚封之於舒촉용개여~초봉지어서

색은 《좌전》 소공 27년에서 말한다. "엄여掩餘는 서徐로 달아났고, 촉
용燭庸은 종오鍾吾로 달아났다." 소공 30년 경문經文에서 말한다. "오나
라가 서徐나라를 멸하자 서나라 자작이 초나라로 달아났다."《좌전》에
서 말한다. "오나라 자작이 서나라 사람에게 엄여를 잡아오게 하고, 종
오 사람에게 촉용을 잡아오게 했다. 두 공자가 초나라로 달아나자 초나
라 자작은 그들을 크게 봉하고 그들이 옮겨 살 곳을 정해주었다." 서舒에
봉한 일은 없으니 당연히 이 '서舒'와 '서徐' 자가 혼동된 것이고, 또 소략
疏略된 것이다.
左傳昭二十七年曰掩餘奔徐 燭庸奔鍾吾 三十年經曰吳滅徐 徐子奔楚 左傳曰
吳子使徐人執掩餘 使鍾吾人執燭庸 二公子奔楚 楚子大封而定其徙 無封舒之
事 當是舒徐字亂 又且疏略也

신주 《사기지의》에서 말한다. "《좌전》에는 촉용과 엄여 두 공자가 초
나라로 달아났을 뿐이라 했고〈초세가〉도 그러한데, 여기와〈오자서전〉
에는 군사를 이끌고 항복했다고 하니 첫째 잘못이다. 합려 원년에 엄여
는 서徐로, 촉용은 종오로 달아났으며 3년에 이르러 두 공자는 초나라로
달아났는데, 여기서는 원년에 초나라로 달아났다고 하니 둘째 잘못이다.
초나라는 양養에 성을 쌓고 두 공자를 자리하게 했으며, 성보城父와 호
胡 땅을 서舒에 봉한 일은 없는데, 여기와〈오자서전〉에는 서에 봉했다고
하니 셋째 잘못이다. 색은 에는 《좌전》 소공 27년에 엄여掩餘가 서徐로

달아났다고 한다. 소공 30년에 오나라가 서徐를 멸하자, 서자徐子는 초나라로 달아났다. 당연히 '서舒'는 '서徐' 자가 혼동된 것이며, 또 기록이 소략했다."

오왕 합려 원년, 오자서를 등용해 행인行人으로 삼아서 함께 국가의 일을 계획했다. 초나라에서 백주리伯州犁를 주륙하자 그의 손자 백비伯嚭[1]가 오나라로 도망쳤는데 오나라에서 그를 대부로 삼았다.

王闔廬元年 擧伍子胥爲行人而與謀國事 楚誅伯州犁 其孫伯嚭[1]亡奔吳 吳以爲大夫

---

① 伯嚭백비

집해 서광이 말했다. "백비伯嚭는 주리州犁의 손자이다. 《사기》의 내용과 《오월춘추》의 내용이 같다." 嚭의 발음은 '피[披美反]'이다.

徐廣曰 伯嚭 州犁孫也 史記與吳越春秋同 嚭音披美反

신주 《사기지의》에서 말한다. "백비가 오나라로 달아난 것은 초나라에서 극완郤宛을 죽였을 때이지 백주리를 죽였기 때문이 아니다."

3년, 오왕 합려는 오자서 및 백비와 함께 군사를 거느리고 초나라를 공격해 서舒 땅을 함락하고,[1] 오나라에서 망명한 장군인 두 공자(개여와 촉용)를 살해하였다. 광光(합려)이 초나라 수도인 영郢으로 쳐들어가려고 계획하자 장군 손무孫武가 말했다.[2]

"백성이 피곤해하니 좋지 않으며 기다려야 합니다."

4년, 초나라를 공격해 육六 땅과 첨灊 땅을 빼앗았다.

5년, 월나라를 공격해 무찔렀다.

6년,[3] 초나라는 자상낭와子常囊瓦[4]를 시켜 오나라를 공격하게 했는데, (오나라에서) 맞이해 쳐서 초나라 군대를 예장予章에서 크게 무찌르고 초나라의 거소居巢를 빼앗고 돌아왔다.[5]

三年 吳王闔廬與子胥伯嚭將兵伐楚 拔舒[1] 殺吳亡將二公子 光謀欲入 郢 將軍孫武曰[2] 民勞 未可 待之 四年 伐楚 取六與灊 五年 伐越 敗之 六 年[3] 楚使子常囊瓦伐吳[4] 迎而擊之 大敗楚軍於豫章 取楚之居巢而還[5]

① 拔舒발서

신주 아마 초나라에서 도망친 두 공자를 봉한 것도 이 서舒에서 가까웠을 것이다. 서 땅은 초나라 말기 수도인 수춘壽春에서 예장預章에 이르는 길목으로 강북에 있다. 역사적으로 요충지에 속한다.

② 將軍孫武曰장군손무왈

색은 《좌전》에는 이 해에 오자서의 대답이 있을 뿐 손무의 일은 없다.
左傳此年有子胥對耳 無孫武事也

③ 六年육년

신주　오왕 6년→오왕 7년(수정 연표)

④ 楚使子常囊瓦伐吳초사자상낭와벌오

정의　《좌전》에서 "초나라의 낭와囊瓦가 영윤令尹이 되었다."라고 하는데, 두예는 "자낭子囊의 손자 자상子常이다."라고 했다.

左傳云 楚囊瓦爲令尹 杜預云 子囊之孫子常

⑤ 取楚之居巢而還취초지거소이환

색은　《좌전》에는 정공 2년이니, 합려 7년이 마땅하다.

左傳定二年 當爲七年

짧은 영광

9년, 오왕 합려가 오자서와 손무孫武를 청해서 말했다.

"처음에 그대들이 말하기를 영郢 땅으로 쳐들어가지 말라고 했는데, 지금은 과연 어떠한가?[①]"

오자서와 손무가 대답했다.

"초나라 장군 자상子常은 탐욕스러워서 당唐과 채蔡 땅에서 모두 원망하고 있습니다. 왕께서 반드시 대대적으로 정벌하고자 하신다면, 반드시 당과 채를 얻는 것이 좋을 것입니다."

합려는 이들의 의견에 따라 모든 군사를 일으키고, 당과 채와 더불어 서쪽으로 초나라를 공격하고, 한수漢水까지 이르렀다. 초나라도 군사를 일으켜 오나라를 막고자 강을 끼고 진陣을 쳤다.[②]

오왕吳王 합려의 아우 부개夫概[③]가 싸우려고 하는데 합려가 허락하지 않았다. 부개가 말했다.

"왕께서 이미 신에게 군대를 맡기셨고 군대는 이로운 것을 가장 좋은 것으로 삼는데, 아직 무엇을 기다리십니까?"

九年 吳王闔廬請伍子胥孫武曰 始子之言郢未可入 今果如何[①] 二子對曰 楚將子常貪 而唐蔡皆怨之 王必欲大伐 必得唐蔡乃可 闔廬從之 悉

> 興師 與唐蔡西伐楚 至於漢水 楚亦發兵拒吳 夾水陳[2] 吳王闔廬弟夫
> 概[3]欲戰 闔廬弗許 夫概曰 王已屬臣兵 兵以利爲上 尙何待焉

① 今果如何금과여하

[색은] 지금 과감하게 초나라를 공격하는 것이 좋은지 그렇지 않은지 말한 것이다.

言今欲果敢伐楚可否也

② 夾水陳협수진

[정의] 陳의 발음은 '진陣'이다.

音陣

③ 概개

[정의] 概의 발음은 '개[古代反]'이다.

音古代反

> 마침내 그의 부대 5,000명으로 습격해 초나라를 덮치자, 초나라
> 군대는 크게 패해 달아났다. 이에 오왕은 마침내 군사를 풀어 추
> 격했다. 영郢에 이르기[1]까지 다섯 번을 싸웠는데, 초나라가 다섯
> 번 패주했다.
> 초나라 소왕昭王이 도망쳐서 영을 나가 운鄖 땅[2]으로 달아났다.

> 운공鄖公의 아우③가 소왕을 시해하려고 하자, 소왕은 운공과 더
> 불어 수隨 땅④으로 달아났다. 이에 오나라 군대가 마침내 영郢으
> 로 쳐들어갔다. 오자서와 백비伯嚭는 초나라 평왕平王의 시체에
> 매를 쳐⑤ 아버지의 원수를 갚았다.
>
> 遂以其部五千人襲冒楚 楚兵大敗走 於是吳王遂縱兵追之 比至郢① 五
> 戰 楚五敗 楚昭王亡 出郢奔鄖② 鄖公弟③欲弑昭王 昭王與鄖公犇隨④
> 而吳兵遂入郢 子胥伯嚭鞭平王之尸⑤以報父讎

① 比至郢비지영

색은 정공 4년, "백거柏舉에서 싸웠는데 오나라가 영郢으로 쳐들어갔
다."라고 한 것이 이것이다.

定四年 戰于柏舉 吳入郢 是也

② 鄖운

집해 복건이 말했다. "운鄖은 초나라 현縣이다."

服虔曰 鄖 楚縣

신주 오나라는 초나라를 치면서 채蔡와 함께 했으니, 북쪽을 통해 한
수漢水를 건너 영郢으로 쳐들어간 것이다. 소왕은 동쪽으로 피해 달아난
것으로 보이는데, 운 땅은 전한前漢 때 강하군으로 현재 우한시[武漢市]
외곽이다. 이 주석은 〈초세가〉에도 있다.

③ 鄖公弟운공제

정의 《좌전》에서는 운공鄖公 신辛의 아우 회懷라고 한다.

左傳云郎公辛之弟懷也

④ 隨수

집해 복건이 말했다. "수隨는 초나라의 동맹국이다."

服虔曰 隨 楚與國也

신주 〈초세가〉에도 주석이 있다. 수나라는 초나라 수도 영郢에서 동북쪽 약 190km 지점에 있다.

⑤ 子胥伯嚭鞭平王之尸자서백비편평왕지시

색은 《좌전》에는 이런 일이 기록되어 있지 않다.

左氏無此事

신주 《사기지의》에도 이런 일은 없었다고 했다.

10년 봄, 월越나라는 오왕이 (초나라를 공격해서) 영郢에 있다는 소식을 듣고 오나라가 비어 있는 것을 틈타 곧장 오나라를 공격했다. 오나라는 별도의 군대를 보내 월나라를 치게 했다.

초나라가 위급한 상황을 진秦나라에 알리자, 진나라는 군대를 보내 초나라를 구원하기 위해 오나라를 치게 했는데, 오나라 군사가 패했다.

합려의 아우 부개는 진秦나라와 월나라가 번갈아 서로 오나라를 패배시켰는데도 오왕이 초나라에 머물러 떠나지 않자, 부개는 도망쳐서 오나라로 돌아와 스스로 서서 오왕이 되었다. 합려가 이를 듣고 곧장 군사를 이끌고 돌아와 부개를 공격했다. 부개는 패하여 초나라로 달아났다. 초나라 소왕은 이에 9월에 다시 영으로 들어올 수 있었는데, 부개를 당계堂谿에 봉하고 당계[1]씨堂谿氏로 삼았다.

11년, 오왕이 태자 부차夫差를 시켜 초나라를 공격해서 번番 땅을 빼앗았다. 초나라는 두려워서 영을 떠나 약都으로 옮겼다.[2]

15년, 공자孔子가 노魯나라를 도왔다.[3]

十年春 越聞吳王之在郢 國空 乃伐吳 吳使別兵擊越 楚告急秦 秦遣兵救楚擊吳 吳師敗 闔廬弟夫概見秦越交敗吳 吳王留楚不去 夫概亡歸吳而自立爲吳王 闔廬聞之 乃引兵歸 攻夫概 夫概敗奔楚 楚昭王乃得以九月復入郢 而封夫概於堂谿 爲堂谿[1]氏 十一年 吳王使太子夫差伐楚取番 楚恐而去郢徙都[2] 十五年 孔子相魯[3]

① 堂谿당계

집해 사마표가 말했다. "여남군 오방현吳房縣에 당계정堂谿亭이 있다."

司馬彪曰 汝南吳房有堂谿亭

색은 〈지리지〉를 살피면 알 수 있다.

案地理志而知

정의 《괄지지》에서 말한다. "예주 오방현은 주의 서북쪽 90리에 있다. 응소는 이르기를 '오왕 합려의 아우 부개가 초나라로 달아나자 (초나라가) 그를 당계씨堂谿氏에 봉했다. 본래 방房 자작의 국가인데, 오나라 사람(부개)을 봉했으므로 오방吳房이라 했다.'라고 한다."

括地志云 豫州吳房縣在州西北九十里 應劭云 吳王闔閭弟夫概奔楚 封之於堂谿氏 本房子國 以封吳 故曰 吳房

② 郡약

[집해] 복건이 말했다. "약都은 초나라의 읍이다."

服虔曰 郚 楚邑

[색은] 《좌전》 정공定公 6년에서 "4월 기축일, 오나라 태자 종루終纍가 초나라의 수군을 무찔렀다."라고 했는데, 두예는 "합려의 아들이고 부차의 형이다."라고 했다. 이는 부차夫差인데, 마땅히 이름을 다르게 일컬었지만 한 사람일 따름이다. 《좌전》에는 또 이르기를, "반자신潘子臣과 소유자小惟子 및 대부 일곱 명을 잡았다. 초나라는 이에 영에서 약으로 옮겼다."라고 했다. 여기서 반番이라고 말했는데, 番의 발음은 '반潘'인데, 초나라의 읍 이름이고 자신子臣은 곧 그 읍의 대부이다.

定六年左傳四月己丑 吳太子終纍敗楚舟師 杜預曰闔廬子 夫差兄 此以爲夫差 當謂名異而一人耳 左傳又曰獲潘子臣小惟子及大夫七人 楚於是乎遷郢於郚 此言番 番音潘 楚邑名 子臣即其邑之大夫也

③ 孔子相魯공자상노

[색은] 《좌전》 정공 10년에서 "여름에 정공定公이 제나라 후작과 축기祝其에서 회맹했는데, 실로 협곡夾谷이었으며 공구孔丘가 도왔다. 이미 이미犁弥가 제나라 후작에게 말하기를 '공구孔丘는 예는 알지만 용기가 없습니다.'라고 하였다."고 한 것이 이것이다. 두예는 "회맹의 법도를 도운 것이다."라고 했는데, 사마천은 〈공자세가〉에서 "재상의 일을 섭행하였다."라고 했다. 살펴보니 《좌전》에서 공구가 정공을 물러나게 하고 이르기를 "병사들은 무기를 가지고 공격하라."라고 하고, 또 자무환玆無還을 시켜 읍揖하고 대답하게 했다. 이것은 국상國相을 대리한 것이다.

定十年左傳曰夏 公會齊侯于祝其 實夾谷 孔丘相 犁彌言於齊侯曰 孔丘知禮而

無勇 是也 杜預以爲相會儀也 而史遷孔子系家云攝行相事 案 左氏孔丘以公退

曰 士兵之 又使玆無還揖對 是攝國相也

19년 여름, 오나라가 월나라를 공격하자, 월왕 구천句踐은 취리檇李[1]에서 맞이해 공격했다. 월나라는 죽음을 각오한 군사[2]를 시켜 싸움을 걸게 하고 죄인으로 세 부대를 편성해 오나라의 군사 앞에 이르러 함성을 지르면서 스스로 목을 베어 죽게 했다.[3] 오나라 군사들이 이를 지켜보는 동안 월나라는 이를 기회로 오나라를 고소姑蘇[4]에서 무찔러 오왕 합려의 발가락에 상처를 입혔으며, 군사는 7리를 후퇴시켰다. 오왕 합려는 상처가 도져 죽었다.[5] 합려는 (죽기 전에) 태자 부차夫差를 군주로 세우고 일러서 말했다.

"너는 구천이 너의 아버지를 죽인 것을 잊겠느냐?"

부차가 대답했다.[6]

"감히 잊지 못할 것입니다!"

3년 만에 월나라에 보복했다.

十九年夏 吳伐越 越王句踐迎擊之檇李[1] 越使死士[2]挑戰 三行造吳師 呼 自剄[3] 吳師觀之 越因伐吳 敗之姑蘇[4] 傷吳王闔廬指 軍卻七里 吳王 病傷而死[5] 闔廬使立太子夫差 謂曰 爾而忘句踐殺汝父乎 對曰[6] 不敢 三年乃報越

---

① 檇李취리

집해 가규가 말했다. "취리는 월나라 땅이다." 두예가 말했다. "오군 가흥현嘉興縣의 남쪽에 취리성이 있다." 檇의 발음은 '취醉'이다.

賈逵曰 檇李 越地 杜預曰 吳郡嘉興縣南有檇李城也 檇音醉

② 死士사사

집해 서광이 말했다. "사死 자는 다른 판본에는 '단亶(믿음직하다)'으로 되어 있다. 〈월세가〉에도 그러한데, 어떤 이는 사람의 이름이나 성씨로 여겼다. 살펴보니 가규는 "사사死士는 죄로 죽어야 할 사람이다."라고 한다. 정중鄭衆은 "사사死士는 죽음으로써 은혜를 갚고자 하는 사람이다."라고 한다. 두예는 "죽음을 감수한 병사이다."라고 한다.

徐廣曰 死 一作亶 越世家亦然 或者以爲人名氏乎 駰案 賈逵曰死士 死罪人也
鄭衆曰死士 欲以死報恩者也 杜預曰敢死之士也

정의 挑의 발음은 '조[田鳥反]'이다.

挑音田鳥反

③ 三行~自剄삼행~자경

집해 《좌전》에서 말한다. "죄인을 세 부대로 편성해서 목을 검으로 찌르게 했다."

左傳曰 使罪人三行 屬劍於頸

정의 行의 발음은 '항[胡郎反]'이다. 造의 발음은 '고[干到反]'이다. 呼의 발음은 '호[火故反]'이다. 頸의 발음은 '경[堅鼎反]'이다.

行 胡郎反 造 干到反 呼 火故反 頸 堅鼎反

④ 敗之姑蘇패지고소

집해 《월절서》에서 말한다. "합려왕은 고소대를 지었는데, 3년간 재목을 모으고 5년에 곧 완성했다. 높아서 300리 밖에서도 보인다."

越絕書曰 闔廬起姑蘇臺 三年聚材 五年乃成 高見三百里

색은 고소姑蘇는 대臺의 이름이다. 오현 서쪽 30리에 있다.《좌전》정공 14년에 이르기를 "월나라 자작 구천이 (오나라를) 크게 쳐부수었다. 영고부靈姑浮가 창으로 오왕 합려를 공격해 합려의 엄지발가락에 부상을 입혔다. 영고부는 돌아오다가 형陘 땅에서 세상을 떠났는데, 취리와 7리 떨어져 있다."라고 했다. 두예는 취리는 가흥현 남쪽에 있다고 했다. 영고부는 월나라 대부이다.

姑蘇 臺名 在吳縣西三十里 左傳定十四年曰越子大敗之 靈姑浮以戈擊闔廬 闔廬傷將指 還 卒於陘 去橋李七里 杜預以爲橋李在嘉興縣南 靈姑浮 越大夫也

⑤ 闔廬指~病傷而死합려지~병상이사

집해 《월절서》에서 말한다. "합려의 무덤은 오현 창문昌門 밖에 있는데, 호구虎丘라고 부른다. 아래 연못의 넓이는 60보이고, 물의 깊이는 1장 5자이다. 동관桐棺을 세 겹으로 했는데, 수은으로 만든 연못이 여섯 자이며, 옥으로 만든 오리 모양이 떠다니고 편저扁諸(사람 이름)의 검이 3,000자루인데, 모나고 둥근 구멍이 3,000개이고, 반영槃郢과 어장魚腸(물고기 뱃속에 감출 정도의 검)이라는 검이 놓여있었다. 병졸 10여만 명으로 만들었는데, 흙을 취하는 것은 호수에 잇닿은 곳에서 했다. 장사를 지낸 3일에 백호白虎가 그 위에 살았으므로 호구虎丘라고 불렀다."

越絕書曰 闔廬冢在吳縣昌門外 名曰虎丘 下池廣六十步 水深一丈五尺 桐棺三重 澒池六尺 玉鳧之流扁諸之劍三千 方員之口三千 槃郢魚腸之劍在焉 卒十餘萬人治之 取土臨湖 葬之三日 白虎居其上 故號曰虎丘

색은 澒의 발음은 '홍[胡貢反]'인데, 수은으로 연못을 만든 것이다.

湏 胡貢反 以水銀爲池

⑥ 對曰대왈

색은 여기서는 합려가 부차에게 말하고 부차가 합려에게 대답한 것으로 보인다. 《좌전》과 같다면, 곧 '대왈對曰'이란 부차가 시키는 사람에게 대답한 것이다.

此以爲闔廬謂夫差 夫差對闔廬 若左氏傳 則云對曰者 夫差對所使之人也

오왕 부차 원년,① 대부 백비를 태재太宰로 삼았다.② 싸우고 활 쏘는 것을 익히고 항상 월나라에 보복하려는 것으로 뜻을 삼았다. 2년 오왕이 모든 정예병으로 월나라를 공격해서 부초夫椒③에서 무찔러 고소의 패배를 보복했다. 월왕 구천은 이에 갑옷 입은 군사 5,000명으로 회계④에서 살면서 대부⑤ 종種에게 오나라 태재 백비를 통하여 화평을 이룩할 것을 구하고⑥ 국가를 맡기며 신첩이 되기를 청하도록 했다.

王夫差元年① 以大夫伯嚭爲太宰② 習戰射 常以報越爲志 二年 吳王悉精兵以伐越 敗之夫椒③ 報姑蘇也 越王句踐乃以甲兵五千人棲於④會稽 使大夫⑤種因吳太宰嚭而行成⑥ 請委國爲臣妾

---

① 王夫差元年왕부차원년

집해 《월절서》에서 말한다. "태백太伯에서 부차까지 이르는데 26대이고 또 1,000년이다."

越絶書曰 太伯到夫差二十六代且千歲

색은 《사기》에는 태백에서 수몽壽夢까지 이르는데 19대이고, 제번諸樊 이하 6명의 왕이 있어서 25대이다.

史記太伯至壽夢十九代 諸樊已下六王 唯二十五代

② 伯嚭爲太宰백비위태재

색은 살펴보니 《좌전》 정공 4년에 백비를 태재로 삼았는데, 합려 9년에 해당하므로 부차의 시대가 아니었다.

案 左傳定四年伯嚭爲太宰 當闔廬九年 非夫差代也

③ 夫椒부초

집해 가규가 말했다. "부초는 월나라 땅이다. 두예가 말했다. "태호太湖 안의 초산椒山이다."

賈逵曰 夫椒 越地 杜預曰 太湖中椒山也

색은 가규는 월나라 땅이라고 일렀는데, 이는 비슷하게 맞춘 것이다. 그러나 그 땅은 빠져 있으니, 소재를 알지 못한다. 두예는 태호 안의 초산이라고 했는데, 싸울 수 있는 곳이 아니다. 부초와 초산은 같은 곳이 될 수 없다. 또 부차는 월나라에 보복하는 것으로 뜻을 삼았고 또 월나라를 정벌했으니 월나라 땅에 이른 것이 마땅한데, 어찌 오나라 국경을 떠나지 않고 가까이 태호 안에 있겠는가? 또 살펴보니 《국어》〈월어〉에서 "오호五湖에서 패했다."라고 한다.

賈逵云越地 蓋近得之 然其地闕 不知所在 杜預以爲太湖中椒山 非戰所 夫椒與椒山不得爲一 且夫差以報越爲志 又伐越 當至越地 何乃不離吳境 近在太湖中 又案 越語云敗五湖也

④ 棲於서어

집해 가규가 말했다. "회계는 산 이름이다."

賈逵曰 會稽 山名

색은 새가 머물러 잠자는 곳을 '서棲'라고 한다. 월나라가 오나라에게 패하고 산림에 의탁했으므로 새가 서식하는 것으로 비유했다. 《좌전》에는 '보保'로 되어 있고 《국어》에는 '서棲'로 되어 있다.

鳥所止宿曰棲 越爲吳敗 依託於山林 故以鳥棲爲喩 左傳作保 國語作棲

⑤ 大夫대부

색은 대부는 관직이다. 종種은 이름이다. 《오월춘추》에는 종種의 성을 문文이라고 했다. 유흠은 "성姓이 대부이다."라고 했는데, 잘못이다.

大夫 官也 種 名也 吳越春秋以爲種姓文 而劉氏云姓大夫 非也

⑥ 行成행성

집해 복건이 말했다. "행성은 화친을 이룸을 구하는 것[求成]이다."

服虔曰 行成 求成也

정의 《국어》에서 말한다. "월나라에서 미녀 8명을 꾸며 태재 백비에게 바치면서 '그대가 진실로 마음을 써서 월나라의 죄를 풀어주시오.'라고 했다."

國語云 越飾美女八人納太宰嚭 曰 子苟然 放越之罪

오왕 부차가 허락하려 하자, 오자서가 간언하여 말했다.

"옛날 유과[1] 씨有過氏는 짐관斟灌을 없애고 짐심斟尋을 정벌함으로써[2] 하후夏后 제상帝相[3]을 멸했습니다. 제상의 비妃인 후민后緡[4]은 마침 임신을 했는데 유잉有仍[5]으로 도망쳐 소강少康[6]을 낳았습니다. 소강은 유잉有仍의 목정牧正[7]이 되었습니다.

吳王將許之 伍子胥諫曰 昔有過[1]氏殺斟灌以伐斟尋[2] 滅夏后帝相[3] 帝相之妃后緡[4]方娠 逃於有仍[5]而生少康[6] 少康爲有仍牧正[7]

① 過과

집해 가규가 말했다. "과過는 나라 이름이다.

賈逵曰 過 國名也

색은 過의 발음은 '과戈'이다. 한착寒浞의 아들 요澆가 봉해진 나라로, 의성猗姓의 나라이다. 《진지도기》에서 "동래군 액현에 과향이 있고 북쪽에 과성이 있는데, 옛날 과국이다."라고 한다.

過音戈 寒浞之子澆所封國也 猗姓國 晉地道記曰 東萊掖縣有過鄉 北有過城 古過國也

② 殺斟灌以伐斟尋살짐관이벌짐심

집해 짐관과 짐심은 하나라와 동성同姓이다. 하후夏后 상相은 짐관에 의지하여 국가를 이루었으므로 하후 상을 죽였다고 했다.

斟灌斟尋 夏同姓也 夏后相依斟灌而國 故曰殺夏后相也

색은 짐관과 짐심은 하나라와 동성이다. 가규는 《세본》에 근거해서 알았다고 한다. 살펴보니 《한서》〈지리지〉에는 북해군 수광현壽光縣이라고 했는데, 응소는 "옛 짐관정斟灌亭이 이곳이다."라고 한다. 평수현平壽縣에 다시 일컬어 "옛 북짐심北斟尋이고 우禹의 후손인데, 지금 짐성斟城이 이곳이다."라고 했다. 그렇다면 '짐斟'과 '짐斟'은 같다.

斟灌斟尋夏同姓 賈氏據系本而知也 案 地理志北海壽光縣 應劭曰古斟灌亭是也 平壽縣 復云古北斟尋 禹後 今斟城是也 然斟與斟 同

③ 滅夏后帝相멸하후제상

집해 복건이 말했다. "하후 상相은 계啓의 손자이다."

服虔曰 夏后相 啓之孫

④ 緡민

집해 가규가 말했다. "민緡은 유잉有仍의 성이다." 두예가 말했다. "신娠은 아이를 품은 몸이다."

賈逵曰 緡 有仍之姓也 杜預曰 娠 懷身也

⑤ 有仍유잉

집해 가규가 말했다. "유잉은 나라 이름이고, 후민后緡의 집안이다."

賈逵曰 有仍 國名 后緡之家

색은 그 국가의 소재는 알지 못한다. 《춘추》 환공 5년 경문에서 "천자가 잉숙仍叔의 아들에게 노나라를 예방하게 했다."라고 하는데, 《곡량전》은 경문과 전문 모두 '임숙任叔'으로 되어 있다. '잉仍'과 '임任'은 발음이 비슷하니 아마도 한 곳의 땅일 것이며, '보甫'와 '려呂'나 '괵虢'과 '곽郭'의 종류와 같은 것이다. 살펴보니 〈지리지〉에서 동평군에 임현任縣이 있는데, 대개 옛 잉국仍國이다.

未知其國所在 春秋經桓五年天王使仍叔之子來聘 穀梁經傳竝作任叔 仍任聲
相近 或是一地 猶甫呂號郭之類 案 地理志東平有任縣 蓋古仍國

⑥ 而生少康이생소강
집해 복건이 말했다. "후민后緡의 유복자이다."
服虔曰 后緡遺腹子

⑦ 牧正목정
집해 왕숙이 말했다. "목정은 목관의 우두머리이다."
王肅曰 牧正 牧官之長也

유과씨는 또 소강을 죽이고자 했는데, 소강이 유우有虞①로 달아
났습니다. 유우에서는 하夏나라의 덕을 생각해서 그의 두 딸을
아내로 삼게 하고 윤綸②에 식읍을 주어서 밭 일성一成을 가지게
하고 일려一旅의 병사를 두게 했습니다.③ 그 뒤에 마침내 하나라
의 백성을 거두고 그 관직을 정비하였습니다.④ 사람들에게 유과
씨를 유인하게 하여⑤ 마침내 유과씨를 멸했습니다. 그리고 우禹
임금의 공적을 복원하여 하夏나라의 선조를 제사 지내 하늘에 배
향해서⑥ 옛날의 제도⑦를 잃지 않았습니다.
有過又欲殺少康 少康奔有虞① 有虞思夏德 於是妻之以二女而邑之於
綸② 有田一成 有衆一旅③ 後遂收夏衆 撫其官職④ 使人誘之⑤ 遂滅有
過氏 復禹之績 祀夏配天⑥ 不失舊物⑦

① 有虞유우

집해 가규가 말했다. "유우는 순임금의 후예이다." 두예가 말했다. "양
국梁國의 우현虞縣이다."

賈逵曰 有虞 帝舜之後 杜預曰 梁國虞縣

② 綸윤

집해 가규가 말했다. "윤은 우虞나라의 읍이다."

賈逵曰 綸 虞邑

③ 有田一成 有衆一旅유전일성, 유중일여

집해 가규가 말했다. "사방 10리를 성成이라 한다. 500명을 여旅라고
한다."

賈逵曰 方十里爲成 五百人爲旅

④ 後遂收夏衆 撫其官職후수수하중 무기관직

집해 복건이 말했다. "이 기틀을 잡는 사업으로 인하여 점점 하夏나라
의 유민과 남은 백성을 거두어 취하고 하나라의 옛 관직과 법을 정비하
였다."

服虔曰 因此基業 稍收取夏遺民餘衆 撫修夏之故官憲典

⑤ 使人誘之사인유지

색은 《좌전》에서 말한다. "여애女艾에게 요澆의 동정을 살피게 해서 마
침내 과過와 과戈를 멸했다." 두예가 말했다. "첩諜은 살피는 것이다."

左傳云 使女艾諜澆 遂滅過戈 杜預曰 諜 候也

⑥ 配天배천

집해 복건이 말했다. "곤鯀을 하늘에 배향함이다."

服虔曰 以鯀配天也

⑦ 物물

집해 가규가 말했다. "물物은 관직이다." 두예가 말했다. "물物은 일이다."

賈逵曰 物 職也 杜預曰 物 事也

지금 오나라는 유과씨처럼 강하지 못하지만, 구천은 소강보다 큽니다. 지금 이를 기회로 멸망시키지 않고 또 관용을 베풀려 한다면 또한 어렵지 않겠습니까! 또 구천은 사람이 괴로운 것을 잘 견딥니다. 지금 멸하지 않으면 뒤에 반드시 후회할 것입니다."

오왕은 듣지 않고 태재 백비의 청에 따라 끝내 월나라와 화평을 허락했으며, 더불어 맹약하고 군사를 철수하여 떠났다.

今吳不如有過之彊 而句踐大於少康 今不因此而滅之 又將寬之 不亦難乎 且句踐爲人能辛苦 今不滅 後必悔之 吳王不聽 聽太宰嚭 卒許越平 與盟而罷兵去

부끄러운 부차

7년 오왕 부차는 제나라 경공景公이 사망하자 대신들이 총애를 다투고, 새로 선 군주가 허약하다는 것을 듣고, 군사를 일으켜 북쪽 제나라를 공격하고자 했다. 오자서가 간언해서 말했다.

"월왕 구천은 육찬을 들지 않고 채색옷을 입지 않으며, 죽은 자는 조문하고 병에 걸린 자는 위문하면서 장차 그의 백성을 소용 있게 하려 합니다. 이 사람을 죽이지 않으면 반드시 오나라의 근심이 될 것입니다. 지금의 월나라는 뱃속의 병인데 왕께서 이를 먼저 해결하지 않고 제나라 정벌에 힘쓰신다면, 또한 잘못이 아니겠습니까?"

오왕은 듣지 않고 마침내 북쪽의 제나라를 공격해, 제나라 군사를 애릉艾陵①에서 무찔렀다. 증繒 땅②에 이르러 노魯나라 애공哀公을 불러서 100뢰百牢③(100마리 희생)를 바치게 했다. 계강자季康子가 자공子貢에게 《주례》로써 태재 백비를 설득하게 하자 이에 그만두었다. 그로 인해 제나라와 노나라 남쪽 땅의 침략을 유보했다.

9년, 추騶④나라를 위해서 노나라를 공격했는데, 노나라와 회맹하고 떠났다.

10년, 제나라를 공격하고 돌아갔다.

11년,[5] 다시 북쪽으로 제나라를 공격했다.

七年 吳王夫差聞齊景公死而大臣爭寵 新君弱 乃興師北伐齊 子胥諫
曰 越王句踐食不重味 衣不重采 弔死問疾 且欲有所用其衆 此人不死
必爲吳患 今越在腹心疾而王不先 而務齊 不亦謬乎 吳王不聽 遂北伐
齊 敗齊師於艾陵[1] 至繒[2] 召魯哀公而徵百牢[3] 季康子使子貢以周禮
說太宰嚭 乃得止 因留略地於齊魯之南 九年 爲騶[4]伐魯 至與魯盟乃去
十年 因伐齊而歸 十一年[5] 復北伐齊

① 艾陵애릉

집해 두예가 말했다. "애릉은 제나라 땅이다."

杜預曰 艾陵 齊地

색은 7년은 노나라 애공 6년이다. 《좌전》에는 이 해에 제나라를 정벌
한 일이 없다. 애공 11년에 제나라를 애릉에서 무너뜨렸다고 했을 따름
이다.

七年 魯哀公之六年也 左傳此年無伐齊事 哀十一年敗齊艾陵爾

신주 오나라가 제나라를 애릉에서 무너뜨린 것은 애공 11년이고 부차
12년이다. 사마정의 색은 이 맞다.

② 繒증

집해 두예가 말했다. "낭야군 증현이다."

杜預曰 琅邪繒縣

③ 百牢백뢰

집해 가규가 말했다. "《주례》에서 왕이 제후들을 규합해 향례亨禮를 행할 때에는 12뢰로 하고, 상공上公은 9뢰로 하며, 후백侯伯(후작과 백작)은 7뢰로 하고, 자남子男(자작과 남작)은 5뢰로 한다."

賈逵曰 周禮 王合諸侯享禮十有二牢 上公九牢 侯伯七牢 子男五牢

색은 사건은 애공 7년에 있었다. 이 해는 부차 8년에 해당하지 위의 7년과 이어지는 것은 맞지 않다. 살펴보니 《좌전》에서 "자복경백子服景伯이 (불가하다고) 대답했지만 들어주지 않아서 오나라에서 요구하는 대로 주었다."라고 했으니, 계강자季康子가 자공에게 설득하게 해서 100뢰를 사용하지 않았다고 일컫은 것은 잘못이다. 태재 백비가 따로 계강자를 부르자 자공을 시켜 말하게 했을 뿐이다.

事在哀七年 是年當夫差八年 不應上連七年 案 左傳曰子服景伯對 不聽 乃與之 非謂季康子使子貢說 得不用百牢 太宰嚭自別召康子 乃使子貢辭之耳

④ 騶추

색은 《좌전》에는 '추騶'를 '주邾'라고 했는데, 발음이 서로 비슷해서 스스로 혼동했을 따름이다. 두예는 《좌전》에 주석하면서 또한 "주邾는 지금 노나라의 추현騶縣이다."라고 했으니 옳다. 추騶는 '주邾'로 발음해야 마땅하다.

左傳騶作邾 聲相近自亂耳 杜預注左傳亦曰邾 今魯國騶縣是也 騶 宜音邾

⑤ 十一年십일년

색은 《좌전》에 의거하면 11년과 12년을 합하여 써야 한다.

依左氏合作十一年 十二年也

월왕 구천이 그의 백성을 인솔하여 오나라에 조회하고 후한 예물을 바치자 오왕이 기뻐했다.[1] 오직 오자서만이 두려워하며 말했다. "이는 오나라를 버리는 것입니다.[2]"

간언해서 말했다.

"월나라가 뱃속에 있는데, 지금 제나라에 뜻을 두는 것은 마치 돌밭[3]과 같아서 쓸모가 없을 것입니다. 또 《서경》 〈반경지고盤庚之誥〉에는 '타락하여 공손하지 않는 자들은 남겨두지 말아야 한다.'[4](유전월물유有顚越勿遺)라고 했는데 이 때문에 상나라가 일어났습니다.[5]"

오왕이 듣지 않고 오자서를 제나라에 사신으로 보내자, 오자서는 그의 아들을 제나라의 포씨鮑氏[6]에게 맡기고 돌아와 오왕에게 보고했다.

越王句踐率其衆以朝吳 厚獻遺之 吳王喜[1] 唯子胥懼 曰 是棄吳[2]也 諫曰 越在腹心 今得志於齊 猶石田[3] 無所用 且盤庚之誥有顚越[4]勿遺 商之以興[5] 吳王不聽 使子胥於齊 子胥屬其子於齊鮑氏[6] 還報吳王

① 越王句踐 ~ 吳王喜월왕구천~오왕희

신주 여기서부터 뒤로 이어지는 사건은 모두 부차 12년에 벌어진 사건이다. 원문에서 '十二年'이 탈락한 것으로 생각된다. 여기서부터 오자서의 죽음까지는 부차 12년이 되어야 하는데, 그 다음 기록과 순서가 바뀌었다. 즉 부차가 제도공의 죽음을 듣고 수군으로 제나라를 공격했다가 실패하고 다음해 12년, 노나라를 위해 제나라를 치려고 애릉艾陵으로 출전하는 순서가 되어야 맞다. 《좌전》에 나오는데, 이 해에 공자는 다시 노나라로 돌아온다.

② 棄吳기오

《좌전》에는 '환오豢吳'로 되어 있다. 환豢은 기르는 것이다.

左氏作豢吳 豢 養也

③ 石田석전

왕숙이 말했다. "돌밭은 경작할 수 없다."

王肅曰 石田不可耕

④ 顚越전월

복건이 말했다. "전顚은 운隕(무너지는 것)이다. 월越은 추墜(떨어지는 것)이다. 무너지고 타락해서 도가 없으면, 곧 가르고 끊어서 남기지 말아야 한다는 뜻이다."

服虔曰 顚 隕也 越 墜也 顚越無道 則割絶無遺也

《좌전》에서 "그들이 타락하여 공손하지 않으면, 코를 베어 죽여서 남기고 기를 것이 없게 하여, 그 종자가 읍에 퍼지는 일이 없도록 할 것이라고 했습니다. 이것이 상商 왕조가 부흥하게 된 까닭인데, 지금 군주께서는 그것을 거꾸로 하십니다."라고 했다. 이것은 애릉艾陵에서 전투한 때였다.

左傳曰 其顚越不共 則劓殄無遺育 無俾易種于玆邑 是商所以興也 今君易之 此則艾陵戰時也

《서경》의 전문은 다음과 같다.

"불선하고 부도한 자들이 타락하여 공손하지 않거나 잠시 만났어도

간악한 짓을 하는 자가 있으면 나는 이들을 모두 코를 베고 죽여서 그 종자를 새 도읍에 퍼트리지 못하게 할 것이다.[乃有不吉不迪 顚越不恭 暫遇姦 宄 我乃劓殄滅之無遺育 無俾易種于玆新邑]"

⑤ 商之以興상지이흥

[집해] 서광이 말했다. "다른 판본에는 〈반경지고〉에는 무너지고 타락한 자를 (모두 죽여서) 상나라가 흥했다.'라고 되어 있다. 〈오자서전〉에도 '〈반경지고〉에서 말하기를 무너지고 타락한 자를 (모두 죽여서) 상나라가 흥했다'라고 했다."

徐廣曰 一本作 盤庚之誥有顚之越之 商之以興 子胥傳 誥曰有顚越商之興

⑥ 鮑氏포씨

[집해] 복건이 말했다. "포씨는 제나라 대부이다."

服虔曰 鮑氏 齊大夫

[색은] 《좌전》에는 "제나라에 사신으로 갔다.[使於齊]"라고만 했다. 두예는 "사사롭게 사람을 시켜 제나라에 이르러 그 아들을 부탁했다."고 한다. 살펴보니 《좌전》에서 또 이르기를 "전쟁에서 돌아와서 오왕이 그 소식을 들었다."고 하니, 오자서 자신이 사신으로 가지 않은 것이 명백하다.

左傳直曰使於齊 杜預曰私使人至齊屬其子 案 左傳又曰反役 王聞之 明非子胥 自使也

오왕이 듣고 크게 화가 나서 오자서에게 촉루검屬鏤劍[1]을 하사해 자결하게 했다. 오자서가 죽으면서 말했다.

"나의 묘지 위에 가래나무를 심어서[2] 자라면 관을 짜게 하라. 나의 눈알을 뽑아서[3]는 오나라의 동문에 걸어두어 월나라가 오나라를 멸망시키는 것을 보게 하라.[4]"

吳王聞之 大怒 賜子胥屬鏤之劍[1]以死 將死 曰 樹吾墓上以梓[2] 令可爲器 抉[3]吾眼置之吳東門 以觀越之滅吳也[4]

① 屬鏤之劍촉루지검

[집해] 복건이 말했다. "촉루는 검 이름이다. 하사해서 스스로 목을 찌르게 했다."

服虔曰 屬鏤 劍名 賜使自刎

[색은] 검 이름으로 《월절서》에 나타나 있다.

劍名 見越絶書

[정의] 屬의 발음은 '촉燭'이다. 鏤의 발음은 '루[力于反]'이다.

屬音燭 鏤音力于反

② 梓재

[색은] 《좌전》에서 말한다. "나의 무덤 옆에 가櫃(개오동나무)나무를 심어라. 가나무는 관의 재목으로 쓰기에 좋다. 오나라는 아마 망할 것이리라!" 재梓(가래나무)와 가櫃(개오동나무)는 서로 비슷하기 때문에 문장이 변한 것이다.

左傳云 樹吾墓櫃 櫃可材也 吳其亡乎 梓櫃相類 因變文也

③ 抉결

색은 抉의 발음은 '열[烏穴反]'이다. 이는 《국어》에 있는 문장인데, 거기서는 '열抉' 자를 '벽辟'이라고 했다. 또 이르기를 "손으로 (눈을) 후벼 팠다. 오왕이 성내며 말하기를 '고孤는 대부들로 하여금 보지 못하게 할 것이다.'라고 했다. 이에 치이鴟夷(술부대)에 담아서 그것을 장강에 던졌다."라고 했다.

抉 烏穴反 此國語文 彼以抉爲辟 又云以手抉之[1] 王慍曰 孤不使大夫得有見 乃盛以鴟夷 投之江也

정의 《오속전》에서 말한다. "자서가 죽은 후에 월나라는 송강松江을 따라 북쪽으로 도랑을 개척하고 횡산橫山의 동북쪽에 이르러 성을 쌓아 오나라를 정벌했다. (구천은) 자서가 곧 월나라 군사와 함께하는 꿈을 꾸었는데, 동남쪽을 따라 쳐들어가 오나라를 깨뜨리게 했다고 한다. 월왕은 곧 이동해 삼강구三江口의 기슭을 향해 단壇을 세우고, 백마白馬를 죽여 오자서에게 제사하였는데, 술잔을 흔들어 술이 다 쏟아지자 월나라는 도랑을 개통시켰다. 자서가 파도치는 물결을 만들어 성의 동쪽에서 쓸어 퍼지게 하자 (월나라는) 성문을 열고 쳐들어가 오나라를 멸했다. 지금까지도 '시포示浦'라고 부르고, 문을 '포부䲠䱐'라고 한다." 이것은 동쪽 문을 따라 쳐들어가 오나라를 멸한 것이다.

吳俗傳云子胥亡後 越從松江北開渠至橫山東北 築城伐吳 子胥乃與越軍夢 令從東南入破吳 越王即移向三江口岸立壇 殺白馬祭子胥 杯動酒盡 越乃開渠 子胥作濤 盪羅城東 開入滅吳 至今猶號曰示浦 門曰䲠䱐 是從東門入滅吳也

신주 1 《사기지의》에 따르면 현재 《국어》에는 '手抉之'란 문구가 없어 어디에서 근거했는지 모르겠다고 한다. 현재 《국어》에는 '현오목縣吾目'이라고 기록돼 있다.

④ 樹吾墓上以梓~以觀越之滅吳也수오묘상이재~이관월지멸오야

《사기지의》에서 설명한 것은 다르다. 양옥승梁玉繩은 《사기지의》에서 "이는 한때 분노의 말인데, 《여씨춘추》〈지화 편知化篇〉과 《한시외전》 7에서는 부차가 실제 오자서의 눈을 도려내어 문에 걸어두라고 했다는 말이다. 《장자》〈도척〉과 《초사楚辭》 유향劉向의 〈구탄〉에서 오자서가 눈알을 뽑으라고 했다는데, 거의 믿지 못할 말이다. 안사고顏師古가 지은 《광류정속匡謬正俗》에서는 《풍속통》을 인용하여 그것이 잘못임을 변증했다."라고 했다.

> 제나라 포씨鮑氏가 제나라 도공悼公을 시해했다.① 오왕이 듣고 군문 밖에서 3일간 곡을 하고② 이에 바닷가를 따라③ 제나라를 공격했다. 제나라 사람들이 오나라를 물리치자 오왕은 군사를 이끌고 돌아왔다.
>
> 齊鮑氏弑齊悼公① 吳王聞之 哭於軍門外三日② 乃從海上③ 攻齊 齊人敗吳 吳王乃引兵歸

① 鮑氏弑齊悼公포씨시제도공

도공悼公의 이름은 양생陽生이다. 《좌전》 애공 10년에는 "오나라가 제나라의 남쪽 변방을 공격하고 제나라 사람이 도공悼公을 시해했다."라고 하고, 포씨鮑氏를 언급하지 않았다. 또 포목鮑牧은 애공 8년에 도공에게 죽임을 당했는데, 지금 포씨를 언급한 것은 아마 그의 종족의 무리일 따름이다. 또 이 정벌은 애릉의 전투보다 이전 해에 있는데, 지금

뒤에 기록하였으니 또한 위아래가 거꾸로 되고 뒤섞여 혼란스럽게 된 것이다.

公名陽生 左傳哀十年曰吳伐齊南鄙 齊人殺悼公 不言鮑氏 又鮑牧以哀八年爲悼公所殺 今言鮑氏 蓋其宗黨爾 且此伐在艾陵戰之前年 今記於後 亦爲顚倒錯亂也

신주 여러 기록을 살피면 이는 부차 11년에 있었던 일인데, 앞서 오자서의 죽음과 애릉艾陵 전투가 있던 부차 12년과 순서가 바뀌어 기록되었다.

② 哭於軍門外三日곡어군문외삼일

집해 복건이 말했다. "제후가 서로 임하는 예법이다."

服虔曰 諸侯相臨之禮

③ 上상

집해 서광이 말했다. "상上은 다른 판본에는 중中 자로 되어 있다."

徐廣曰 上 一作中

13년, 오나라는 노魯나라와 위衛나라의 군주를 불러서 탁고橐皋①에서 회합했다.

14년 봄, 오왕은 북쪽에서 제후들과 황지黃池②에 모여서 회맹을 하고 중국의 패자霸者가 되어 주나라 왕실을 온전하게 하고자 했다.

6월 병자일, 월왕 구천은 오나라를 공격했다. 을유일, 월나라 군사 5,000명이 오나라와 싸웠다. 병술일, 오나라 태자 우友를 포로로

잡았다. 정해일, 오나라로 쳐들어갔다. 오나라 사람이 패배했음을
오왕 부차에게 알렸다. 부차는 그것이 제후들에게 알려지는 것을
싫어했다.③

十三年 吳召魯衛之君 會於橐皐① 十四年春 吳王北會諸侯於黃池② 欲
霸中國以全周室 六月{戊}[丙]子 越王句踐伐吳 乙酉 越五千人與吳戰
丙戌 虜吳太子友 丁亥 入吳 吳人告敗於王夫差 夫差惡其聞也③

① 橐皐탁고

[집해] 복건이 말했다. "탁고는 땅 이름이다." 두예가 말했다. "회남군
준주현逡遒縣 동남쪽이다."

服虔曰 橐皐 地名也 杜預曰 在淮南逡遒縣東南

[색은] 《좌전》 애공 12년에서는 "애공이 오나라와 탁고에서 회합했다.
위衛나라 후작이 오나라와 운鄖에서 회합했다."고 한다. 여기서는 나란히
위나라 탁고에서 회합했다고 하는데, 《좌전》을 살펴보니 "오나라가 위나
라에 회합할 것을 요구했다. 애초에 위衛나에서 오나라 행인行人을 죽인
일이 있어 두려워하고, 자우子羽와 모의했다."고 한다. 이때 자우가 말하
기를 "중지하는 것이 낫습니다."라고 했고, 자목子木은 "가십시오."라고
했다.

본래 모임에 가지 않으려고 했으므로, 노나라에서 여름에 위나라와 회
합하고 가을에 이르러 회합했다. 태사공은 그 본래 탁고라고 불렀으므
로 운鄖을 언급하지 않았다. 운鄖은 발양發陽이다. 광릉현廣陵縣 동남쪽
에 발요구發繇口가 있다. 橐의 발음은 '탁[他各反]'이다. 준주逡遒의 逡의
발음은 '춘[七巡反]'이고 遒의 발음은 '주[酒尤反]'이다.

哀十二年左傳曰 公會吳于橐皋 衛侯會吳于鄖 此幷言會衛橐皋者 案左傳吳徵
會于衛 初 衛殺吳行人 懼 謀於子羽 子羽曰不如止也 子木曰往也 以本不欲赴
會 故魯以夏會衛 及秋乃會 太史公以其本召於橐皋 故不言鄖 鄖 發陽也 廣陵
縣東南有發繇口 橐音他各反 逡遒 上七巡反 下酒尤反

탁고는 장강과 회수 사이 거대 호수 소호巢湖 북쪽이다. 당시 오
나라 땅이다.

② 黃池황지

집해 두예가 말했다. "진류군 봉구현 남쪽에 황정이 있는데, 제수濟水
와 가깝다."

杜預曰 陳留封丘縣南有黃亭 近濟水

신주 황지는 당시 위衛와 정鄭나라 경계이며, 북쪽 황하를 건너면 진晉
나라이다. 전국시대 위魏나라 수도 대량大梁 바로 북쪽이다.

③ 夫差惡其聞也부차오기문야

집해 가규가 말했다. "그것이 제후에게 알려지는 것을 싫어했다."

賈逵曰 惡其聞諸侯

어떤 이가 그 말을 누설하자 오왕은 화가 나서 군막 안에서 7명의
목을 베었다.①
7월 신축일, 오왕은 진晉나라 정공定公과 장자의 자리를 다투었
다. 오왕이 말했다.

> "주나라 왕실에서 우리가 맏이다.②"
>
> 진晉나라 정공이 말했다.
>
> "희성姬姓 중에서 우리가 으뜸이다.③"
>
> 或泄其語 吳王怒 斬七人於幕下① 七月辛丑 吳王與晉定公爭長 吳王曰
>
> 於周室我爲長② 晉定公曰 於姬姓我爲伯③

① 斬七人於幕下참칠인어막하

　집해　복건이 말했다. "입을 막으려는 것이다."

服虔曰 以絶口

② 於周室我爲長어주실아위장

　집해　두예가 말했다. "오나라는 태백太伯의 후예이므로 맏이가 된다."

杜預曰 吳爲太伯後 故爲長

③ 於姬姓我爲伯어희성아위백

　집해　두예가 말했다. "후백侯伯(제후의 패자)이 된다."

杜預曰 爲侯伯

> (진나라) 조앙趙鞅이 화가 나서 장차 오나라를 공격하려고 하자, 그
> 제서야 진나라 정공을 장자로 삼았다.① 오왕이 진나라와 회맹
> 을 하고 나서 진과 헤어지면서 송宋나라를 공격하려고 하자 태재

백비가 말했다.

"이길 수는 있어도 머물지는 못할 것입니다."

이에 군사를 이끌고 오나라로 돌아왔다. 나라의 태자를 잃어서 안이 비었으며, 왕이 밖에 있은 지 오래여서 사졸들마저 모두 피폐해졌다. 이에 후한 예물을 보내서 월나라와 화평을 맺었다.

趙鞅怒 將伐吳 乃長晉定公^① 吳王已盟 與晉別 欲伐宋 太宰嚭曰 可勝而不能居也 乃引兵歸國 國亡太子 內空 王居外久 士皆罷敝 於是乃使厚幣以與越平

① 乃長晉定公내장진정공

집해 서광이 말했다. "황지의 맹약에서 오나라가 먼저 희생의 피를 마시고 진나라가 다음으로 마셨는데, 《외전》과 똑같다." 살펴보니 가규는 "《외전》에서 '오가 먼저 마시고 진이 다음에 마셨다.'라고 했다. (경문經文에서) 먼저 진을 서술한 것은 진은 신용이 있었고 또 오나라를 밖으로 여겼기 때문이다."라고 했다.

徐廣曰 黃池之盟 吳先歃 晉次之 與外傳同 駰案 賈逵曰外傳曰吳先歃 晉亞之 先敍晉 晉有信 又所以外吳

색은 이는 《좌전》 문장에서 근거한 것이다. 살펴보니 《좌전》에서 말한다. "조앙趙鞅이 사마인司馬寅을 불러서 말했다. '북을 세우고 군대의 대열을 정비하여 우리 두 신하가 힘을 다해 싸우다 죽는다면 누가 어른이고 아랫사람인지를 반드시 알 것이오.' 이것은 조앙이 발끈한 것이다. 이에 사마인이 잠깐 저쪽의 상황을 보겠다고 청하고 갔다가 돌아와서 말했다. '귀한 위치에 있는 사람의 안색에는 그늘이 없어야 하는데, 지금 오왕에게 어두운 그늘이 나타나 있으니 적국이 싸움에서 이겼습니까?' 두예는 묵墨은 기색이 가라앉은 것이고, 국國은 적국이 승리한 것이라고 했다. 이어서 말했다. '태자가 죽었을까요? 또 미개한 땅의 사람들은 성격이 경솔해 오래 참지 못하니 잠시 기다릴 것을 청합니다.' 이에 진나라 사람이 먼저 했다."

　서광과 가규가 《국어》에 근거해서 일컫은 바는 《좌전》과 합치되지 않으니 잘못이다. 좌씨(좌구명)가 노나라 양공襄公이 진晉나라와 초나라를 대신해 회합했다고 하면서 먼저 진晉나라를 쓴 것은 진나라가 신용이 있었기 때문이다. 《외전》은 곧 《국어》인데, 책은 두 가지 이름이 있다. 외오外吳란 오나라가 이족夷族이므로 천하게 여기고 중국으로서 인정하지 않았으므로 밖이라고 말한 것이다.

此依左傳文 案 左傳趙鞅呼司馬寅曰 建鼓整列 二臣死之 長幼必可知也 是趙鞅怒 司馬寅請姑視之 反曰 肉食者無墨 今吳王有墨 國其勝乎 杜預曰 墨 氣色下也 國爲敵所勝 又曰 太子死乎 且夷德輕 不忍久 請少待之 乃先晉人 是也 徐賈所云據國語 不與左傳合 非也 左氏魯襄公代晉楚爲會 先書晉 晉有信耳 外傳即國語也 書有二名也 外吳者 吳夷 賤之 不許同中國 故言外也

15년, 제나라의 전상田常[1]이 간공簡公을 시해했다.

18년, 월나라는 더욱 강력해졌다. 월왕 구천은 군사들을 인솔하고 다시 공격해 오나라 군사를 입택笠澤에서 무찔렀다. 초나라는 진陳나라를 멸했다.

20년, 월왕 구천이 다시 오나라를 공격했다.[2]

21년, 마침내 오나라를 포위했다.

23년 11월 정묘일, 월나라가 오나라를 무찔렀다. 월왕 구천은 오왕 부차를 용동甬東[3]으로 옮기고 집 100채를 주어 살게 하려고 했다. 오왕이 말했다.

"나는 늙어서 군왕을 섬기지 못하오. 내가 오자서의 말을 쓰지 않아서 스스로 여기에 빠지게 만든 것을 후회하오."

마침내 스스로 목을 베어 죽었다.[4] 월왕 구천이 오나라를 멸하고 태재 백비를 불충하다고 주륙했다.[5] 그리고 돌아갔다.

十五年 齊田常[1]殺簡公 十八年 越益彊 越王句踐率兵{使}[復]伐敗吳師 於笠澤 楚滅陳 二十年 越王句踐復伐吳[2] 二十一年 遂圍吳 二十三年 十一月丁卯 越敗吳 越王句踐欲遷吳王夫差於甬東[3] 予百家居之 吳王 曰 孤老矣 不能事君王也 吾悔不用子胥之言 自令陷此 遂自到死[4] 越 王滅吳誅太宰嚭 以爲不忠[5] 而歸

① 田常전상

신주 원문은 '전상田常'이지만 원래는 '전항田恒'이다. 한나라 문제 유항 劉恒의 휘를 피하고자 항恒 자를 의미가 통하는 상常 자로 고친 탓에 발생한 현상이다. 그에 따라 항산恒山은 '상산常山'으로, 《노자》의 첫 구절인 유명한 비항도非恒道는 '비상도'로 바뀌게 되었다.

② 越王句踐復伐吳월왕구천복벌오

색은 《좌전》 애공 19년에서 "월나라 사람이 초나라를 침공해 오나라를 오판하게 했다."라고 했는데, 두예는 "오나라를 오판하게 함이란 방비를 하지 않게 한 것이다."라고 했다. 곧 오나라를 정벌한 일이 없다.

哀十九年左傳曰 越人侵楚 以誤吳也 杜預曰 誤吳 使不爲備也 無伐吳事

③ 甬東용동

집해 가규가 말했다. "용동은 월나라의 동쪽 시골로서 용강甬江의 동쪽이다. 위소가 말했다. "구장句章이며 동해 입구 밖의 주州이다."

賈逵曰 甬東 越東鄙 甬江東也 韋昭曰 句章 東海口外州也

색은 《국어》에서 용구甬口 동쪽이라 했는데, 월나라 땅이다. 회계군 구장현 동쪽 바다 안의 주州라고 했다. 살펴보니 지금의 무현이 이곳이다.

國語曰甬句東 越地 會稽句章縣東海中州也 案 今鄞縣是也

④ 遂自剄死수자경사

집해 《월절서》에서 말한다. "부차의 묘는 유정猶亭 서쪽 비유위卑猶位에 있다. 월왕이 방패와 창을 가진 사람을 시켜 한 삼태기씩의 흙으로 매장했다. 태호太湖와 가깝고 현에서 57리 떨어져 있다."

越絶書曰 夫差冢在猶亭西卑猶位 越王使干戈人一堁土以葬之 近太湖 去縣五十七里

색은 《좌전》에서 말한다. "이에 목을 매서 죽자 월나라 사람들이 돌아갔다." 유정은 정亭의 이름이다. '비유위' 세 글자는 모두 지명이다. 《오지기》에서 "서침산徐枕山은 일명 비유산卑猶山이다."라고 한 것이 이것이다. 堁는 발음이 '롸[路禾反]'인데 작은 대소쿠리(삼태기)로서 흙을 담는 것이다.

左傳乃縊 越人以歸也 猶亭 亭名 卑猶位 三字共爲地名 吳地記曰徐枕山 一名卑猶山是 堁音路禾反 小竹籠 以盛土

⑤ 誅太宰嚭 以爲不忠주태재비 이위불충

신주 《사기지의》에서 양옥승은 《좌전》에 근거해서 이후에도 월나라에 비嚭가 계속 남아있으니 백비는 처단되지 않았다고 보았다.

태사공이 말한다.

공자孔子께서 말씀하시기를 "태백太伯은 지극한 덕이라고 이를 수 있다. 세 번이나 천하를 양보했는데 백성들은 어떻게 칭송해야 할지 몰랐다.①"라고 하셨다. 나는 《춘추》의 고문古文을 읽고서야 곧 중국의 우虞와 형만荊蠻의 구오句吳가 형제인 것을 알았다. 연릉계자의 어진 마음은 의를 사모하여 다함이 없었고 작은 것을 보고 맑고 흐린 것을 알았다. 오호라, 그가 어찌 넓게 본 박물군자가 아니겠는가!②

太史公曰 孔子言太伯可謂至德矣 三以天下讓 民無得而稱焉① 余讀春秋古文 乃知中國之虞與荊蠻句吳兄弟也 延陵季子之仁心 慕義無窮 見微而知清濁 嗚呼 又何其閎覽博物君子也②

① 民無得而稱焉민무득이칭언

집해 왕숙이 말했다. "태백의 아우 계력이 현명했는데, 또 성스런 아들 창昌을 낳았다. 창昌이 반드시 천하를 가질 것으로 여겼기에 태백이 천하를 왕계王季에게 세 번 양보했다. 그가 양보하고 숨었으므로 칭찬을 얻지 못했다고 말한 것은 지극한 덕으로 여겼기 때문이다."

王肅曰 太伯弟季歷賢 又生聖子昌 昌必有天下 故太伯以天下三讓於王季 其讓

隱 故無得而稱言之者 所以爲至德也

② 延陵季子~博物君子也연릉계자~박물군자야

집해 《황람》에서 말한다. "연릉계자의 묘는 비릉현毗陵縣 기양향暨陽鄉에 있는데, 지금까지도 관리와 백성들이 모두 제사를 지낸다."
皇覽曰 延陵季子冢在毗陵縣暨陽鄉 至今吏民皆祀之

색은술찬 [1] 사마정이 펼쳐서 밝히다.

태백이 오나라를 만들었으니, 높은 뜻으로 양보한 웅대한 계획이었다. 주장周章은 국가를 받아서 따로 우虞에 봉해졌다. 수몽壽夢은 처음으로 패권을 잡고 병거兵車를 사용하기 시작했다. 세 아들이 차례로 섰지만 연릉계자는 즉위하지 않았다. 광光이 왕위를 찬탈하고 나서 곧 합려라고 일컬었다. 오왕 요僚가 살해당한 것은 도적 전저에게 말미암았다. 부차는 월나라를 얕보다 고소대의 패배를 얻었다. 용동甬東의 치욕을 당했으니, 그저 오자서에게 부끄럽구나.

太伯作吳 高讓雄圖 周章受國 別封於虞 壽夢初霸 始用兵車 三子遞立 延陵不居 光旣簒位 是稱闔閭 王僚見殺 賊由專諸 夫差輕越 取敗姑蘇 甬東之恥 空慙伍胥

신주 1 '찬贊'은 행적을 운율韻律로 표현하는 것인데, 사마정은 4구句를 둘 씩 묶은 이른바 '4구병용체'를 사용했다. 여기서 압운押韻은 '圖, 虞, 車, 居, 閭, 諸, 蘇, 胥'로 하여 대체로 모음 'ㅓ'에 맞추었다.

[지도 1] 오태백세가

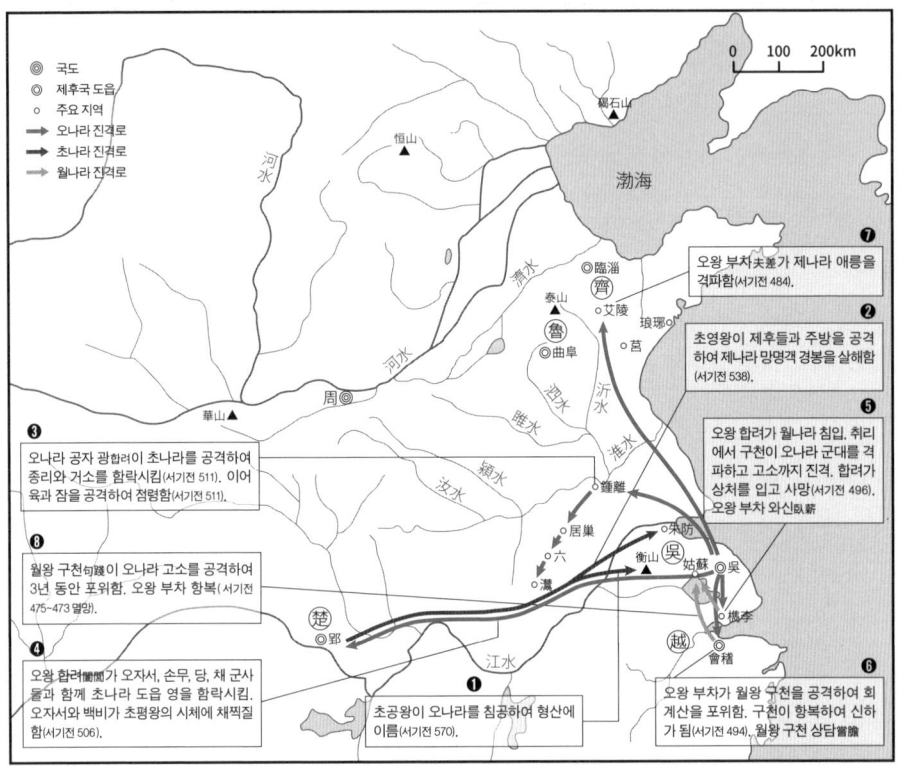

❼ 오왕 부차夫差가 제나라 애릉을 격파함(서기전 484).

❷ 초영왕이 제후들과 주방을 공격하여 제나라 망명객 경봉을 살해함(서기전 538).

❺ 오왕 합려가 월나라 침입. 취리에서 구천이 오나라 군대를 격파하고 고소까지 진격, 합려가 상처를 입고 사망(서기전 496). 오왕 부차 와신臥薪.

❸ 오나라 공자 광합려가 초나라를 공격하여 종리와 거소를 함락시킴(서기전 511). 이어 육과 잠을 공격하여 첨령함(서기전 511).

❽ 월왕 구천句踐이 오나라 고소를 공격하여 3년 동안 포위함. 오왕 부차 항복(서기전 475~473 멸망).

❹ 오왕 합려闔閭가 오자서, 손무, 당, 채 군사들과 함께 초나라 도읍 영을 함락시킴. 오자서와 백비가 초평왕의 시체에 채찍질함(서기전 506).

❶ 초공왕이 오나라를 침공하여 형산에 이름(서기전 570).

❻ 오왕 부차가 월왕 구천을 공격하여 회계산을 포위함. 구천이 항복하여 신하가 됨(서기전 494). 월왕 구천 상담嘗膽.

사기 제32권 史記卷三十二

제태공세가 齊太公世家

① 齊제

정의 《괄지지》에서 말한다. "천제지天齊池는 청주 임치현 동남쪽 15리에 있다. 〈봉선서〉에서 '제齊를 제齊라고 한 까닭은 천제天齊로 인한 것이다.'라고 했다."

括地志云 天齊池在靑州臨淄縣東南十五里 封禪書云 齊之所以爲齊者 以天齊也

신주 장수절의 설명은 정밀하지 않다. 천제지는 제齊가 세워지고 난 다음의 이름일 것이며, 제齊란 이름은 이미 있었던 제수濟水에서 유래하기 때문이다. 濟의 글자에서 수(氵)를 제거하여 땅 이름으로 삼은 것이다. 제나라는 서주西周에서 춘추전국 때까지 현재의 산동성과 하남성 일부까지 차지했던 제후국이다. 강씨姜氏가 제후였던 시기와 전씨田氏가 제후였던 시기로 나뉜다. 처음 봉함을 받은 것은 주무왕의 왕사였던 강상姜尙인데 태공망太公望이라고 부른다. 강상은 성이 강姜, 씨가 여呂, 이름이 상尙, 자字가 자아子牙였다. 삼황의 두 번째인 신농神農의 후손이고 백이伯夷의 후손인 동이족이다.

제환공 때 춘추오패의 하나로 성장했다. 그 수도는 현재의 산동성 치박淄博시 임치구臨淄區로 비정하는 임치인데, 본래 이름은 영구營丘였다.

호공胡公 때 임치 서북방 50리의 박고薄姑로 천도했다.

강공姜公 때 대부 전화田和가 강공을 섬으로 내쫓고 군주가 되면서 전 씨의 나라로 바뀐다. 전화가 전제태공田齊太公인데, 진완陳完의 12세 후손이다. 진완은 규성嬀姓에 진씨陳氏인데, 전완田完으로 개칭해서 제나라에 귀부해서 대부가 되었다. 시호는 경중敬仲이다. 진완이 전제田齊의 시조이자 전성田姓의 득성 시조다.

서기전 386년 전화가 주안왕周安王에게 제후로 반열에 서면서 강성姜姓의 제나라는 전씨田氏가 대신하게 되었다. 전화는 정식으로 제후가 된 다음에도 제국齊國의 칭호를 계속 사용해서 '전제田齊'라고 부른다.

전국 7웅의 하나로서 주현왕周顯王 35년(서기전 334) 때 전인제田因齊가 왕의 칭호를 사용해서 제위왕威王이 되었다가 서기전 221년 진국秦國에 멸망당했다.

진나라는 제나라 지역에 제군齊郡과 낭야군琅琊郡을 설치했다.

1. 제나라 군주 세계표 : 강성姜姓 및 여씨呂氏

군주 칭호	이름	재위 기간(모두 서기전)	재위 연수
제태공齊太公	강상姜尚	1046~1026	21
제정공齊丁公	강급姜伋	1026~957	52
제을공齊乙公	강득姜得	957~933	43
제계공齊癸公	강자모姜慈母	933~902	32
제애공齊哀公	강부진姜不辰	902~890	13
제호공齊胡公	여정呂靜	890~859	32
제헌공齊獻公	여산呂山	859~850	9
제무공齊武公	여수呂壽	850~825	26
제여공齊厲公	여무기呂無忌	825~816	9
제문공齊文公	여적呂赤	816~804	12
제성공齊成公	여탈呂脫	804~795	9
제장공齊莊公①	여구呂購	795~731	64
제희공齊僖公	여록보呂祿甫	731~698	33
제양공齊襄公	여제아呂諸兒	698~686	12
제군무지齊君無知	여무지呂無知	685	재위 2달

군주 칭호	이름	재위 기간(모두 서기전)	재위 연수
제환공齊桓公	여소백呂小白	685~643	43
제군무궤齊君無詭	여무궤呂無詭	642	재위 3달
제효공齊孝公	여소呂昭	642~633	10
제소공齊昭公	여반呂潘	633~613	20
제군사齊君舍	여사呂舍	613	재위 6달
제의공齊懿公	여상인呂商人	613~609	4
제혜공齊惠公	여원呂元	609~599	10
제경공齊頃公	여무야呂無野	599~582	17
제영공齊靈公	여환呂環	582~554	28
제장공齊莊公②	여광呂光	554~548	6
제경공齊景公	여저구呂杵臼	548~490	58
제안유자齊晏孺子	여다呂茶	489	재위 10달
제도공齊悼公	여양생呂陽生	489~485	4
제간공齊簡公	여임呂壬	485~481	4
제평공齊平公	여경呂驁	481~456	25

군주 칭호	이름	재위 기간(모두 서기전)	재위 연수
제선공齊宣公	여적呂積	456~405	51
제강공齊康公	여대呂貸	405~386	19

2. 제나라 군주 세계표 : 전씨

군주 칭호	이름	재위 기간(모두 서기전)	재위 연수
제태공齊太公	전화田和	386~384	3
	전섬田剡	383~375	9
전제환공田齊桓公	전오田午	374~357	18
제위왕齊威王	전인제田因齊	356~320	37
제선왕齊宣王	전벽강田辟彊	319~301	19
제민왕齊愍王	전지田地	300~284	17
제양왕齊襄王	전법장田法章	283~265	19
제경왕齊敬王	전건田建	264~221	44

시조 제태공 여상

태공망 여상呂尙은 동해 가의 사람이다.[①] 그의 선조는 일찍이 사악四嶽(요임금 때의 벼슬 이름)이 되어서 우禹 임금을 보좌해서 홍수와 토지를 다스리는데 많은 공로가 있었다. 우虞나라와 하夏나라 시대에는 여呂 땅[②]에 봉해졌는데 혹은 신申 땅[③]에 봉해졌다고 한다. 성은 강씨姜氏이다.

하나라와 상商나라 때는 신 땅과 여 땅에 혹은 지손支孫이나 서손庶孫의 자손들을 봉했다고 했다. 어떤 이는 서인이 되었다고 했는데, 여상은 그들의 후예라고 한다. 본성은 강씨였는데, 그 봉한 곳의 성姓을 따랐으므로 여상呂尙이라고 했다.

太公望呂尙者 東海上人[①] 其先祖嘗爲四嶽 佐禹平水土甚有功 虞夏之際封於呂[②] 或封於申[③] 姓姜氏 夏商之時 申呂或封枝庶子孫 或爲庶人 尙其後苗裔也 本姓姜氏 從其封姓 故曰呂尙

① 東海上人동해상인

집해 《여씨춘추》에서 말한다. "동이의 땅이다."

呂氏春秋曰 東夷之土

색은 초주가 말했다. "성姓은 강姜이고 이름은 아牙이다. 염제炎帝의 후예이고 백이伯夷의 후손이며 사악四嶽을 맡은 공로가 있어서 여呂에 봉해졌다. 자손들은 그 봉지의 성姓을 따른 것으로 상尙은 그의 후손이다." 살펴보니, 뒤에 문왕이 위수渭水의 물가에서 얻었다고 하고 이르기를 "우리 선군이신 태공太公께서 그대를 바란 지가 오래이다."라고 했다. 그러므로 태공망太公望이라 불렀다고 한다. 아마 아牙는 자字이고 상尙은 그 이름이며, 뒤에 무왕이 사상보師尙父라고 불렀다.

譙周曰 姓姜 名牙 炎帝之裔 伯夷之後 掌四岳有功 封之於呂 子孫從其封姓 尙 其後也 按 後文王得之渭濱 云吾先君太公望子久矣 故號太公望 蓋牙是字 尙 是其名 後武王號爲師尙父也

신주 태공망은 강성姜姓인데, 삼황 중에서 동이족임이 분명한 신농神農 씨가 강성이다. 태공망 강상姜尙은 동이족인 상商나라 사람들과 같은 혈통 연원을 갖고 있다. 오나라에 이어 제나라도 동이족이 세운 나라이다.

② 呂여

집해 서광이 말했다. "여呂는 남양군 완현 서쪽에 있다."

徐廣曰 呂在南陽宛縣西

③ 申신

색은 《한서》〈지리지〉에서 "신申은 남양 완현에 있고 신백국申伯國이다. 여呂도 역시 완현의 서쪽에 있다"고 한다.

地理志申在南陽宛縣 申伯國也 呂亦在宛縣之西也

여상은 대개 일찍이 곤궁했으며 늙어서는[1] 낚시질을 하면서 주나라 서백西伯에게 쓰이기를 바랐다.[2] 서백西伯이 장차 사냥을 나가려고 점을 쳤는데, 점괘에서 말했다.

"얻는 것은 용龍도 아니고 이무기[3]도 아니며, 호랑이도 아니고 말곰도 아니다. 얻는 것은 패왕霸王의 보좌이다."

呂尙蓋嘗窮困 年老矣[1] 以漁釣奸周西伯[2] 西伯將出獵 卜之 曰所獲非龍非彲[3] 非虎非羆 所獲霸王之輔

① 年老矣년로의

색은 초주가 말했다. "여망은 일찍이 조가朝歌에서 소를 잡는 백정이었고, 맹진孟津에서는 마실 것을 팔았다."

譙周曰 呂望嘗屠牛於朝歌 賣飮於孟津

신주 조가는 당시 은나라 수도였다.

② 漁釣奸周西伯어조간주서백

정의 奸의 발음은 '간干'이다. 《괄지지》에서 말한다. "자천수玆泉水는 근원이 기주岐州 기산현岐山縣 서남쪽 범곡凡谷에서 나온다." 《여씨춘추》에서 "태공은 자천玆泉에서 낚시하다 문왕을 만났다."고 한다. 역원酈元(역도원)은 "반계磻磎 안에 샘이 있는데 자천이라고 한다. 샘물이 맑게 모여 저절로 연못을 이루었는데, 곧 태공이 낚시한 곳으로서 지금 사람들은 범곡凡谷이라고 한다. 석벽은 깊고 높으며 그윽한 대숲은 깊숙하고 빽빽하며, 수풀과 연못은 빼어나게 험하여 사람의 행적이 뜸하다. 동남쪽 모퉁이에는 석실石室이 있는데, 아마 태공이 거처한 곳일 것이다. 물에는 연이어 반석磻石이 있어서 낚시할 수 있는 곳인데, 곧 태공이 낚싯대를 드리웠던 곳이다. 그가 낚싯대를 던지고 꿇어앉아 낚싯밥을 꿰던 양쪽 무릎의 자취가 아직 남아 있는데, 이것을 '반계磻谿'라고 일컫는다. 그 물은 깨끗하고 시원한 데다 신비롭고 특이하며, 북쪽으로 12리를 흘러 위수渭水에 흘러든다."라고 했다. 《설원》에서 "여망이 나이 70에 위수 물가에서 낚시를 하는데, 3일 동안 밤낮으로 해도 낚시에 고기는 물리지 않았다. 태공망은 곧 분노하고 그의 의복과 관을 벗었다. 상류에 농사를 짓는 사람이 있었는데 옛날의 특이한 사람이었다. (농부가) 태공망에게 말했다. '그대는 다시 낚시를 해보시오. 반드시 그 낚싯줄을 가늘게 하고 그 낚싯밥을 향기롭게 하여 서서히 던져서 물고기가 놀라는 일이 없게 하시오.' 태공망이 그의 말처럼 하니 처음에 줄을 내려 붕어를 잡았고, 다음에 잉어를 잡았다. 고기를 갈라 뱃속에서 글을 얻었는데, 여망呂望을 제齊에 봉한다는 내용이었다. 태공망은 그가 특이한 사람이라는 것을 알았다."라고 했다.

奸音干 括地志云 茲泉水源出岐州岐山縣西南凡谷 呂氏春秋云 太公釣於茲泉 遇文王 酈元云 磻谿中有泉 謂之茲泉 泉水潭積 自成淵渚 即太公釣處 今人謂之凡谷 石壁深高 幽篁邃密 林澤秀阻 人跡罕及 東南隅有石室 蓋太公所居也 水次有磻石可釣處 即太公垂釣之所 其投竿跪餌 兩膝遺跡猶存 是有磻谿之稱也 其水清冷神異 北流十二里注于渭 說苑云 呂望年七十釣于渭渚 三日三夜魚無食者 望即忿 脫其衣冠 上有農人者 古之異人 謂望曰 子姑復釣 必細其綸 芳其餌 徐徐而投 無令魚駭 望如其言 初下得鮒 次得鯉 刺魚腹得書 書文曰呂望封於齊 望知其異

신주 반계는 지금 섬서성 보계寶鷄시 동남쪽에 있다. 이곳이 강상이 문왕을 만나기 전 낚시를 했던 곳인데, 강상이 동이족이라는 점에서 이 지역 역시 동이족이 다수 살던 지역이었다.

③ 蠘리

집해 서광이 말했다. "蠘(이무기)는 '치[勑知反]'로 발음한다."
徐廣曰 勑知反
색은 서광이 '치[勑知反]'로 발음한다고 했는데, 나머지 본에는 또한 '리
螭(교룡)' 자로 되어 있다.
徐廣音勑知反 餘本亦作螭字

이에 주나라 서백이 사냥을 나갔는데, 과연 태공을 위수渭水의 북
쪽에서 만나 함께 이야기해 보고 크게 기뻐서 말했다.

"나의 선군인 태공께서 말씀하시기를 '마땅히 성인聖人이 있어서
주周나라로 가면 주나라는 흥성해질 것이다.'라고 했습니다. 그대
가 참으로 이 사람인가요? 우리 태공께서 그대를 기다린 지 오래
입니다."

그러므로 '태공망太公望'(태공이 바라던 사람)이라고 부르게 되었다. 이
에 수레에 태우고 함께 돌아와 이를 세워 스승으로 삼았다.

於是周西伯獵 果遇太公於渭之陽 與語大說 曰 自吾先君太公曰 當有
聖人適周 周以興 子真是邪 吾太公望子久矣 故號之曰太公望 載與俱
歸 立爲師

어떤 이는 말하기를 "태공은 식견이 넓었는데 일찍이 주왕紂王을 섬겼다. 주가 무도無道하자 떠났다. 제후들에게 유세했으나 만나려는 자가 없어서 마침내 서쪽 주나라 서백에게 귀의했다."고 했다.

어떤 이는 이르기를 "여상呂尚은 처사處士였는데, 바닷가에 숨어 살았다. 주나라의 서백이 유리羑里에 갇히자, 산의생散宜生과 굉요閎夭는 본래부터 알고 지내던 여상을 초청했다."고 했다.

여상 또한 이르기를 "내가 듣건대, 서백은 현명하고 또 늙은이를 잘 대접한다고 하니, 어찌 가지 않겠는가."라고 했다. 세 사람이 서백을 위해 미녀와 기이한 물건들을 구해 주紂에게 바치고 서백을 속죄시켰다. 이에 서백은 출감할 수 있어서 나라로 돌아왔다. 여상이 주나라를 섬기게 된 경위가 비록 다르기는 하나, 중요한 것은 문왕과 무왕의 스승이 되었다는 점이다.

주나라 서백 창昌(문왕)은 유리에서 벗어나 나라로 돌아와서 여상과 함께 몰래 계책을 짜고 덕을 닦아서 상商나라의 정사를 기울어지게 했는데, 그 일들은 군사운용과 기이한 계책이 많았다.[①] 그래서 후세에 군사와 주나라의 은밀한 권도權道를 말하는 자는 모두 태공을 으뜸으로 여기고 그 계책을 근본으로 삼았다.

주나라 서백은 공평하게 정사를 다스렸다. 우虞와 예芮나라의 송사를 잘 판단하자 시인詩人들은 서백을 칭송하여 하늘의 명을 받은 '문왕文王'이라고 했다. 숭崇과 밀수密須[②]와 견이犬夷를 공격하고 크게 풍읍豐邑을 일으켰다. 천하를 셋으로 나누어 그 둘을 주나라로 돌아가게 했는데, 태공의 책모와 계략이 대부분이다.

或曰 太公博聞 嘗事紂 紂無道 去之 游說諸侯 無所遇 而卒西歸周西伯

或曰 呂尙處士 隱海浜 周西伯拘羑里 散宜生閎夭素知而招呂尙 呂尙
亦曰吾聞西伯賢 又善養老 蓋往焉 三人者爲西伯求美女奇物 獻之於
紂 以贖西伯 西伯得以出 反國 言呂尙所以事周雖異 然要之爲文武師
周西伯昌之脫羑里歸 與呂尙陰謀修德以傾商政 其事多兵權與奇計①
故後世之言兵及周之陰權皆宗太公爲本謀 周西伯政平 及斷虞芮之訟
而詩人稱西伯受命曰文王 伐崇密須②犬夷 大作豊邑 天下三分 其二歸
周者 太公之謀計居多

① 其事多兵權與奇計기사다병권여기계

정의 《육도》에서 말한다. "무왕이 태공에게 물었다. '12율의 음성을
듣고 삼군의 동정이나 성패를 알 수 있습니까?' 태공은 '심오하군요. 왕
께서 질문하심이! 대저 율관은 12가지 종류가 있습니다. 그것을 요약하
면 오음이 되니, 궁宮, 상商, 각角, 치徵, 우羽이며 이것은 그 올바른 소리
로, 만 대를 지나도 바뀌지 않습니다. 오행五行의 신神은 도道가 늘 있는
것이니 적의 동정을 알 수 있습니다. 금, 목, 수, 화, 토의 오행은 각각 그
이길 수 있는 오행으로 공격해야 합니다. 그 방법은 천기가 맑고 고요하
여 먹구름과 비바람도 없을 때, 한밤중에 날랜 기병을 파견해 적의 보루
에서 900보쯤 떨어진 곳에 이르러, 12율의 관管을 가지고 귀에 가로로 대
고 크게 소리쳐 적군을 놀라게 하면, 그들의 소리가 있어 관管에 반응하
며 돌아오는 울림이 있는데 매우 미묘합니다. 각角의 율관에 소리가 응하
면, 백호白虎의 방향에 해당합니다. 치徵의 율관에 소리가 응하면, 현무
玄武의 방향에 해당합니다. 상商의 율관에 소리가 응하면, 구진句陳(토土)
의 방향에 해당합니다. 오관五管이 모두 반응하지 않았을 때에는 상성商

聲이 있지 않다면 청룡靑龍의 방향에 해당합니다. 이것은 오행의 효험이고 승리를 돕는 징후이며, 성공과 실패의 낌새입니다.'라고 대답했다."

六韜云 武王問太公曰 律之音聲 可以知三軍之消息乎 太公曰 深哉王之問也
夫律管十二 其要有五 宮商角徵羽 此其正聲也 萬代不易 五行之神 道之常也
可以知敵 金木水火土 各以其勝攻之 其法 以天淸靜無陰雲風雨 夜半遣輕騎往
至敵人之壘九百步 偏持律管橫耳大呼驚之 有聲應管 其來甚微 角管聲應 當以
白虎 徵管聲應 當以玄武 商管聲應 當以句陳 五管盡不應 無有商聲 當以靑龍
此五行之府 佐勝之徵 {陰}[成]敗之機也

신주 이는 오행의 상극相剋과 상생相生의 원리를 말한 것으로, 병법兵法에 따라 상극의 원리를 말하고 있다. 공격하는 시기와 방향을 오행의 원리에 맞추어 해야 한다는 것이다. 오행이론은 전국시대를 지나 한漢나라에 이르러 원리가 완성된 철학으로, 모든 중국 고전이 그렇듯이 주태공망이 지었다는 《육도六韜》 역시 후세의 첨작添作임을 나타내고 있다.

주석에서 《육도》를 인용했는데, 많은 부분을 생략하고 인용했다. 더구나 잘못 인용한 곳도 있다. 각角은 동쪽과 청룡과 목木을 담당하니 금극목金剋木 원리에 따라 금의 방향인 서쪽 백호에서 공격한다. 치徵는 남쪽과 주작朱雀과 화火를 담당하니, 수극화水剋火 원리에 따라 수의 방향인 북쪽 현무玄武에서 공격한다. 상商은 서쪽과 백호와 금金을 담당하니, 화극금火剋金 원리에 따라 남쪽 방향인 주작朱雀에서 공격한다. 여기서 구진句陳이라 함은 토土의 방향으로 중中에 해당하니, 인용한 문장이 잘못되었다. 마찬가지로 우羽는 구진句陳에서, 아무 반응이 없는 소리는 궁宮으로, 청룡에서 공격한다.

② 伐崇密須벌숭밀수

살펴보니《후한서》〈군국지〉에서 동군 늠구현廩丘縣 북쪽에 있다고 했는데, 지금 고성顧城이라고 한다. 밀수密須는 길성姞姓으로, 하남군 밀현密縣 동쪽에 있으며 옛날 밀성密城이 이곳이다. 안정군安定郡의 희성姬姓인 밀국密國과는 다른 곳이다.

按 郡國志在東郡廩丘縣北 今曰顧城 密須 姞姓 在河南密縣東 故密城是也 與安定姬姓密國別也

지금《후한서》〈군국지〉에는 이런 내용이 없다. 더구나 늠구현은 동군이 아닌 제음군濟陰郡 소속으로 나온다. 하남군 밀현이 옛 밀수국이라는 사마정의 주장은 어디서 근거했는지 자세하지 않다.《후한서》〈군국지〉에는 안정군 음반현陰盤縣이 있는데, 두예가 주석하여 옛 밀수국이라 했다.《한서》〈지리지〉에서 늠구현은 동군 소속으로 나온다.《한서》〈지리지〉 안정군에 음밀陰密현이 있는데 "시경詩經의 밀인국密人國이다."라고 했다.

하남군 밀현은 옛 은나라 수도와 가까운 곳으로, 당시 은나라의 제후국이었던 주나라 문왕이 은나라 수도 부근까지 공격할 수는 없었다. 더구나 늠구현은 은나라에서 한참 동쪽에 있는 지역인데, 주나라가 그곳까지 공격했을 리는 없다. 안정군은 함곡관 서쪽인 장안長安 서북쪽에 있는 군이며, 주나라 문왕이 정벌했다는 곳은《한서》〈지리지〉에 있는 안정군 음밀현이거나, 현존《후한서》 기록대로 안정군 음반현 일대일 가능성이 농후하다. 또한 바로 뒤에 나오는 견이를 공격했다는 말처럼 이족夷族의 나라들일 가능성도 있다.

문왕이 붕어하고 무왕武王이 즉위했다.

9년, 문왕의 유업을 닦고자 동쪽을 공격하여 제후들이 모이는지 여부를 관찰했다. 군사가 나아가자 사상보師尙父(태공)[1]는 왼손으로 황월黃鉞을 짚고 오른손으로 백모白旄를 잡고 맹세하여 말했다.

"창시蒼兕여! 창시여![2] 그대의 무리들을 거느리고 그대의 배와 함께할 것이며, 뒤에 이르는 자는 참斬하리라!"

마침내 맹진盟津에 이르렀다. 제후들이 기약하지 않았는데도 이른 자가 800여 명이나 되었다. 제후들이 모두 말했다.

"주왕紂王을 토벌할 수 있습니다."

무왕이 말했다.

"그렇지 않소."

군사를 돌려서 태공과 더불어 이 일을 기록해 '태서太誓'라고 했다.

文王崩 武王即位 九年 欲修文王業 東伐以觀諸侯集否 師行 師尙父[1] 左杖黃鉞 右把白旄以誓 曰蒼兕蒼兕[2] 總爾衆庶 與爾舟楫 後至者斬 遂至盟津 諸侯不期而會者八百諸侯 諸侯皆曰 紂可伐也 武王曰 未可 還師 與太公作此太誓

① 師尙父사상보

집해 유향의 《별록》에서 말한다. "사지師之, 상지尙之, 보지父之(스승으로 여기고, 숭상하고, 아버지로 여긴다.)인 까닭에 사상보師尙父라고 한다. 보父는 또한 남자를 좋게 부르는 것이다."

劉向別錄曰 師之 尙之 父之 故曰師尙父 父亦男子之美號也

② 蒼兕蒼兕창시창시

색은 또한 다른 판본에는 '창치蒼雉'라고 한다. 살펴보니 마융은 "창시蒼兕란 배와 노를 주관하는 관직 이름이다."라고 했다. 또 왕충은 "창시란 물의 짐승이고 머리가 9개이다."라고 했다. 지금 군사들과 맹세하고 급하게 물을 건너려고 하니 그것을 두려워해 창시蒼兕라고 말한 것이다. 그런즉 이 문장의 위와 아래는 금문 〈태서〉와 연결된다.

亦有本作蒼雉 按 馬融曰蒼兕 主舟楫官名 又王充曰蒼兕者 水獸 九頭 今誓衆 令急濟 故言蒼兕以懼之 然此文上下竝今文泰誓也

2년이 지나, 주紂가 왕자 비간比干을 살해하고 기자箕子를 감옥에 가두었다. 무왕이 장차 주紂를 토벌하려고 거북점을 쳤는데, 점괘에 불길하다 했고 비바람이 사납게 몰아쳤다. 여러 공公들은 모두 두려워했는데, 오직 태공이 강력하게 무왕에게 권했다. 무왕은 이에 마침내 행군했다.

11년① 정월 갑자일, 목야牧野에서 맹세하고 상商나라 주紂를 공격했다. 주紂의 군사들이 크게 패전했다. 주紂는 몸을 돌려 달아나 녹대鹿臺에 올랐는데, 마침내 추격해 주紂의 목을 벴다.

居二年 紂殺王子比干 囚箕子 武王將伐紂 卜龜兆 不吉 風雨暴至 群公盡懼 唯太公彊之勸武王 武王於是遂行 十一年①正月甲子 誓於牧野 伐商紂 紂師敗績 紂反走 登鹿臺 遂追斬紂

---

① 十一年십일년

서광이 말했다. "다른 판본에는 3년으로 되어 있다."

徐廣曰 一作三年

다음날 무왕이 사직社稷에 서자, 여러 공公들은 정화수①를 받들었다. 위강숙衛康叔② 봉封은 무늬가 있는 자리를 펴고 사상보는 희생에 쓸 소를 끌고 왔으며, 사일史佚은 축祝을 써서 주紂의 죄를 토벌한 것을 신에게 고했다. 녹대의 돈을 풀고 거교鉅橋의 곡식을 꺼내어 가난한 백성을 구휼했다. 비간의 묘지를 봉하고 옥獄에서 기자를 석방했다. 구정九鼎을 옮기고 주나라의 정사를 닦으면서 천하와 함께 다시 시작하는데, 사상보의 계책이 대부분을 차지했다.

明日 武王立于社 群公奉明水① 衛康叔②封布采席 師尙父牽牲 史佚策祝 以告神討紂之罪 散鹿臺之錢 發鉅橋之粟 以振貧民 封比干墓 釋箕子囚 遷九鼎 脩周政 與天下更始 師尙父謀居多

---

① 明水명수

색은 〈주본기〉에서 "모숙毛叔 정鄭은 명수明水를 받들었다."라고 했다.

周本紀毛叔鄭奉明水也

② 衛康叔위강숙

색은 〈주본기〉에서 "위강숙 봉封은 자리를 폈다."고 한다. 자玆는 자리이다. 그러므로 여기에서 또한 채석采席이라고 했다.

周本紀衛康叔封布竝 竝是席 故此亦云采席也

이로써 무왕은 상商나라를 평정하고 천하의 왕이 되었는데, 사상보를 제齊나라 영구營丘[1]에 봉했다. 동쪽 제나라로 가는데, 도중에 묵으면서 더디게 가니 (동쪽에서 서쪽으로) 거꾸로 여행하는 사람들이 말했다.

"내가 듣자니 때를 얻기는 어려워도 잃기는 쉽다고 했습니다. 객께서 주무시는 것이 매우 편안하니, 봉국으로 나아가는 분이 아니신지요."

태공이 듣고 밤에 옷을 입고 길을 나서, 희미하게[2] 날이 밝을 무렵에 봉국에 이르렀다.

내후萊侯가 침벌해 와서 사상보와 영구營丘를 다투었다.[3] 영구의 변방은 래萊나라였고, 이족夷族이었다. 때마침 주紂의 문란함을 주周나라가 평정한 초기라 먼 지방까지는 마음을 모으지는 못했다. 이 때문에 래나라는 태공과 나라를 두고 다툰 것이다.

於是武王已平商而王天下 封師尙父於齊營丘[1] 東就國 道宿行遲 逆旅之人曰 吾聞時難得而易失 客寢甚安 殆非就國者也 太公聞之 夜衣而行 犁[2]明至國 萊侯來伐 與之爭營丘[3] 營丘邊萊 萊人 夷也 會紂之亂而周初定 未能集遠方 是以與太公爭國

---

① 營丘영구

정의 《괄지지》에서 말한다. "영구는 청주 임치臨淄 북쪽 100보 밖의 성안에 있다."

括地志云 營丘在靑州臨淄北百步外城中

② 犁리

색은 犁는 '래[里奚反]'로 발음한다. 래犁는 비比와 같다. 일설에는 지遲와 같다고 했다.

犁音里奚反 犁猶比也 一云犁猶遲也

③ 萊侯來伐 與之爭營丘 래후래벌 여지쟁영구

신주 주나라에서 세운 제후국 중에 가장 동쪽이 현 산동성에 있던 제나라였다. 이곳은 원래 은나라 영역으로, 은나라 제후국이나 예속된 종족들이 그때까지 건재하고 있었다.

태공은 봉국에 이르러 정치를 닦고, 그 풍속에 따라서 그 예절을 간소하게 했다. 상인商人들과 공인工人들의 사업을 원활하게 하고 어업과 소금의 이익을 편리하게 했다. 이 때문에 백성이 많이 제나라로 귀의하여 제나라는 대국大國이 되었다.

주나라 성왕成王이 어릴 때 관숙管叔과 채숙蔡叔이 난을 일으키자 회이淮夷[1]가 주나라를 배반했다. 이에 소강공召康公[2]을 시켜서 태공에게 명을 내려서 말했다.

"동쪽으로는 바다까지, 서쪽으로는 하수河水까지,[3] 남쪽으로는 목릉穆陵까지, 북쪽으로는 무체無棣[4]에 이르기까지 5등급의 제후와 구주九州의 우두머리 중 실제로 (죄가 있는 자들을) 정벌하라.[5]"

제나라가 이로 말미암아 (그들을) 정벌해서 대국이 되었으며 영구營丘에 도읍을 정했다.

제나라가 이로 말미암아 (그들을) 정벌해서 대국이 되었으며, 영구營丘에 도읍을 정했다.

太公至國 脩政 因其俗 簡其禮 通商工之業 便魚塩之利 而人民多歸齊 齊爲大國 及周成王少時 管蔡作亂 淮夷[1]畔周 乃使召康公[2]命太公曰 東至海 西至河[3] 南至穆陵 北至無棣[4] 五侯九伯 實得征之[5] 齊由此得征伐 爲大國 都營丘

[1] 淮夷회이

정의 공안국이 말했다. "회포淮浦의 이夷이고 서주의 융戎이다."

孔安國云 淮浦之夷 徐州之戎

[2] 召康公소강공

집해 복건이 말했다. "소공召公 석奭이다."

服虔曰 召公奭

[3] 西至河서지하

신주 당시 황하 하류는 지금처럼 동서로 흐르는 것이 아니라, 화북평원 서쪽인 은나라 수도 조가朝歌에서 동북으로 꺾어져 하북평원을 가로질러 흘러서 지금의 천진天津 남쪽에서 바다로 들어갔는데, 하구 일대는 당시 바다와 거대한 늪지였다. 따라서 황하 하류는 당시 제나라 서쪽이었다.

[4] 北至無棣북지무체

복건이 말했다. "이것은 모두 태공이 처음 봉토封土를 받아 땅의 경계가 이른 곳이다."

服虔曰 是皆太公始受封土地疆境所至也

옛 설명에서는 목릉穆陵이 회계에 있다고 했는데 잘못이다. 살펴보니 지금 회남에는 옛 목릉문穆陵門이 있는데 이곳은 초나라의 국경이다. 무체는 요서군 고죽孤竹에 있다. 복건은 태공이 봉함을 받은 경계가 이르는 곳이라고 했으나 그렇지 않다. 아마 그가 정벌해서 이른 지역을 말한 것이리라.

舊說穆陵在會稽 非也 按 今淮南有故穆陵門 是楚之境 無棣在遼西孤竹 服虔 以爲太公受封境界所至 不然也 蓋言其征伐所至之域也

사마정은 에서 무체를 요서군 고죽이라고 했는데, 무종無終과 헷갈렸을 가능성이 있다. 춘추시대 제환공이 산융과 고죽을 공격한 것을 말하는 것 같다. 무체는 역대로 발해군에 속하며, 발해군 북단은 아무리 멀어도 당시 황하 하구를 넘어가지 않는다. 이는 춘추와 전국시대 중기까지도 주나라 영역의 한계이며, 이른바 춘추시대와 전국시대 중기까지의 연燕나라도 그곳을 넘지 못했다. 현재 산동성 빈주시에 무체가 있는데 이곳에도 갈석산이 있다. 〈조세가〉에 자세히 나온다.

⑤ 實得征之실득정지

두예가 말했다. "5등급의 제후와 구주九州의 우두머리 중에서 모두 그 죄에 따라 정벌하라는 것이다."

杜預曰 五等諸侯 九州之伯 皆得征討其罪也

위에서 복건이 "태공이 처음 봉토封土를 받아 땅의 경계가 이르는 곳이다."라고 한 주석은 잘못이다. 그 정도로 큰 제후국은 없다. 당시 제후국 중에서 패자는 은나라 중심부를 차지한 위衛나라였다. 그러나 제나라를 중심으로 동쪽과 북쪽 남쪽은 원래 은나라를 섬긴 제후나 예속된 종족들이 아직도 건재하고 있었다. 주나라는 병권으로 성장한 제나라에 이들에 대한 정벌권을 주어 화전양면 정책으로 지배하려고 했다. 제나라는 이처럼 동쪽에 치우친 까닭에 정벌권을 통해 은나라의 작은 제후들을 정벌하여 강대국으로 성장할 수 있었다.

제나라 초기 권력 투쟁

대개 태공이 죽은 것은 100살 남짓이었는데[1] 아들 정공丁公 여급
呂伋[2]이 계승했다.

정공이 죽고 아들 을공乙公 득得이 계승했다.

을공이 죽고 아들 계공癸公 자모慈母[3]가 계승했다.

계공이 죽고 아들 애공哀公 부진不辰[4]이 계승했다.

蓋太公之卒百歲餘年[1] 子丁公呂伋[2]立 丁公卒 子乙公得立 乙公卒 子
癸公慈母[3]立 癸公卒 子哀公不辰[4]立

[1] 蓋太公之卒百歲餘年개태공지졸백세여년

집해 《예기》에서 말한다. "태공은 영구에 봉해지고 5세대에 이르기까
지 모두 주나라로 돌아가 장례를 치렀다." 정현이 말했다. "태공이 봉지
를 받고 머물러 태사太師가 되었고, 죽어서는 주周나라에서 장사를 지냈
다. 5세대 뒤에는 제나라에서 장사를 치렀다." 《황람》에서 말한다. "여상
의 무덤은 임치현 성 남쪽에 있는데 현에서 거리가 10리이다."

禮記曰 太公封於營丘 比及五世 皆反葬於周 鄭玄曰 太公受封 留爲太師 死葬
於周 五世之後乃葬齊 皇覽曰 呂尙冢在臨菑縣城南 去縣十里

신주 《고본죽서기년》에 따르면 강왕 6년에 제나라 초대 군주 강태공 여상呂尙이 세상을 떠났다고 한다.

② 伋급

집해 서광이 말했다. "다른 판본에는 급及으로 되어 있다."

徐廣曰 一作及

정의 시호법에는 의義를 풀어놓았지만 이기지 못한 것을 '정丁'이라고 한다.

謚法述義不克曰丁

③ 癸公慈母계공자모

색은 《세본》에는 '유공廮公 자모慈母'로 되어 있다. 초주는 또한 '제공 祭公 자모慈母'라고 했다.

系本作廀公慈母 譙周亦曰祭公慈母也

신주 제나라는 은나라의 영향을 받아 시호마저 그들의 예를 본떠 10 갑자로 했음을 알 수 있다.

④ 不辰부진

색은 《세본》에는 '불신不臣'으로 되어 있다. 초주는 또한 '부진不辰'이 라 적었다. 송충이 말했다. "애공이 주색에 빠지고 사냥놀이를 하자, 국 가의 사관이 '환시還詩'를 지어서 풍자했다."

系本作不臣 譙周亦作不辰 宋忠曰 哀公荒淫田游 國史作還詩以刺之也

제2장 제나라 초기 권력 투쟁   165

（제나라) 애공 때 기후紀侯가 주나라에 참소하자 주나라에서는 애공을 삶아 죽이고[1] 그의 아우 정靜을 군주로 세웠는데, 이이가 호공胡公이다.[2] 호공은 도읍을 박고薄姑[3]로 옮겼는데, 이때는 주나라 이왕夷王 시대에 해당한다.

哀公時 紀侯譖之周 周烹哀公[1]而立其弟静 是爲胡[2]公 胡公徙都薄姑[3]
而當周夷王之時

① 周烹哀公주팽애공

집해 서광이 말했다. "주나라 이왕夷王 때이다."

徐廣曰 周夷王

신주 《고본죽서기년》에서는 이왕夷王 3년에 제나라 애공을 솥에다 삶아 죽였다고 한다.

② 胡호

정의 시법에 해를 더해 장수하는 것을 '호胡'라고 한다.

謚法彌年壽考曰胡

③ 薄姑박고

정의 《괄지지》에서 말한다. "박고성은 청주 박창현博昌縣 동북쪽 60리에 있다."

括地志云 薄姑城在青州博昌縣東北六十里

애공의 동모제同母弟인 막내 산山은 호공을 원망해서 이에 그의 무리와 함께 영구 사람들을 거느리고 호공을 습격해 살해하고 스스로 즉위하니,[1] 이이가 헌공獻公이다.

헌공 원년, 호공胡公의 아들들을 모두 쫓아내고 이로 인해 박고에서 도읍을 옮겨 임치臨淄에 치소를 두었다.

9년, 헌공이 죽고 아들 무공武公 수壽가 계승했다.

무공 9년, 주나라 여왕厲王이 달아나서 체彘 땅[2]에서 살았다.

10년, 왕실이 어지러워지자 대신들이 정사를 대행했는데, 이를 '공화共和'라고 부른다.

24년, 주나라 선왕宣王이 처음으로 즉위했다.

哀公之同母少弟山怨胡公 乃與其黨率營丘人襲攻殺胡公而自立[1] 是爲獻公 獻公元年 盡逐胡公子 因徙薄姑都 治臨菑 九年 獻公卒 子武公壽立 武公九年 周厲王出奔 居彘[2] 十年 王室亂 大臣行政 號曰共和 二十四年 周宣王初立

① 其黨率營丘人襲攻殺胡公而自立기당솔영구인습공살호공이자립

색은 송충이 말했다. "그의 무리인 주마유인周馬繻人이 호공을 패수貝水에서 죽였고, 이에 산山이 스스로 즉위했다."

宋忠曰 其黨周馬繻人將胡公於貝水殺之 而山自立也

신주 이 무렵의 패수는 제나라가 있던 산동성에 있었음을 알 수 있다. 패수는 훗날 고조선과 진·한秦漢의 국경이 되는데, 진·한 때도 산동성에 있었는지 동쪽 하북성 일대로 옮겼는지 살펴봐야 한다.

② 彘체

정의 　彘의 발음은 '져[直厲反]'이다. 《괄지지》에서 말한다. "진주晉州 곽읍현霍邑縣이다." 정현이 말했다. "곽산은 체彘에 있는데, 본래는 진秦나라 때 곽백국霍伯國이다."

直厲反 括地志云 晉州霍邑縣也 鄭玄云 霍山在彘 本秦時霍伯國

26년, 무공이 죽고 아들 여공厲公무기無忌가 계승했다. 여공은 포악스러웠다. 그래서 호공의 아들이 다시 제나라로 들어오자 제나라 사람들이 군주로 세우고자 하여 마침내 함께 공격해서 여공을 살해했다. 이때 호공의 아들도 전사했다.

제나라 사람들이 이에 여공의 아들 적赤을 세워 군주로 삼았는데, 이이가 문공文公이다. 그리고 여공을 살해한 70명을 처단했다.

문공은 12년에 죽고, 아들 성공成公 탈脫[①]이 계승했다.

성공은 9년에 죽고, 아들 장공莊公 구購가 계승했다.

二十六年 武公卒 子厲公無忌立 厲公暴虐 故胡公子復入齊 齊人欲立之 乃與攻殺厲公 胡公子亦戰死 齊人乃立厲公子赤爲君 是爲文公 而誅殺厲公者七十人 文公十二年卒 子成公脫[①]立 成公九年卒 子莊公購立

---

① 成公脫성공탈

색은 　《세본》 및 초주는 모두 '설設'이라고 했다.

系本及譙周皆作說

장공 24년, 견융이 유왕幽王을 살해하자 주나라는 동쪽 낙雒으로 옮겼다(서기전 771). 진秦이 비로소 제후의 반열에 올랐다.

56년, 진晉에서 그의 군주 소후昭侯를 시해했다.

64년, 장공이 죽고 아들 희공釐公 녹보祿甫가 계승했다.

희공 9년, 노나라 은공隱公이 처음으로 즉위했다.

19년, 노환공魯桓公이 그의 형 은공을 시해하고 스스로 즉위하여 군주가 되었다.

25년, 북융北戎이 제를 공격했다. 정鄭나라가 태자 홀忽을 시켜 제를 구원하게 하자 제나라는 (제공의 딸을) 아내로 삼아주려 했다. 홀이 말했다.

"정나라는 작고 제나라는 크니, 나의 짝이 아닙니다."

마침내 사양했다.

32년, 희공의 동모제 이중년夷仲年이 죽었다. 그의 아들을 공손무지公孫無知라고 했는데, 희공은 그를 아껴서 그의 녹봉과 의복을 태자에 견주어 대우하라고 명령했다.

희공 33년, 희공이 죽고 태자 제아諸兒가 계승했는데 이이가 양공襄公(서기전 697~686)이다.

양공 원년, (양공은) 처음 태자가 되었을 때 무지無知와 싸운 일이 있었는데, 군주가 되자 무지의 녹봉과 의복을 없애버리니 무지가 원망했다.

4년, 노환공이 부인과 함께 제나라에 갔다. 제양공은 일찍이 노환공 부인과 사통私通했었다. 노환공 부인은 양공의 여동생으로서 희공釐公 때 시집가서 노환공 부인이 되었는데 노환공과 함께 제나라에 이르자 양공과 다시 사통했다. 노환공이 그것을 알고 부인에게 화를 내자 부인이 제양공에게 고했다.

제양공은 노환공과 술을 마셔 환공을 취하게 하고 역사力士 팽생彭生을 시켜 팔로 안아 노나라 군주를 수레 위에 오르게 했다. 이를 계기로 허리를 부러뜨려 노환공을 죽여서[1] 환공이 수레에서 내렸을 때는 죽어 있었다. 노나라 사람들이 힐책하자[2] 제양공은 팽생을 죽여서 노나라에 사죄했다.

莊公二十四年 犬戎殺幽王 周東徙雒 秦始列爲諸侯 五十六年 晉弑其君昭侯 六十四年 莊公卒 子釐公祿甫立 釐公九年 魯隱公初立 十九年 魯桓公弑其兄隱公而自立爲君 二十五年 北戎伐齊 鄭使太子忽來救齊 齊欲妻之 忽曰 鄭小齊大 非我敵 遂辭之 三十二年 釐公同母弟夷仲年死 其子曰公孫無知 釐公愛之 令其秩服奉養比太子 三十三年 釐公卒 太子諸兒立 是爲襄公 襄公元年 始爲太子時 嘗與無知鬪 及立 絀無知秩服 無知怨 四年 魯桓公與夫人如齊 齊襄公故嘗私通魯夫人 魯夫人者 襄公女弟也 自釐公時嫁爲魯桓公婦 及桓公來而襄公復通焉 魯桓公知之 怒夫人 夫人以告齊襄公 齊襄公與魯君飮 醉之 使力士彭生抱上魯君車 因拉殺魯桓公[1] 桓公下車則死矣 魯人以爲讓[2] 而齊襄公殺彭生以謝魯

[1] 拉殺魯桓公납살노환공

집해 《공양전》에서 말한다. "등줄기를 꺾어서 죽였다." 하휴가 말했다. "납拉은 꺾는 소리이다."

公羊傳曰 搚幹而殺之 何休曰 搚 折聲也

정의 拉의 발음은 '랍[力合反]'이다.

拉音力合反

② 讓양

색은 양讓은 책責(따져 꾸짖다)과 같다.

讓猶責也

> 8년, 기紀나라를 공격하자 기나라는 그 도읍을 버리고 옮겼다.[①]
> 12년, 애초에 양공은 연칭連稱과 관지보管至父를 시켜 규구葵丘에 수자리를 서게 했는데,[②] 오이가 나올 때 가서 다음 해 오이가 나올 때 교대해 주기로 했다.[③] 그런데 수자리를 간 지 1년이 되어 오이를 수확할 때가 지났는데도 양공은 교대할 자를 보내주지 않았다.
> 어떤 이가 교대할 자를 청했는데, 양공은 허락하지 않았다. 그래서 연칭과 관지보는 화가 나서 공손무지를 따라 난을 일으킬 것을 모의했다. 연칭에게는 양공의 궁宮에 사촌 누이가 있었는데, 양공의 총애가 없었다.[④] 그를 시켜서 양공이 한가한 틈을 엿보게 하고[⑤] 말했다.
> "일이 이루어지면 너를 무지의 부인으로 삼을 것이다."
> 八年 伐紀 紀遷去其邑[①] 十二年 初 襄公使連稱管至父[②]戍葵丘 瓜[③]時而往 及瓜而代 往戍一歲 卒瓜時而公弗爲發代 或爲請代 公弗許 故此二人怒 因公孫無知謀作亂 連稱有從妹在公宮[④] 無寵 使之閒襄公[⑤]曰 事成以女爲無知夫人

① 紀遷去其邑기천거기읍

집해 서광이 말했다. "〈십이제후연표〉에서는 그 도읍을 버렸다고 한다."

徐廣曰 年表云去其都邑

색은 살펴보니 《춘추》 장공 4년에서 "기紀나라 후작 대大가 그 나라를 떠났다."라고 했는데, 《좌전》에서 "제나라의 난리를 피했다."라고 한 것이 이것이다.

按 春秋莊四年紀侯大去其國 左傳云違齊難是也

② 連稱管至父연칭관지보

집해 가규가 말했다. "연칭連稱과 관지보管至父는 모두 제나라 대부이다." 두예가 말했다. "임치현 서쪽에 규구葵丘라는 지명이 있다."

賈逵曰 連稱管至父皆齊大夫 杜預曰 臨淄縣西有地名葵丘

색은 두예는 "임치 서쪽에 규구라는 지명이 있다."라고 했다. 또 환공桓公 35년에 제후들과 규구에서 회합한 것은 노희공僖公 9년에 해당하는데, 두예는 "진류군陳留郡 외황현外黃縣 동쪽에 규구가 있다."고 했다. 두설명이 같지 않으니 아마 규구는 두 곳에 있을 것이다. 두예의 뜻은 규구에서 수자리 선 것은 마땅히 제나라의 국경에서 멀리 나가지 않으므로 임치현 서쪽의 규구를 인용한 것이다. 만약 환공 35년에 제후들과 회합한 규구라면 두예는 또 본국本國에 있는 것이 맞지 않으므로 외황 동쪽의 규구를 인용해서 주석한 것이니, 이것이 주석이 같지 않은 까닭이다.

杜預曰臨淄西有地名葵丘 又桓三十五年會諸侯於葵丘 當魯僖公九年 杜預曰 陳留外黃縣東有葵丘 不同者 蓋葵丘有兩處 杜意以戍葵丘當不遠出齊境 故引 臨淄縣西之葵丘 若三十五年會諸侯於葵丘 杜氏又以不合在本國 故引外黃東 葵丘爲注 所以不同爾

③ 瓜과

집해 복건이 말했다. "과瓜(오이)의 철은 7월이다. 급과及瓜는 다음 해 오이가 날 때를 이른 것이다."

服虔曰 瓜時 七月 及瓜謂後年瓜時

④ 連稱有從妹在公宮연칭유종매재공궁

집해 복건이 말했다. "첩이 되어 궁宮에 있었다."

服虔曰 爲妾在宮也

⑤ 使之閒襄公사지한양공

집해 왕숙이 말했다. "공의 틈을 살피는 것이다."

王肅曰 候公之閒隙

겨울 12월, 양공은 고분姑棼①을 유람하고 마침내 패구沛丘②에서 사냥했다. 돼지가 나타나자 종자가 말했다.

"팽생③입니다."

양공은 화를 내면서 활로 쏘니 돼지가 사람처럼 서서 울부짖었다. 양공은 두려워하다 수레에서 떨어져 발을 다치고 신발을 잃어버렸다. 돌아와서 신발을 만든 불茀④을 채찍으로 300대나 쳤다. 불茀은 궁 밖으로 나갔다. 이에 무지와 연칭과 관지보 등이 양공이 상처를 입었다는 소문을 듣고, 마침내 그의 무리를 이끌고 양공의 궁을 습격했다. 이때 신발을 관장하는 불을 만났는데, 불이 말했다.

> "또한 궁으로 들어가 사람들을 놀라게 하지 마십시오. 궁 안 사
> 람들을 놀라게 하면 들어가는 것이 쉽지 않을 것입니다."
> 冬十二月 襄公游姑棼^① 遂獵沛丘^② 見彘 從者曰彭生^③ 公怒射之 彘人
> 立而啼 公懼墜車 傷足失屨 反而鞭主屨者茀^④三百 茀出宮 而無知連稱
> 管至父等聞公傷 乃遂率其衆襲宮 逢主屨茀 茀曰 且無入驚宮 驚宮未
> 易入也

① 姑棼고분

[집해] 가규가 말했다. "제나라 땅이다."

賈逵曰 齊地也

[정의] 棼의 발음은 '분[扶云反]'이다.

音扶云反

② 沛丘패구

[집해] 두예가 말했다. "낙안군 박창현博昌縣 남쪽에 패구貝丘(도읍 임치의
북쪽)라는 지명이 있다."

杜預曰 樂安博昌縣南有地名貝丘

[색은] 《좌전》에는 '패구貝丘'로 되어 있다.

左傳作貝丘也

[정의] 《좌전》에서 "제양공이 패구에서 사냥하다 수레에서 떨어져 발을
다쳤다."고 했는데, 곧 이것이다.

左傳云齊襄公田于貝丘 墜車傷足 即此也

③ 彭生_{팽생}

③ 彭生팽생

집해 복건이 말했다. "공이 돼지를 보았는데, 종자從者는 곧 팽생을 보았다고 했으니 귀신이 모습을 고쳐서 돼지가 된 것이다."

服虔曰 公見彘 從者乃見彭生 鬼改形爲豕也

④ 茀불

정의 茀의 발음은 '불[非佛反]'이며 아래도 같다. 불은 신발을 주관하는 자이다.

非佛反 下同 茀 主履者也

무지가 믿지 않자, 불은 자신의 상처①를 보여주었다. 이에 무지가 믿고 궁 밖에서 대기하다가 불에게 먼저 들어가도록 했다. 불이 먼저 들어가서 곧 양공을 문짝 사이에 숨겼다. 한참을 지나 무지 등이 두려워하면서도 마침내 궁으로 쳐들어갔다. 불은 도리어 궁 중 사람 및 양공이 총애하는 신하들과 더불어 무지 등을 공격했으나 승리하지 못하고 모두 죽었다.

무지는 궁으로 들어가 양공을 찾았으나 찾지 못했다. 어떤 이가 사람의 발이 문짝 사이에 있는 것을 보았다. 이를 보고 살펴보니 곧 양공이었다. 마침내 그를 시해하고 무지가 스스로 즉위하여 제나라 군주가 되었다.

無知弗信 茀示之創① 乃信之 待宮外 令茀先入 茀先入 即匿襄公戶間 良久 無知等恐 遂入宮 茀反與宮中及公之幸臣攻無知等 不勝 皆死 無

> 知入宮 求公不得 或見人足於戶間 發視 乃襄公 遂弑之 而無知自立爲
> 齊君

① 創瘡

정의 발음은 '창瘡'이다.

音瘡

> 환공桓公 원년(서기전 685) 봄, 제나라 군주 무지는 옹림雍林[①]을 유
> 람했다. 옹림 사람이 일찍이 무지에게 원한이 있었는데, 무지가
> 유람하러 가자 옹림 사람은 무지를 습격해 살해하고 제나라 대부
> 들에게 고해서 말했다.
> "무지가 양공襄公을 시해하고 스스로 즉위했는데, 신이 삼가 죽였
> 습니다. 오직 대부들께서 여러 공자公子 중에서 마땅히 즉위할 만
> 한 이를 고쳐 세우신다면, 오직 이 명령을 따르겠습니다."
> 桓公元年春 齊君無知游於雍林[①] 雍林人嘗有怨無知 及其往游 雍林人
> 襲殺無知 告齊大夫曰 無知弑襄公自立 臣謹行誅 唯大夫更立公子之
> 當立者 唯命是聽

① 齊君無知游於雍林제군무지유어옹림

집해 가규가 말했다. "거구渠丘의 대부다."

賈逵曰 渠丘大夫也

또한 어떤 판본에는 '옹름雍廩'으로 되어 있다. 가규가 말했다. "거구渠丘의 대부이다."《좌전》에서 "옹름이 무지無知를 죽였다."라고 한 것에 대해 두예는 "옹름은 제나라 대부다."라고 했는데, 여기에서는 "옹림雍林에서 유람하는데, 옹림 사람이 일찍이 무지에게 원한이 있어 마침내 습격해 살해했다."라고 하였으니 이는 옹림은 읍 이름이고, 그 땅에 있는 사람이 무지를 죽인 것으로 본 것이다. 가규가 "거구의 대부이다."라고 말한 것은, 거구渠丘는 읍 이름이고 옹림은 거구의 대부라는 뜻이다.

亦有本作雍廩 賈逵曰渠丘大夫 左傳云雍廩殺無知 杜預曰雍廩 齊大夫 此云游雍林 雍林人嘗有怨無知 遂襲殺之 蓋以雍林爲邑名 其地有人殺無知 賈言渠丘大夫者 渠丘邑名 雍林爲渠丘大夫也

애초에, 양공이 노나라 환공桓公을 취하게 하여 살해하고 그의 부인과 사통私通했다. 또한 여러 사람을 옳지 않게 죽이고 부녀자와 음란한 짓을 하며 자주 대신들을 속였다. 이에 모든 아우들이 화가 미칠까 두려워했다. 그래서 다음 아우 규糾는 노나라로 달아났는데, 그의 어머니가 노나라 딸이었기 때문이다. 관중管仲과 소홀召忽이 공자 규를 보좌했다.

다음 아우 소백小白은 거莒나라로 달아났는데, 포숙鮑叔이 보좌했다. 소백의 어머니는 위衛나라 딸로서 희공釐公에게 사랑받았었다. 또 소백은 젊어서부터 대부 고혜高傒[1]와 잘 지냈다.

初 襄公之醉殺魯桓公 通其夫人 殺誅數不當 淫於婦人 數欺大臣 群弟

恐禍及 故次弟糾奔魯 其母魯女也 管仲召忽傅之 次弟小白奔莒 鮑叔
傅之 小白母 衛女也 有寵於釐公 小白自少好善大夫高傒[1]

① 高傒고혜

집해 가규가 말했다. "제나라 정경正卿으로 고경중高敬仲이다."

賈逵曰 齊正卿高敬仲也

정의 傒의 발음은 '해奚'이다.

傒音奚

옹림 사람들이 무지를 죽이고 군주 세우는 것을 의논하자, 고씨高氏와 국씨國氏들이 먼저 몰래 거莒나라에 있는 소백을 불렀다. 노나라도 무지가 죽었다는 소식을 듣고 또한 군사를 일으켜 공자 규를 돌려보내면서 관중에게 따로 군사를 거느리고 거나라의 길을 차단하게 했다. 관중은 (소백이 나타나자) 활을 쏘아서 소백의 허리띠의 쇠고리를 명중시켰는데 소백이 거짓으로 죽은 체했다. 관중은 사람을 시켜 노나라에 달려가 보고하게 했다. 그래서 노나라에서 공자 규를 보냈지만 가는 것이 더욱 더뎌져서 6일 만에 제나라에 이르렀다. 그런데 소백은 이미 돌아왔고 고혜高傒가 그를 세우니, 이이가 환공桓公이다.

환공은 허리띠의 쇠고리에 화살을 맞자 거짓으로 죽은 척해 관중을 오판하게 하고 얼마 후에 온거溫車 안에 실려 달려갔는데, 또한 고씨와 국씨가 안에서 호응했기에 먼저 들어가 군주의 자리를 얻었고 군사를 일으켜 노나라를 막았다.

가을, 노나라와 건시乾時 땅[1]에서 싸웠는데, 노나라 군대가 무너져 달아나자 제나라 병사들은 노나라 군사들이 돌아가는 길을 차단했다. 제나라에서 노나라에 편지를 보내 말했다.

"자규는 형제이므로 차마 죽일 수 없으니 청컨대 노나라에서 자살하게 해주시오. 소홀과 관중은 원수이니, 청컨대 사로잡게 된다면 달가운 마음으로 젓을 담겠습니다. 그렇게 하지 않으면 장차 노나라를 포위할 것입니다."

노나라 사람들이 근심하고 마침내 자규를 생독笙瀆[2]에서 죽였다. 소홀이 자살하자 관중은 감옥에 갇힐 것을 청했다.

及雍林人殺無知 議立君 高國先陰召小白於莒 魯聞無知死 亦發兵送公子糾 而使管仲別將兵遮莒道 射中小白帶鉤 小白詳死 管仲使人馳報魯 魯送糾者行益遲 六日至齊 則小白已入 高傒立之 是爲桓公 桓公之中鉤 詳死以誤管仲 已而載溫車中馳行 亦有高國內應 故得先入立 發兵距魯 秋 與魯戰于乾時[1] 魯兵敗走 齊兵掩絕魯歸道 齊遺魯書曰 子糾兄弟 弗忍誅 請魯自殺之 召忽管仲讎也 請得而甘心醢之 不然 將圍魯 魯人患之 遂殺子糾于笙瀆[2] 召忽自殺 管仲請囚

① 乾時건시

[집해] 두예가 말했다. "건시는 제나라 땅이다. 시수時水는 낙안군 영역에 있는데, 갈라져 흐르면서 가뭄이 들면 고갈된다. 그러므로 건시乾時라고 한다."

杜預曰 乾時 齊地也 時水在樂安界 岐流 旱則涸竭 故曰乾時

② 笙瀆생독

집해 가규가 말했다. "노나라 땅 구독句瀆이다."

賈逵曰魯地句瀆也

색은 가규는 "노나라 땅 구독句瀆이다."라고 했다. 또 살펴보니, 추탄생鄒誕生(남북조시대 남조 사람) 본에는 '신독莘瀆'으로 되어 있다. 신莘과 생笙은 소리가 서로 비슷하다. 생笙 자는 그대로 읽고 독瀆은 '두豆'로 발음한다. 《논어》에는 '구독溝瀆(도랑)'으로 되어 있다. 아마 후대에 소리가 바뀌어 글자가 달라진 것 같은데 이 때문에 여러 문서가 똑같지 않은 것이다.

賈逵云魯地句瀆 又按 鄒誕生本作莘瀆 莘笙聲相近 笙如字 瀆音豆 論語作溝瀆 蓋後代聲轉而字異 故諸文不同也

환공은 군주의 자리에 올라서 군사를 일으켜 노나라를 공격했는데 관중을 죽이고자 마음먹었다. 포숙아가 말했다.

"신은 다행히 군주(환공)를 따를 수 있었고 군주께서는 마침내 즉위하셨습니다. 군주의 존엄에 신은 보태드릴 것이 없습니다. 군주께서 장차 제나라만 다스리려 하신다면 곧 고혜高傒와 이 포숙아로 만족할 수 있습니다. 그러나 군주께서 또 패왕霸王이 되고자 하신다면, 관이오管夷吾(관중)가 아니고는 불가할 것입니다. 이오가 거주하는 나라는 막중한 나라가 될 것이니 그를 잃어서는 안 됩니다."

이에 환공은 포숙아 말을 따랐다. 마침내 관중을 불러 그의 마음을 달래주고 싶은 것처럼 꾸몄는데, 실제로는 중용하고자 한 것이다. 관중은 이를 알았으므로 부름에 가겠다고 청했다. 포숙아가 관중을 마중 나가 당부堂阜①에 이르러서 차꼬와 수갑을 벗겼고 목욕재계시켜 부정을 털어내고 환공을 만나게 했다. 환공은 예를 두텁게 하고 대부로 삼아 정치를 맡겼다.

桓公之立 發兵攻魯 心欲殺管仲 鮑叔牙曰 臣幸得從君 君竟以立 君之尊 臣無以增君 君將治齊 即高傒與叔牙足也 君且欲霸王 非管夷吾不可 夷吾所居國國重 不可失也 於是桓公從之 乃詳爲召管仲欲甘心 實欲用之 管仲知之 故請往 鮑叔牙迎受管仲 及堂阜①而脫桎梏 齋祓而見桓公 桓公厚禮以爲大夫 任政

① 堂阜당부

[집해] 가규가 말했다. "당부는 노나라 북쪽 국경이다." 두예가 말했다. "당부는 제나라 땅이다. 동완군 몽음현 서북쪽에 이오정夷吾亭이 있다. 어떤 이는 포숙이 여기에서 이오의 결박을 풀어주었는데, 그로 인하여 이름으로 삼았다고 한다."

賈逵曰 堂阜 魯北境 杜預曰 堂阜 齊地 東莞蒙陰縣西北有夷吾亭 或曰鮑叔解夷吾縛於此 因以爲名也

[신주] 두예의 의견은 잘못으로 보인다. 동완군은 태산 남쪽이며 임치로 가려면 태산 남쪽과 동쪽을 빙 둘러 가야 하는데, 관중을 그렇게 돌려보낼 리는 없기 때문이다.

살아서 성공하고 죽어서 실패한 환공

환공은 관중을 얻고 나서 포숙아와 습붕隰朋[1]과 고혜高傒와 함께 제나라의 정사를 다스리게 했다. 오가五家[2]를 연결해서 병사를 조직하고, 가치가 크고 작은 화폐를 만들고 어업과 염업의 이익[3]을 도모했다. 가난하고 곤궁한 사람을 넉넉하게 하고, 현명하고 능력 있는 사람을 등용하자 제나라 사람들이 모두 기뻐했다.

桓公旣得管仲 與鮑叔隰朋[1]高傒修齊國政 連五家[2]之兵 設輕重[3]魚塩之利 以贍貧窮 祿賢能 齊人皆說

① 隰朋습붕

집해 서광이 말했다. "어떤 본에는 '습붕隰崩'으로 되어 있다."

徐廣曰 或作崩也

② 五家오가

집해 《국어》에서 말한다. "관자管子가 국가를 제도화하여 5가로 궤軌를 삼고, 10궤로 리里를 만들었으며, 4리로 연連을 만들고 10련으로 향鄕을 만들게 하여 군령軍令으로 삼았다."

國語曰 管子制國 五家爲軌 十軌爲里 四里爲連 十連爲鄉 以爲軍令

③ 輕重경중

색은 살펴보니 《관자》에는 사람을 다스리기 위한 경중輕重의 법 7편이 있다. 경중은 화폐를 이른다. 또 포어捕魚(어업)와 자염煮鹽(제염업)의 법도 있다.

按 管子有理人輕重之法七篇 輕重謂錢也 又有捕魚煮塩法也

2년, 담郯[1]나라를 공격해 멸망시켰고, 담나라 자작은 거莒나라로 달아났다. 애초에 환공이 망명할 때 담나라를 지나갔는데 담나라에서 무례하게 했다. 그래서 공격했던 것이다.

二年 伐滅郯[1] 郯子奔莒 初 桓公亡時 過郯 郯無禮 故伐之

---

① 郯담

집해 서광이 말했다. "다른 판본에는 '담譚'으로 되어 있다."

徐廣曰 一作譚

색은 《춘추》에서 근거하면 노장공 10년에 "제나라 군사가 담譚나라를 멸했다."고 했는데 이것이다. 두예는 "담국譚國은 제남군 평릉현平陵縣 서남쪽에 있다."라고 했다. 그러나 이곳의 담郯은 동해군의 담현郯縣이며 아마도 또한 '담譚' 자로 쓰는 것은 마땅하지 않을 것이다.

據春秋 魯莊十年齊師滅譚 是也 杜預曰譚國在濟南平陵縣西南 然此郯乃東海 郯縣 蓋亦不當作譚字也

제남군은 제나라 도읍지 임치의 서쪽으로, 남쪽 방향인 거莒로 가는 방향과 맞지 않고 훗날 동해군 담현은 거보다 한참 남쪽이어서 위 주석에서 말하는 내용과는 다르다. 여기서의 담郯은 기수沂水의 상류 부근으로 비정된다. 담국은 소호 김천씨의 후예로서 동이족 국가이다. 《춘추》에는 담국의 군주였던 담자郯子가 소호씨가 즉위했을 때 봉조鳳鳥가 날아왔기 때문에 새를 가지고 관직의 이름을 지었다고 말하고 있다. 현재 중국에서는 담국을 동이족 국가로 인정하며 옛 담국 자리를 산동성 임기시臨沂市 담성현郯城縣이라고 보고 있다.

5년, 노나라를 공격했는데 노나라 장수와 군사가 패했다. 노나라 장공莊公이 수읍遂邑[①]을 바치고 화평을 청하자, 환공은 허락하고 노나라와 함께 가柯[②] 땅에서 회맹을 했다. 노나라와 맹약하려는데 조말曹沫이 비수匕首를 가지고 단상[③]에서 환공을 겁박하며 말했다.

"노나라의 침탈한 땅을 돌려주십시오!"

환공이 허락하자 이에 조말은 비수를 거두어 북면하고 신하의 자리로 나아갔다.

五年 伐魯 魯將師敗 魯莊公請獻遂邑[①]以平 桓公許 與魯會柯[②]而盟 魯將盟 曹沫以匕首劫桓公於壇[③]上 曰 反魯之侵地 桓公許之 已而曹沫去匕首 北面就臣位

① 遂邑수읍

두예가 말했다. "수遂는 제북군 사구현 동북쪽(태산 남쪽)에 있다."

杜預曰 遂在濟北蛇丘縣東北

② 柯가

두예가 말했다. "이곳의 가柯는 지금의 제북군 동아현이다. 제나라의 아읍阿邑은 축가와 같은데 지금의 (제남군) 축아祝阿가 된다."

杜預曰 此柯 今濟北東阿 齊之阿邑 猶祝柯 今爲祝阿

③ 壇단

하휴가 말했다. "흙의 터가 3척이고 계단이 3등三等인 것을 '단壇'이라고 한다. 회맹에는 반드시 단壇을 두고 오르고 내리면서 읍하고 사양하는데, 선군先君을 칭송하며 서로 대접하는 것이다."

何休曰 土基三尺 階三等 曰壇 會必有壇者 爲升降揖讓 稱先君以相接也

《사기지의》에서 양옥승은 조말이 환공을 겁박한 것은 한漢나라 때 죽백竹帛에 저술된 《춘추공양전》에서 근거한 것으로서 믿기 어렵다고 말했다. 실제 《좌전》에는 이런 내용이 없다.

환공은 후회하고 노나라 땅을 주지도 않고 조말을 죽이려고 했다. 관중이 말했다.

"대저 겁박당해 허락했더라도 신뢰를 배반하고 죽인다면① 하찮은 기쁨만 더 할 뿐이나, 제후들의 신뢰를 저버린 것이 되어 천하의 원조를 잃게 될 것이니, 불가합니다."

이에 마침내 조말이 세 번 패배해 잃은 땅을 노나라에 돌려주었다. 제후들은 이 소식을 듣고, 모두 제나라를 믿고 따르고자 했다. 7년, 제후들이 환공과 견甄 땅[2]에서 회합했으며, 환공은 이에 처음으로 패자覇者가 되었다.[3]

桓公後悔 欲無與魯地而殺曹沫 管仲曰 夫劫許之而倍信殺之[1] 愈一小快耳 而棄信於諸侯 失天下之援 不可 於是遂與曹沫三敗所亡地於魯 諸侯聞之 皆信齊而欲附焉 七年 諸侯會桓公於甄[2] 而桓公於是始霸焉[3]

① 夫劫許之而倍信殺之부겁허지이배신살지

집해 서광이 말했다. "다른 판본에는 '이미 허락했다가 배신하여 겁주어 죽인다면'이라고 되어 있다."

徐廣曰 一云已許之而背信殺劫也

② 甄견

집해 두예가 말했다. "견은 위衛나라 땅이고, 지금 동군 견성이다.

杜預曰 甄 衛地 今東郡甄城也

신주 견甄과 견鄄은 서로 통용되는데 정확히는 동군 견鄄이다.

③ 桓公於是始霸焉환공어시시패언

신주 원래 제후 중에 패자[伯]는 위衛나라였다. 그런데 주나라 왕실이 동천하면서 제후들의 결속력이 약화되었고, 강한 제후들이 계속 약소 제후들을 병합하기 시작했다. 특히 제나라는 주나라에서 위임받은 정벌권을 바탕으로 동방의 강대국으로 떠올랐다. 제나라가 패자가 되는 동안 위나라는 혜공惠公이 쫓겨났다 복위되면서 주왕실과 많은 틈이 생겼고, 실질적으로도 패자의 지위를 상실하게 된다. 급기야 위혜공은 제환공 11년(서기전 675)에 주왕실을 공격하기도 한다. 따라서 제환공이 처음 패자가 된 것이 아니라, 위나라가 '백伯'의 지위를 상실한 상태에서 처음으로 '백伯'이 되었다는 의미이고, 이른바 '춘추 5패'의 처음이라는 것이다.

14년(서기전 672), 진陳나라 여공厲公의 아들 완完[1]은 경중敬仲으로 불리었는데 제나라로 도망해 왔다. 제나라 환공이 경卿으로 삼고자 하니 사양했다. 이에 공정工正[2]으로 삼았다. 이이가 전성자田成子 상常(전항田恒)의 조상이다.

一四年 陳厲公子完[1] 號敬仲 來奔齊 齊桓公欲以爲卿 讓 於是以爲工正[2] 田成子常之祖也

---

① 完완

정의 발음은 '환桓'이다. (본서에서는 모두 '완'이라고 번역한다.)

音桓

② 工正공정

집해 가규가 말했다. "공정工正은 모든 기술자를 관장한다."

賈逵曰 掌百工

23년(서기전 663),[1] 산융山戎[2]이 연燕나라를 공격하자 연나라가 위급함을 제나라에 알렸다. 제환공은 연나라를 구원하고, 마침내 산융을 공격해 고죽孤竹에 이르렀다가 돌아왔다.[3] 연나라 장공莊公은 드디어 환공을 송별하면서 제나라 국경까지 들어왔다.[4] 환공이 말했다.

"천자天子가 아니면 제후는 서로 송별하면서 국경을 나가지 않는데, 내가 연나라에 무례하게 하는 것은 옳지 않습니다."

이에 도랑을 갈라 연나라 군주가 이른 곳을 연나라에 주고, 연나라 군주에게 소공召公의 정사를 다시 닦아 공물을 주周나라에 바쳐서 성왕成王과 강왕康王 때처럼 하라고 명했다. 제후들이 듣고 모두 제나라를 따랐다.

二十三年[1] 山戎[2]伐燕 燕告急於齊 齊桓公救燕 遂伐山戎 至于孤竹而還[3] 燕莊公遂送桓公入齊境[4] 桓公曰 非天子 諸侯相送不出境 吾不可以無禮於燕 於是分溝割燕君所至與燕 命燕君復修召公之政 納貢于周如成康之時 諸侯聞之 皆從齊

① 二十三年이십삼년

신주 이 본문과 〈십이제후연표〉에는 제환공 23년이지만, 《좌전》과 〈연소공세가〉에는 연장공 27년으로 제환공 22년에 해당한다. 또 《좌전》에는 제환공 21년에 시작되어 22년에 끝난다. 《좌전》의 기록이 맞을 것이다.

② 山戎산융

집해 복건이 말했다. "산융山戎은 북적北狄이고, 아마 지금의 선비鮮卑

일 것이다." 하휴가 말했다. "산융山戎이란, 융戎 안에서 별도의 이름이다."
服虔曰 山戎 北狄 蓋今鮮卑也 何休曰 山戎者 戎中之別名也

신주 복건은 산융을 선비라고 말했지만 선비는 한참 후인 후한 시대에 발흥한 종족이니 산융과는 다르다. 당시 연나라 서북쪽에는 산융 혹은 북융이 자리 잡고 있었고 이들은 나중에 중산국中山國을 이루어 중원의 제국들과 경쟁한다. 중산국은 지금의 하북성 중부 태항산맥의 동쪽 일대에 있었는데, 조국趙國과 연국燕國 사이에 있었다. 도읍은 고顧였다가 나중에 현재의 하북성 평산현平山縣으로 비정하는 영수靈壽로 옮겼는데, 성 중에 중산이 있어서 생긴 이름이다. 현재 중국 학계는 중산국을 백적白狄과 선우鮮虞의 후예라면서 다른 한편으로 주문왕의 후예인 필만畢萬의 후예라고 모순되게 설명하고 있다. 중산국은 동이족 국가로 북쪽으로는 연燕을 공격하고 남쪽으로는 조趙를 공격했는데, 서기전 296년 조趙에 멸망했다.

③ 至于孤竹而還지우고죽이환

신주 원래 고죽은 백이와 숙제가 왕자로 있던 나라로서 동이족 국가이다. 상商의 왕실과 동족으로 자성子姓의 국가이다. 현재 중국 학계에서는 고죽국의 초기 강역에 대해 서쪽은 현재의 당산唐山시와 천서현遷西縣 흥성진興城鎭까지, 북쪽은 능원凌源과 조양朝陽거쳐 서요하西遼河까지, 동쪽은 호로도葫蘆島까지, 서남쪽은 낙정樂亭·난남灤南·조비전曹妃甸 등지까지 이르렀다고 보고 있다. 동쪽으로 발해에 이르고 서쪽 변경은 연국燕國과 접경하고, 남쪽은 제국齊國에 이르렀다고 보고 있다. 하남성 안양시의 은허殷墟 갑골문에 '죽후竹侯'라는 명문銘文이 있고 군주의 명호 중에 보정父丁, 아미亞微, 아빙亞憑 등이 알려졌는데 성은 '묵태墨胎 씨'라고 설명한다. 고죽국은 동이족 국가인데, 백이 숙제가 거주한 곳에 대해서 현재 중국에서는 하북성 노룡현盧龍縣으로 보고 있다. 서기전 660년에 제나라와 연나라에 멸망했다고 보는데, 고죽국의 실체는 물론 이때 제환공이 어디까지 올라갔는지는 더 많은 연구가 필요하다.

④ 燕莊公遂送桓公入齊境연장공수송환공입제경

연나라 장공이 환공을 보내면서 따라온 장소에 대해 〈연소공세가〉 주석에 의하면 "연유燕留 고성은 창주滄州 장로현長蘆縣 동북쪽 17리에 있다"라고 했다. 연나라는 처음 남연南燕이었다가 나중에 북경 부근의 북연北燕으로 이주했다는 설도 있는데, 이 기사는 연나라가 처음부터 북경 일대에 있었다는 것을 전제로 쓴 것이므로 사실 여부에 대한 더 많은 연구가 필요하다.

27년, 노나라 민공潛公의 어머니 애강哀姜[①]은 환공桓公의 여동생이다. 애강은 노나라 공자 경보慶父와 간음했는데 경보가 민공을 시해했다. 애강은 경보를 세우고자 했으나 노나라 사람들이 희공釐公[②]으로 바꿔 세웠다. 환공이 애강을 불러서 죽였다.

28년(서기전 658), 위衛나라 문공文公은 적狄의 난리가 있자, 제나라에 위급함을 알렸다. 제나라에서 제후들을 이끌고 초구楚丘[③]에 성을 쌓고 위나라의 군주로 세워주었다.[④]

二十七年 魯潛公母曰哀姜[①] 桓公女弟也 哀姜淫於魯公子慶父 慶父弑潛公 哀姜欲立慶父 魯人更立釐公[②] 桓公召哀姜 殺之 二十八年 衛文公有狄亂 告急於齊 齊率諸侯城楚丘[③]而立衛君[④]

① 魯湣公母曰哀姜노민공모왈애강

신주 〈노주공세가〉와 《좌전》에 따르면 민공의 친 어머니는 애강의 여동생 숙강叔姜이다. 애강은 적모嫡母이다.

② 釐公희공

집해 서광이 말했다. "《사기》는 '희僖' 자를 모두 '리釐'로 썼다."

徐廣曰 史記僖字皆作釐

③ 楚丘초구

집해 가규가 말했다. "위衛나라 땅이다."

賈逵曰 衛地也

색은 두예가 말했다. "성城이 위衛나라에 있다고 말하지 않았으니, 위나라는 옮기지 않은 것이다." 초구는 제음군 성무현城武縣의 남쪽에 있는데, 곧 지금의 위남현衛南縣이다.

杜預曰 不言城衛 衛未遷 楚丘在濟陰城武縣南 即今之衛南縣.

신주 두예가 말한 의미는 위나라가 스스로 옮기지 않았다는 뜻이다. 그러기에 위나라에 있는 성이 아니라는 뜻이다.

④ 而立衛君이립위군

신주 위衛나라 선공은 며느리감인 제나라 여인을 가로챘는데 유명한 선강宣姜으로 혜공惠公 삭朔의 어머니다. 혜공의 아들이 의공懿公인데, 의공은 학鶴을 좋아하다가 9년에 적狄의 침입을 받아 죽는다. 위나라 사람들은 혜공의 계통을 제외하고, 살해당한 선공宣公의 태자 급及의 둘째 아우 완頑의 계통으로 세운다. 완 역시 선공의 아들이다. 선공이 죽고 나서 제나라에서 완의 계모인 선강이 완에게 통할 것을 제의하자 완은 처음에는 거절했으나 어쩔 수 없이 통하여 두 아들과 두 딸을 낳는다. 두 아들이 바로 대공戴公과 그 뒤를 이은 문공文公이다. 대공은 즉위하자마자 죽는다. 딸 하나는 송환공宋桓公에게 시집가고 하나는 허목공許穆公에게 시집간다.

《좌전》에 따르면 이때 처음에 주도적으로 위나라를 도운 국가는 송나라 환공인데, 대공과 문공의 누이가 송나라로 시집간 영향이 크다. 제나라가 위나라 문공을 도운 것은 그의 어머니가 제나라 여인이었던 까닭이기도 하고, 당시 '백伯'이었기 때문이기도 하다. 초구楚丘는 송나라와 조曹나라 사이에 있던 땅으로, 역시 《좌전》에서는 조나라 땅이라고 했다. 실제 위치로 봐도 조나라 영역에 매우 가깝다.

29년, 환공이 부인 채희蔡姬와 함께 배 안에서 놀았다. 채희는 물에 익숙하므로 환공이 타고 있는 배를 흔들자,[1] 환공은 두려워하며 그만두라고 했는데 그만두지 않았다. 배에서 내린 환공은 화를 내며 채희를 채나라로 돌려보냈지만, 관계를 끊지는 않았다. 채나라 또한 화가 나서 그 딸을 다른 곳으로 시집보냈는데, 환공이 이 소식을 듣고 화가 나서 군사를 일으켜 공격하러 갔다.

30년 봄, 제환공이 제후들을 인솔하고 채나라를 공격하자, 채나라는 무너졌다.[2] 나아가 초나라를 공격했다. 초성왕楚成王이 군사를 일으키면서 물었다.

"왜 우리 땅을 밟는 것이오?"

二十九年 桓公與夫人蔡姬戲船中 蔡姬習水 蕩公[1] 公懼止之 不止 出船 怒 歸蔡姬 弗絶 蔡亦怒 嫁其女 桓公聞而怒 興師往伐 三十年春 齊桓公率諸侯伐蔡 蔡潰[2] 遂伐楚 楚成王興師問曰 何故涉吾地

① 蕩탕

[집해] 가규가 말했다. "탕은 '흔드는 것'이다."

賈達曰 蕩 搖也

② 潰궤

[집해] 복건이 말했다. "백성들이 그의 윗사람에게서 달아나는 것을 궤潰라 한다."

服虔曰 民逃其上曰潰也

관중이 대답했다.

"옛날 소강공召康公이 우리의 선군先君이신 태공을 불러서, '5등급의 제후와 구주九州의 우두머리 중 죄가 있으면 너는 실제로 정벌해서 주나라 왕실을 좌우에서 도우라.[1]'고 명하셨습니다. 우리의 선군에게 동쪽은 바다에 이르고, 서쪽은 하수河水에 이르며, 남쪽은 목릉穆陵에 이르고, 북쪽은 무체無棣에 이르기까지 걸어서 밟은 땅[2]을 하사하셨소. 그런데도 초나라에서 포모包茅[3]를 공물로 들이지 않아 왕실의 제사를 갖추지 못했소. 이 때문에

와서 문책하는 것이오. 또 소왕昭王께서 남쪽 정벌을 나가서 돌아
오지 못했는데[4] 이것이 무엇 때문인지 와서 묻는 것이오.”

管仲對曰 昔召康公命我先君太公曰 五侯九伯 若實征之 以夾輔周室[1]
賜我先君履[2] 東至海 西至河 南至穆陵 北至無棣 楚貢包茅[3]不入 王祭
不具 是以來責 昭王南征不復[4] 是以來問

① 夾輔周室협보주실

집해 《좌전》에서 말한다. “주공과 태공은 주왕실의 고굉股肱(다리와 팔)
이 되어 성왕成王을 곁에서 보필하였다.”

左傳曰 周公太公股肱周室 夾輔成王也

② 賜我先君履사아선군이

집해 두예가 말했다. “걸어서 밟은 경계이다.”

杜預曰 所踐履之界

③ 包茅포모

집해 가규가 말했다. “포모包茅는 청모菁茅를 싸서 묶은 것이며 제사
에 바친다.” 두예가 말했다. “《상서》에는 ‘포궤청모包匭菁茅’라고 했고, 띠
풀의 차이는 자세히 드러나 있지 않다.”

賈達曰 包茅 菁茅包匭之也 以供祭祀 杜預曰 尚書 包匭菁茅 茅之爲異未審

신주 청모菁茅는 가시가 달린 띠풀이고, 포궤청모包匭菁茅란 가시가 달
린 띠풀을 궤짝에 넣고 다시 보자기로 쌌다는 뜻이다. 포包는 보자기로
싸는 것이고, 궤匭는 궤짝이다. 종묘 제사 때 그 풀로 술을 걸렀다고 한다.

④ 昭王南征不復소왕남정불복

집해 복건이 말했다. "주나라 소왕昭王은 남쪽을 순수하며 한수漢水를 건너다가 다 건너지 못했는데, 배가 부서져서 소왕이 익사했다. 왕실에서 숨기고 부음을 알리지 않아서 제후들은 그 까닭을 알지 못했다. 그러므로 환공이 말로써 초나라를 문책한 것이다."

服虔曰 周昭王南巡狩 涉漢未濟 船解而溺昭王 王室諱之 不以赴 諸侯不知其故 故桓公以爲辭責問楚也

색은 송충이 말했다. "소왕이 남쪽으로 초나라를 정벌할 때 신유미辛由靡가 보필하였는데, 한수를 건너다가 표류하여 떨어졌다. 신유미가 왕을 쫓았으나 마침내 죽고 돌아오지 못했다. 주나라는 그 뒤에 서쪽 적翟 땅에 가서 물었다."

宋衷云 昭王南伐楚 辛由靡爲右 涉漢中流而隕 由靡逐王 遂卒不復 周乃侯其後于西翟

신주 신유미辛由靡는 현재 섬서성陝西省 위남시渭南時 합양현合陽縣에 있었던 것으로 비정하는 유신국有莘國 출신이다. 유신국은 사성姒姓의 국가인데 소호 김천씨의 모계이므로 동이족이다. 우禹, 탕湯왕 및 상나라 주왕紂王과 주나라 문왕文王과 무왕武王은 모두 신씨와 통혼했는데 곤鯤의 부인이자 우禹의 모친 여희女喜, 주문왕의 정비인 태사太姒 등이 모두 유신국 출신이다. 《여씨춘추》에는 신여미로 되어 있다. 강물에 빠진 소왕을 그가 구하여 건너게 한 것으로 기록하고, 그 공으로 주공이 그를 서적의 제후로 삼은 것으로 되어 있다.

초왕이 말했다.

"포모의 공물을 들이지 않은 일이 있으니 과인의 죄입니다. 어찌 감히 바치지 않겠습니까? 소왕께서 출타하셨는데 다시 돌아오지 않고 계시니 그대가 물가에 가서 물으십시오.[①]"

제나라 군사는 진격해서 형陘 땅에 주둔했다.[②]

여름, 초나라 왕이 굴완屈完에게 군사를 거느리고 제나라를 막게 했다. 제나라 군사는 물러나 소릉召陵[③]에 주둔했다. 환공이 굴완에게 그의 군사들을 아끼라고 하자 굴완이 말했다.

"군주께서 도로써 하신다면 그렇게 하겠습니다. 만약 그렇지 않으면, 초나라는 방성方城[④]으로 성城을 삼고 강수江水와 한수漢水로 해자垓字를 삼을 텐데, 군주께서 편안하게 진격하실 수 있겠습니까?"

楚王曰 貢之不入 有之 寡人罪也 敢不共乎 昭王之出不復 君其問之水濱[①] 齊師進次于陘[②] 夏 楚王使屈完將兵扞齊 齊師退次召陵[③] 桓公矜屈完以其衆 屈完曰 君以道則可 若不 則楚方城[④]以爲城 江漢以爲溝 君安能進乎

① 君其問之水浜군기문지수빈

집해 두예가 말했다. "소왕昭王이 한수漢水에 있을 때는 초나라 경내가 아니었다. 그러므로 처벌받지 않았다."

杜預曰 昭王時漢非楚境 故不受罪

신주 〈초세가〉에 따르면 초나라는 이때 한수 중류 일대 조그만 국가였다. 〈삼대세표〉에는 "주나라 소왕昭王이 남쪽을 순수하다가 돌아오지 않아서 부고를 내지 않았는데 이를 꺼린 것이다."라고 했다. 주나라 소왕은 무관武關을 넘어와서 초나라 동쪽의 한수에 빠져 죽은 것으로 보인다.

② 陘형

집해 두예가 말했다. "형陘은 초나라 땅이다. 영천군 소릉현召陵縣 남쪽에 형정陘亭이 있다."《좌전》에서 말한다. "무릇 군사가 하룻밤을 묵는 것을 '사舍'라 하고, 이틀 밤을 묵는 것을 '신信'이라고 하고, 신信을 넘는 것을 '차次'라고 한다."

杜預曰 陘 楚地 潁川召陵縣南有陘亭 左傳曰 凡師一宿爲舍 再宿爲信 過信爲次

③ 召陵소릉

집해 두예가 말했다. "소릉은 영천현이다."

杜預曰 召陵 潁川縣

④ 方城방성

집해 복건이 말했다. "방성산은 한수 남쪽에 있다." 위소가 말했다. "방성은 초나라 북쪽의 액새阨塞(막힌 통로)이다. 두예가 '방성산은 남양군 섭현葉縣 남쪽에 있다.'라고 한 것이 이곳이다."

服虔曰 方城山在漢南 韋昭曰 方城 楚北之阨塞 杜預曰 方城山在南陽葉縣南 是也

색은 살펴보니 〈지리지〉에는 섭현 남쪽에 장성長城이 있어서 '방성方城'이라고 부르는데, 두예와 위소의 설명이 그 실질을 얻었다. 복건이 한수 남쪽에 있다고 말한 것은 어느 사료에 의거했는지 알지 못하겠다.

按 地理志葉縣南有長城 號曰方城 則杜預韋昭說爲得 而服氏云在漢南 未知有
何憑據

이에 굴완과 맹약하고 물러갔다. 진陳나라를 지나는데 진나라의
원도도袁濤塗가 제나라를 속이고 동쪽으로 가라고 가르쳐주었다
가 속인 것이 발각되었다.
가을에 제나라가 진陳나라를 공격했다.[1]
이 해에 진晉나라에서 태자 신생申生을 살해했다.[2]
乃與屈完盟而去 過陳 陳袁濤塗詐齊 令出東方 覺 秋 齊伐陳[1] 是歲 晉
殺太子申生[2]

[1] 齊伐陳제벌진

집해 《좌전》에서 말한다. "불충不忠한 것에 대해 토벌했다."
左傳曰 討不忠也

[2] 晉殺太子申生진살태자신생

신주 《좌전》 노희공魯僖公 4년(서기전 656)에 "진헌공晉獻公은 총애하는
후궁 여희驪姬의 참소로 태자 신생申生을 죽이고 또 아들인 중이重耳, 이
오夷吾를 추방했다. 태자 신생申生의 아버지 헌공은 여희驪姬의 소생 해
제奚齊를 태자로 봉하고 신생을 팽형烹刑에 처하고자 했는데, 신생은 도
망하지 않고 공경을 다했지만 12월 무신일戊申日에 신성新城에서 끝내 자
살하고 말았다."라고 했다.

35년 여름, 제후들을 규구葵丘^①에서 회합시켰다. 주나라 양왕襄
王이 재공宰孔을 보내서 환공桓公에게 문왕과 무왕의 제사에 올린
제육과 동궁彤弓(붉은 칠을 한 활)과 동시彤矢(붉은 칠을 한 화살)와 대로
大路^②를 하사하고, 답배를 하지 말라고 명령했다. 환공이 허락하
고자 했는데 관중이 말했다.
"불가합니다."
이에 환공이 당에서 내려가 절을 하고 하사품을 받았다.^③
三十五年夏 會諸侯于葵丘^① 周襄王使宰孔賜桓公文武胙彤弓矢大路^②
命無拜 桓公欲許之 管仲曰不可 乃下拜受賜^③

① 葵丘규구

집해 두예가 말했다. "진류군 외황현外黃縣 동쪽에 규구葵丘가 있다."

杜預曰 陳留外黃縣東有葵丘也

② 大路대로

집해 가규가 말했다. "대로는 제후가 조복朝服을 입고 타는 수레인데,
금로金路라고 이른다."

賈逵曰 大路 諸侯朝服之車 謂之金路

③ 乃下拜受賜내하배수사

집해 위소가 말했다. "당堂에서 내려가 절을 하고 받았다."

韋昭曰 下堂拜賜也

가을, 다시 규구葵丘에서 제후들과 회합했는데, 더욱 교만한 기색이 있었다. 주나라에서 재공宰孔을 회합에 참석시켰다. 제후 중에서 자못 배반한 자들이 있었다.[1] 진후晉侯는 병을 핑계 대다가 뒤에 재공을 만났다. 재공이 말했다.

"제나라 후작은 교만하고 공손하지 않았습니다."

진후는 그 말을 따랐다.

이 해에 진헌공이 죽고 이극里克이 해제奚齊와 탁자卓子[2]를 살해했다. 이에 진목공秦穆公은 부인[3] 때문에 공자 이오를 진晉나라로 돌려보내 군주로 삼았다. 환공은 진晉나라의 난亂을 토벌하러 고량高粱[4]에 이르렀다가, 습붕隰朋을 시켜 진晉나라 군주를 세우게 하고 돌아왔다.

秋 復會諸侯於葵丘 益有驕色 周使宰孔會 諸侯頗有叛者[1] 晉侯病 後遇宰孔 宰孔曰 齊侯驕矣 弟無行 從之 是歲 晉獻公卒 里克殺奚齊卓子[2] 秦穆公以夫人[3]入公子夷吾爲晉君 桓公於是討晉亂 至高粱[4] 使隰朋立晉君 還

① 諸侯頗有叛者제후파유반자

집해 《공양전》에서 말한다. "규구의 모임에서 환공이 떨치며 자랑하자, 배반한 제후들이 아홉 개 나라였다."

公羊傳曰 葵丘之會 桓公震而矜之 叛者九國

② 卓탁

집해 서광이 말했다. "《사기》의 '탁卓'은 대부분 '도悼'로 되어 있다."

徐廣曰 史記卓多作悼

정의 卓의 발음은 '착[丑角反]'이다.

卓 丑角反

③ 夫人부인

신주 목희穆姬를 가리킨다. 진晉헌공의 딸로 진秦목공의 부인이며 이오夷吾의 누나이다.

④ 高梁고량

집해 복건이 말했다. "진晉나라 땅이다." 두예가 말했다. "평양현 서남쪽에 있다."

服虔曰 晉地也 杜預曰 在平陽縣西南

이때 주나라 왕실은 미약하고 오직 제나라와 초나라와 진秦나라와 진晉나라가 강성했다. 진晉나라가 처음으로 회맹에 참여했는데,① 헌공獻公이 죽은 후 국내가 어지러워졌다. 진목공秦穆公은 멀리 떨어져서 중국의 회맹에 참여하지 못했다. 초성왕楚成王은 비로소 형만荊蠻을 거두어 가져 스스로를 이적夷狄이라 하였다.

제나라만이 중국을 위해서 회맹했기에 환공이 그 덕을 펼 수 있었다. 그래서 제후들이 복종하고 회맹했다.

이에 환공이 일컬어 말했다.

"과인이 남쪽을 정벌해 소릉召陵에 이르러 웅산熊山을 바라보았고,

북쪽으로는 산융山戎과 이지離枝와 고죽孤竹[2]을 정벌했소. 서쪽으로는 대하大夏[3]를 정벌하고 유사流沙를 건넜으며, 말을 묶고 수레를 매달아 놓은 채 태항산太行山에 오르고 비[4]이산卑耳山에 이르렀다가 돌아왔소. 제후들이 과인을 어기는 자가 없었고 과인은 군사를 이끌고 모이는 병거지회兵車之會를 세 번 가졌고[5] 군사를 대동하지 않은 승거지회乘車之會를 여섯 번 가져서[6] 제후들을 아홉 번 규합해서 천하를 한 번 바로잡았소.[7] 옛날 3대(하, 은, 주)에서 명을 받은 것이 이것과 어찌 다르겠소. 나는 태산泰山에서 봉封(하늘에 올리는 제사)하고 양보梁父에서 선禪(땅에 지내는 제사)을 하고자 하오.”

관중이 굳게 간언해서 말렸는데도 듣지 않았다. 이에 환공에게 먼 지방에서 진기한 물건들이 이르러야 봉할 수 있다고 설득하자 환공이 그제서야 중지했다.

是時周室微 唯齊楚秦晉爲彊 晉初與[1]會 獻公死 國內亂 秦穆公辟遠不與中國會盟 楚成王初收荊蠻有之 夷狄自置 唯獨齊爲中國會盟 而 桓公能宣其德 故諸侯賓會 於是桓公稱曰 寡人南伐至召陵 望熊山 北伐山戎離枝孤竹[2] 西伐大夏[3] 涉流沙 束馬懸車登太行 至卑[4]耳山而還 諸侯莫違寡人 寡人兵車之會三[5] 乘車之會六[6] 九合諸侯 一匡天下[7] 昔三代受命 有何以異於此乎 吾欲封泰山 禪梁父 管仲固諫 不聽 乃說桓公以遠方珍怪物至乃得封 桓公乃止

① 與여

정의 與의 발음은 ‘예預’인데 아래도 같다. (본서에서는 ‘여’로 읽는다.)

與音預, 下同.

② 孤竹고죽

〈지리지〉에는 영지현令支縣에 고죽성孤竹城이 있다고 했는데, 아마도 이지離枝가 곧 영지令支일 것이다. 영令과 이離는 소리가 서로 비슷하기 때문이다. 응소는 "영令은 '영鈴'으로 발음한다."고 했는데, 영鈴과 이離는 소리가 또한 서로 비슷하다. 《관자》에도 또한 '이離' 자로 되어 있다.

地理志曰令支縣有孤竹城 疑離枝即令支也 令離聲相近 應劭曰 令音鈴 鈴離聲亦相近 管子亦作離字

이지離枝는 '영지零支'로 발음하는데 또 '영지令祗'로도 발음하며, 또 본래 통상적인 발음대로 읽는다고 한다. 이지와 고죽은 모두 옛 나라 이름이다. 진秦나라에서는 이지를 현縣으로 삼았다. 그러므로 〈지리지〉에는 요서군 영지현令支縣에 고죽성孤竹城이 있다고 했다. 《이아》에는 "고죽, 북호北戶, 서왕모西王母, 일하日下를 사황四荒이라고 이른다."라고 했다.

離枝音零支 又音令祗 又如字 離枝孤竹 皆古國名 秦以離枝爲縣 故地理志遼西令支縣有孤竹城 爾雅曰孤竹北戶西王母日下謂之四荒也

한漢나라 때 요서군에 영지현이 있었는데, 중국 학계에서는 그 위치를 지금의 하북성 천안시遷安市 서남쪽 조점자趙店子로 비정한다. 영지현에는 진秦 통일 이전에 영지국令支國이 있었고 그 경내에 유수濡水가 있었는데, 중국 학계는 유수를 지금의 하북성 난하灤河로 본다. 그러나 한나라가 현재 연산산맥燕山山脈 동쪽의 천안시까지 차지했는지는 논쟁의 여지가 많다. 중국의 역사지리 지식은 후대에 크게 왜곡되면서 과거 중국 경내가 아니었던 지역을 후대에 편입시킨 경우가 많다.

③ 大夏대하

정의 대하는 병주幷州의 진양晉陽이 맞다.

大夏 幷州晉陽是也

신주 대하는 현재 산서성의 성도인 태원시이며, 전국시대 조趙나라 초기 도읍이었다. 그러나 제환공이 태원까지 왔다는 기록에는 논쟁의 여지가 많다. 이 기록은 제환공의 일방적 주장이기 때문에 자기 과시가 담긴 수사적 표현으로 보인다.

④ 卑비

정의 卑의 발음은 '벽壁'이다. 유백장과 위소는 모두 통상적인 발음대로 읽는다고 했다.

卑音壁 劉伯莊及韋昭竝如字

⑤ 寡人兵車之會三과인병거지회삼

정의 《좌전》에서 말한다. "노장공 13년에 북행北杏에서 회맹함으로써 송나라의 난리를 평정했다. 희공僖公 4년에 채蔡나라를 침공했고 마침내 초나라를 공격했다. 희공 6년에 정鄭나라를 공격해 신성新城을 포위했다."

左傳云魯莊十三年 會北杏以平宋亂 僖四年 侵蔡 遂伐楚 六年 伐鄭 圍新城也

신주 병거지회兵車之會는 병거(전차)에 각자 군대를 이끌고 하는 회합을 뜻한다.

⑥ 乘車之會六승거지회육

정의 《좌전》에서 "노장공 14년 견鄄에서 회합했다. 장공 15년 또 견에서 회합했다. 16년 유幽에서 맹약했다. 희공僖公 5년 수지首止에서 회합했다. 희공 8년 조洮에서 맹약했다. 희공 9년 규구에서 동맹했다."고 한 것이 이것이다.

左傳云魯莊十四年 會于鄄 十五年 又會鄄 十六年 同盟于幽 僖五年 會首止 八年 盟于洮 九年 會葵丘是也

승거지회乘車之會는 의상지회衣裳之會라고도 하는데 병거를 대동하지 않고 천자天子(주왕)가 내린 명복命服을 입고 모이는 회합을 뜻한다.

⑦ 一匡天下일광천하

정의 광匡은 바로 하는 것이다. 일광천하는 (힘이 미약한) 주나라 양왕襄王을 안정시키고 태자의 지위를 만들어 준 것을 이른다.

匡 正也 一匡天下 謂定襄王爲太子之位也

38년, 주양왕周襄王의 이복아우 대帶가 융戎과 적翟과 모의해서 함께 주나라를 공격하자 제나라는 관중을 시켜 주나라를 공격한 융戎을 평정하게 했다. 주나라에서 상경上卿으로 관중을 예우하려고 하자 관중이 머리를 조아리며 말했다.

"신은 배신陪臣(제후의 신하)인데 어찌 감히 받겠습니까?"

세 번을 사양하고 이에 하경下卿의 예로써 대우하는 것을 받아들여 (주왕을) 뵈었다.

39년, 주양왕의 이복아우 대가 제나라로 도망쳐 왔다. 제나라는 중손仲孫을 시켜 왕에게 대의 사죄를 청하게 했다. 양왕은 노하며 들어주지 않았다.①

三十八年 周襄王弟帶與戎翟合謀伐周 齊使管仲平戎於周 周欲以上卿

禮管仲 管仲頓首曰 臣陪臣 安敢 三讓 乃受下卿禮以見 三十九年 周襄

王弟帶來奔齊 齊使仲孫請王爲帶謝 襄王怒 弗聽[1]

① 爲帶謝 襄王怒 弗聽위대사 양왕노 불청

신주 《좌전》에는 사신이 돌아와 보고해서 왕의 화가 아직 풀리지 않
았다고만 했다. 《사기지의》에서도 역시 그렇다고 보았다.

41년, 진목공秦穆公은 진혜공晉惠公을 포로로 잡았다가 다시 돌려
보냈다.

이해, 관중과 습붕隰朋이 모두 죽었다.[1] 관중이 병들자 환공이
물었다.

"여러 신하 가운데 누가 재상으로 적합한가?"

관중이 말했다.

"신하를 아는 것은 (제가) 군주만 같지 못할 것입니다."

환공이 말했다.

"역아易牙[2]는 어떠한가?"

관중이 대답했다.

"자식을 죽여서 군주에게 갖다 바쳤는데 사람의 정으로 할 수 없
는 짓입니다."

환공이 말했다.

"개방開方은 어떠한가?"

관중이 대답했다.

"어버이를 배신하고 군주에게 갔는데[3] 사람의 정으로 가까이하기 어렵습니다."

환공이 말했다.

"수도豎刀[4]는 어떠한가?"

관중이 대답했다.

"자신의 고환을 제거하고 군주에게 갔는데 사람의 정으로 친하기 어렵습니다."

관중이 죽었는데, 환공이 관중의 말을 쓰지 않고 끝내 세 사람을 등용해 가까이했는데 세 사람은 권력을 마음대로 했다.

四十一年 秦穆公虜晉惠公 復歸之 是歲 管仲隰朋皆卒[1] 管仲病 桓公問曰 群臣誰可相者 管仲曰 知臣莫如君 公曰 易牙[2]如何 對曰 殺子以適君 非人情 不可 公曰 開方如何 對曰 倍親以適君[3] 非人情 難近 公曰 豎刀[4]如何 對曰 自宮以適君 非人情 難親 管仲死 而桓公不用管仲言 卒近用三子 三子專權

① 管仲隰朋皆卒관중습붕개졸

정의 《괄지지》에서 말한다. "관중의 묘는 청주 임치현 남쪽 21리 우산牛山 위에 있는데, 환공의 무덤과 함께 이어져 있다. 습붕의 묘는 청주 임치현 동북쪽 7리에 있다."

括地志云 管仲冢在靑州臨淄縣南二十一里牛山上 與桓公冢連 隰朋墓在靑州臨淄縣東北七里也

② 易牙역아

정의 곧 옹무雍巫이다. 가규가 말했다. "옹무雍巫는 옹雍 땅 사람인데 이름은 무巫이며 역아다."

即雍巫也 賈逵云 雍巫 雍人名巫 易牙也

③ 倍親以適君배친이적군

집해 관중이 말했다. "위衛공자 개방은 그의 천승千乘(제후)의 태자 자리를 버리고 신하로서 군주를 섬겼다."

管仲曰 衛公子開方去其千乘之太子而臣事君也

④ 刀도

정의 刀의 발음은 '조[鳥條反]'이다. 안사고가 말했다.

"수도豎刀와 역아易牙는 모두 제환공의 신하이다. 관중이 병이 들자 환공이 가서 물었다.

'장차 누가 과인을 가르치겠는가?'

관중이 말했다.

'바라건대 군주께서는 역아와 수도를 멀리하십시오.'

환공이 말했다.

'역아는 그의 아들을 삶아서 과인을 흔쾌하게 했는데 어찌 의심할 수 있겠는가?'

관중이 대답했다.

'사람의 마음은 그 아들을 사랑하지 않을 수 없습니다. 그 자식을 차마 그리했는데 또 장차 어찌 군주를 사랑하겠습니까?'

환공이 말했다.

'수도는 스스로 거세를 하고 과인을 가까이했는데 오히려 의심하는가?'

관중이 대답했다.

'사람의 마음은 그의 몸을 사랑하지 않을 수 없습니다. 그 자신의 몸을 차마 그리했는데 또 장차 어찌 군주에게 (사랑이) 있겠습니까?'

환공이 말했다.

'알았소.'

관중은 마침내 모두를 쫓아냈다. 환공은 음식을 달게 여기지 않고 마음이 기쁘지 않은 것이 3년이었다. 환공이 말했다.

'중보仲父가 너무 지나친 것이 아닌가?'

이에 모두 곧 불러서 돌아왔다. 다음 해 환공이 병이 들자 역아와 수도가 서로 함께 난亂을 일으켜 궁문을 닫고 담을 높이 쌓아 사람들을 왕래하지 못하게 했다. 한 부인이 있어 담을 넘어 들어가 환공의 처소에 이르렀다. 환공이 말했다.

'나는 음식을 먹고 싶다.'

부인이 말했다.

'저는 얻을 수가 없습니다.'

환공이 말했다.

'나는 물을 마시고 싶다.'

부인이 말했다.

'저는 얻을 수가 없습니다.'

'무슨 까닭인가?'

부인이 대답했다.

'역아와 수도가 함께 난을 일으켜 궁 문을 막고 담을 높이 쌓아 사람들이 왕래하지 못합니다. 그러므로 얻을 수가 없습니다.'

환공이 개연히 탄식하고 눈물을 흘리면서 말했다.

'아아! 성인聖人의 식견이 어찌 원대하다고 하지 않겠는가? 만약 죽은 자가 아는 것이 있다면 나는 장차 무슨 면목으로 중보仲父를 만날 것인가?'

소매로 얼굴을 가리고 수궁壽宮에서 죽었다. 구더기가 방에서 기어 나왔는데 도, 양문楊門의 문짝으로 시체를 덮고 2개월 동안 장례를 치르지 못했다."

刀 鳥條反 顏師古云 豎刀易牙皆齊桓公臣 管仲有病 桓公往問之曰 將何以敎寡人 管仲曰 願君遠易牙豎刀 公曰 易牙烹其子以快寡人 尙可疑邪 對曰 人之情非不愛其子也 其子之忍 又將何愛於君 公曰 豎刀自宮以近寡人 猶尙疑邪 對曰 人之情非不愛其身也 其身之忍 又將何有於君 公曰 諾 管仲遂盡逐之 而公食不甘心不怡者三年 公曰 仲父不已過乎 於是皆卽召反 明年 公有病 易牙豎刀相與作亂 塞宮門 築高牆 不通人 有一婦人踰垣入至公所 公曰 我欲食 婦人曰 吾無所得 公曰 我欲飮 婦人曰 吾無所得 公曰 何故 曰 易牙豎刀相與作亂 塞宮門 築高牆 不通人 故無所得 公慨然歎 涕出曰 嗟乎 聖人所見 豈不遠哉 若死者有知 我將何面目見仲父乎 蒙衣袂而死乎壽宮 蟲流於戶 蓋以楊門之扇 二月不葬也

42년, 융戎이 주나라를 공격하자[1] 주나라에서 제나라에 위급함을 알렸다. 제나라는 제후들에게 명령해 각각 군사들을 보내 주나라를 지키라고 명했다.

이해에 진晉나라 공자 중이重耳가 제나라에 왔는데, 환공이 아내를 삼아 주었다.

四十二年 戎伐周[1] 周告急於齊 齊令諸侯各發卒戍周 是歲 晉公子重耳來 桓公妻之

① 戎伐周융벌주

융족이 황하를 건너 주나라를 쳤음을 나타내고 있다. 이렇듯 제 환공 당시와 그 훨씬 이후까지 황하 북쪽의 융족과 적족은 황하를 넘나들며 멀리 남쪽 송宋나라까지 위협했다. 이족夷族은 위衛, 제齊, 노魯나라 인근 등지를 비롯해 춘추시대에는 중원 전체에 포진했었다. 자세한 기사와 주석은 〈노주공세가〉에 있다. 그래서 연燕나라가 이때 이미 북경 부근을 차지했다는 기사는 후대의 왜곡일 가능성이 크다. 연나라만 홀로 당시 바다였던 황하 입구를 넘어 주나라 영역도 아닌 지금의 북경 근처에 외따로 자리 잡았다고 보기는 쉽지 않다. 후대에 이주한 북연北燕을 처음부터 북쪽에 있었던 것으로 상정했을 가능성이 있다.

43년, 애초에 제환공 부인은 세 사람이었다. 왕희王姬와 서희徐姬[①]와 채희蔡姬였는데 모두 자식이 없었다. 환공은 여자를 좋아하여[②] 총애함이 많았다. 부인夫人처럼 여기는 자가 6명이나 되었다. 큰 위희衛姬는 무궤無詭[③]를 낳았고, 작은 위희衛姬는 혜공 원元을 낳았고, 정희鄭姬는 효공 소昭를 낳았고, 갈영葛嬴은 소공 반潘을 낳았고, 밀희密姬는 의공懿公 상인商人을 낳았고, 송화자宋華子[④]는 공자 옹雍을 낳았다.

四十三年 初 齊桓公之夫人三 曰王姬徐姬[①]蔡姬 皆無子 桓公好內[②] 多內寵 如夫人者六人 長衛姬生無詭[③] 少衛姬生惠公元 鄭姬生孝公昭 葛嬴生昭公潘 密姬生懿公商人 宋華子[④]生公子雍

① 徐姬서희

색은 살펴보니《세본》에서 서徐는 성姓이 영嬴이다. 예禮에서 부인은 나라와 성만을 일컫는다고 했다. 지금 여기서 '서희徐姬'라고 말했지만, 희姬는 여러 첩妾의 총칭이다. 그러므로《한록질령》에서 "희첩이 수백이다."라고 일렀다. 부인婦人을 또한 모두 희姬라고 일컬으니, 희姬는 또한 반드시 이 성씨姓氏에만 쓰는 것은 아니다.

按 系本徐 嬴姓 禮 婦人稱國及姓 今此言徐姬者 然姬是衆妾之總稱 故漢祿秩令云姬妾數百 婦人亦總稱姬 姬亦未必盡是姓也

② 内내

집해 복건이 말했다. "내內는 부관婦官이다."

服虔曰 内 婦官也

③ 無詭무궤

색은《좌전》에는 '무휴無虧'로 되어 있다.

左傳作無虧也

④ 宋華子송화자

집해 가규가 말했다. "송나라 화씨華氏의 딸로, 자성子姓이다."

賈逵曰 宋華氏之女 子姓

환공과 관중은 효공孝公을 송나라 양공에게 부탁해서 태자로 삼았다. 옹무雍巫[1]는 위공희衛共姬의 총애를 입고 환관인 수도豎刀를 따라서 환공에게 후한 뇌물을 바치니 또한 총애가 있었다. 이 때문에 환공은 무궤가 계승하는 것을 허락했다.[2] 관중이 죽자 5명의 공자들도 모두 군주로 서려고 했다.

桓公與管仲屬孝公於宋襄公 以爲太子 雍巫[1]有寵於衛共姬 因宦者豎刀以厚獻於桓公 亦有寵 桓公許之立無詭[2] 管仲卒 五公子皆求立

① 雍巫옹무

[집해] 가규가 말했다. "옹무는 옹雍 사람으로 이름은 무巫이며, 역아易牙는 자이다."

賈逵曰 雍巫 雍人 名巫 易牙字

[색은] 가규는 옹무를 역아라고 했는데, 어느 곳에서 의거했는지 알지 못하겠다. 살펴보니 《관자》에 당무棠巫가 있는데, 아마 옹무와 같은 사람일 것이다.

賈逵以雍巫爲易牙 未知何據 按 管子有棠巫 恐與雍巫是一人也

② 桓公許之立無詭환공허지립무궤

[집해] 두예가 말했다. "역아는 이미 환공에게 총애가 있어 장위희長衛姬를 위해 세우기를 청했다."

杜預曰 易牙旣有寵於公 爲長衛姬請立

겨울 10월 을해일, 제환공이 죽었다. 역아는 입궁하여 수도와 더불어 총첩을 믿고 여러 관리들을 죽이며[1] 공자 무궤를 세워 군주로 삼았다. 태자 소昭는 송나라로 달아났다.

冬十月乙亥 齊桓公卒 易牙入 與豎刁因内寵殺群吏[1] 而立公子無詭爲君 太子昭奔宋

① 豎刁因内寵殺群吏수도인내총살군리

집해 복건이 말했다. "내총内寵은 부인 6인과 같다. 군리群吏는 모든 대부다." 두예가 말했다. "내총은 내관内官으로 권세와 총애가 있는 자이다."

服虔曰 内寵如夫人者六人 群吏 諸大夫也 杜預曰 内寵 内官之有權寵者

환공이 병이 들자, 5명의 공자들이 각각 당黨을 세우고 군주가 되려고 다투었다. 급기야 환공이 죽자 마침내 서로를 공격했다. 그래서 궁 안이 텅 비어 감히 입관도 하지 못했다.[1] 환공의 시신은 평상에서 67일이나 있어서 시신에서 구더기가 나와 문밖으로 기어 나왔다.

12월 을해일, 무궤가 군주가 되어 이에 관이 있는 곳으로 가서 신사일 밤에 염을 하고 빈소를 차렸다.[2]

桓公病 五公子各樹黨爭立 及桓公卒 遂相攻 以故宮中空 莫敢棺[1] 桓公尸在牀上六十七日 尸虫出于戶 十二月乙亥 無詭立 乃棺赴 辛巳夜斂殯[2]

① 莫敢棺막감관

　정의　棺의 발음은 '관[古患反]'이다.

音古患反

② 斂殯염빈

　집해　서광이 말했다. "염斂은 다른 판본에는 '임臨' 자로 되어 있다."

徐廣曰 斂 一作臨也

> 환공에게는 10여 명의 아들이 있었는데, 환공의 뒤를 이어서 군주가 되기를 원한 자는 5명이었다.
>
> 무궤는 군주가 된 지 3개월 만에 죽어 시호가 없다. 다음은 효공孝公이고, 다음은 소공昭公이고, 다음은 의공懿公이고, 다음은 혜공惠公이다.
>
> 효공孝公 원년 3월, 송나라 양공襄公이 제후들의 군사를 이끌고 제나라 태자 소昭를 보내서 제나라를 공격했다. 제나라 사람들이 두려워서 그들의 군주 무궤를 살해했다. 제나라 사람들이 장차 태자 소를 세우려 하자 네 공자의 무리들이 태자를 공격했다.
>
> 태자가 송나라로 달아나자 송나라는 드디어 제나라 사람들과 더불어 네 공자와 싸웠다.
>
> 5월, 송나라가 제나라 네 공자의 군사를 무찌르고 태자 소를 세웠는데, 이이가 제나라 효공孝公이다. 송나라는 환공과 관중이 태자를 부탁했기 때문에 제나라로 와서 공격한 것이다.

이런 난리 때문에 8월에서야 제나라 환공의 장례를 치렀다.[1]

桓公十有餘子 要其後立者五人 無詭立三月死 無諡 次孝公 次昭公 次
懿公 次惠公 孝公元年三月 宋襄公率諸侯兵送齊太子昭而伐齊 齊人
恐 殺其君無詭 齊人將立太子昭 四公子之徒攻太子 太子走宋 宋遂與
齊人四公子戰 五月 宋敗齊四公子師而立太子昭 是爲齊孝公 宋以桓
公與管仲屬之太子 故來征之 以亂故 八月乃葬齊桓公[1]

① 八月乃葬齊桓公팔월내장제환공

집해 《황람》에서 말한다. "환공의 묘는 임치성 남쪽 7리 치수菑水 남
쪽에 있다."

皇覽曰 桓公冢在臨菑城南七里所菑水南

정의 《괄지지》에서 말한다. "제환공 묘는 임치현 남쪽 21리 우산牛山
위에 있는데 이름이 정족산鼎足山이고 일명 우수강牛首堈이라고 하는데,
한 곳에 2개의 무덤이 있다. 진晉나라 영가永嘉(서기 307~313) 말기에 사람들
이 발굴했다. 처음에는 판版을 얻고 다음에는 수은지水銀池를 얻었다. 기
氣가 있어 들어가지는 못했다. 수일이 지난 후 개를 끌고 안으로 들어가
금으로 만든 누에 수십여 잠박을 얻었는데 주유珠襦, 옥갑玉匣, 징채繒綵,
무기 등은 이루 다 셀 수 없었다. 또 사람을 순장해 해골이 낭자했다."

括地志云 齊桓公墓在臨菑縣南二十一里牛山上 亦名鼎足山 一名牛首堈 一所
二墳 晉永嘉末 人發之 初得版 次得水銀池 有氣不得入 經數日 乃牽犬入中 得
金蠶數十薄 珠襦玉匣繒綵軍器不可勝數 又以人殉葬 骸骨狼藉也

6년 봄, 제나라가 송나라를 공격했는데 제나라와 회맹을 함께하지 않았기 때문이다.[1] 여름에 송나라 양공襄公이 세상을 떠났다.

7년, 진晉나라 문공文公이 군주가 되었다.

10년, 효공孝公이 죽고 효공의 아우 반潘이 위衛나라 공자 개방開方을 따라 효공의 아들을 죽이고 즉위했는데, 이이가 소공昭公이다. 소공은 환공의 아들이고 그 어머니는 갈영葛嬴이다.

六年春 齊伐宋 以其不同盟于齊也[1] 夏 宋襄公卒 七年 晉文公立 十年 孝公卒 孝公弟潘因衛公子開方殺孝公子而立潘 是爲昭公 昭公 桓公子也 其母曰葛嬴

[1] 其不同盟于齊也기불동맹우제야

집해 복건이 말했다. "노희공 19년에 제후들이 제나라에서 회맹했는데 환공의 덕을 잊지 않은 것이다. 송양공은 패도霸道를 행하려고 함께 회맹하지 않았다. 그래서 정벌한 것이다."

服虔曰 魯僖公十九年 諸侯盟于齊 以無忘桓公之德 宋襄公欲行霸道 不與盟 故伐之

소공 원년, 진晉문공은 초나라를 성복城濮[1]에서 무너뜨리고 제후들을 천토踐土에서 회맹케 했다. 주나라에 조회하자 천자는 진晉나라를 패자[伯][2]로 일컫게 했다.

6년, 적翟이 제나라를 침략했다. 진晉문공이 세상을 떠났다. 진秦나라 군사가 효殽에서 무너졌다.

12년, 진목공秦穆公이 죽었다.

昭公元年 晉文公敗楚於城濮[1] 而會諸侯踐土 朝周 天子使晉稱伯[2] 六年 翟侵齊 晉文公卒 秦兵敗於殽 十二年 秦穆公卒

① 城濮성복

[집해] 가규가 말했다. "위衛나라 땅이다."

賈逵云 衛地也

② 伯백

[정의] 伯은 '패霸'로 발음한다.

音霸

19년 5월, 소공昭公이 죽었다.[1] 아들 사舍가 제나라 군주로 즉위했다. 사舍의 어머니는 소공에게 총애받지 못했고 나라 사람들도 경외하지 않았다. 소공의 아우 상인商人은 환공이 죽자 군주가 되려고 싸웠으나 얻지 못했다. 몰래 현사賢士들과 사귀면서 백성을 사랑으로 따르게 하자, 백성들이 달가워했다.

소공이 죽자 아들 사舍가 계승했는데 외롭고 약했다. 곧 상인商人은 그를 따르는 무리들과 함께 10월[2]에 소공의 무덤 위에서 제나라 군주 사舍를 시해하고 상인이 스스로 군주가 되었는데, 이 이가 의공懿公이 된다. 의공은 환공의 아들이다. 그의 어머니는 밀희密姬다.

十九年五月 昭公卒[1] 子舍立爲齊君 舍之母無寵於昭公 國人莫畏 昭公之弟商人以桓公死爭立而不得 陰交賢士 附愛百姓 百姓說 及昭公卒 子舍立 孤弱 即與衆十月[2]即墓上弑齊君舍 而商人自立 是爲懿公 懿公桓公子也 其母曰密姬

① 十九年五月 昭公卒십구년오월 소공졸

신주 〈십이제후연표〉와 《좌전》에는 소공 재위는 20년으로서 《사기》와 1년 다르다. 《좌전》의 기록이 맞는 듯하다.

② 十月시월

신주 《좌전》에는 7월이다. '七'과 '十'은 잘못 베끼는 경우가 많으니, 7월이 맞을 것이다.

의공 4년 봄, 애초에 의공이 공자公子였을 때 병융丙戎[1]의 아버지와 함께 사냥했다. 누가 많이 잡나 겨루었는데 이기지 못했다. 군주로 즉위하자 병융의 아버지 발을 자르고[2] 병융을 종[3]으로 삼았다. 용직庸職[4]의 아내가 아름다웠는데 의공이 궁 안으로 들어오게 하고 용직은 참승驂乘(임금을 수레에 모시고 타는 것)을 시켰다.

懿公四年春 初 懿公爲公子時 與丙戎[1]之父獵 爭獲不勝 及即位 斷丙戎父足[2] 而使丙戎僕[3] 庸職[4]之妻好 公内之宮 使庸職驂乘

① 丙戎병융

색은 《좌전》에는 丙이 '병邴'으로 되어 있고, 병촉邴歜이라고 했다.

左傳丙 作邴 邴歜也

② 斷丙戎父足단병융부족

정의 《좌전》에서 '내굴이별지乃掘而別之'라고 했는데, 두예는 "그 시체의 발을 자른 것이다."고 했다.

左傳云乃掘而別之 杜預云斷其尸足也

③ 僕복

집해 가규가 말했다. "복僕은 수레를 모는 것이다."

賈逵曰 僕 御也

④ 庸職용직

색은 《좌전》에는 '염직閻職'으로 되어 있는데, 여기는 '용직庸職'이라 말하니 같지 않다. 《좌전》에서 이른바 '염閻'은 성이고 '직職'은 이름이라고 했다. 여기서 '용직'이라고 말했는데 용庸은 성이 아니다. 아마 길쌈하는 아내가 받은 품삯을 이른 것인데, 역사가의 뜻이 같지 않아서 글자가 달라졌을 것이다.

左傳作閻職 此言庸職 不同者 傳所云閻 姓 職 名也 此言庸職 庸非姓 蓋謂受顧織之妻 史意不同 字則異耳

정의 《국어》와 《좌전》에는 모두 '염직閻職'으로 되어 있다.

國語及左傳作閻職

5월에 의공이 신지申池[①]로 유람을 나갔다. 두 사람이 목욕을 하면서 희롱했다. 용직이 말했다.

"발 잘린 자의 아들이구려!"

병융이 말했다.

"아내를 빼앗긴 자구려!"

두 사람은 이 말에 함께 아파하고 이에 원망했다. (두 사람은) 의공과 함께 대나무 숲속에서 놀 때 도모하자고 했다, 두 사람은 의공을 수레 위에서 시해하고 대나무 숲속에 버리고 도망쳤다.

"아내를 빼앗긴 자구려!"

두 사람은 이 말에 함께 아파하고 이에 원망했다. (두 사람은) 의공과 함께 대나무 숲속에서 놀 때 도모하자고 했다, 두 사람은 의공을 수레 위에서 시해하고 대나무 숲 속에 버리고 도망쳤다.

의공은 군주가 되자 교만해져서 백성이 따르지 않았다.

제나라 사람들은 그의 아들을 폐하고 공자 원元을 위衛나라에서 맞이해 계승하게 했는데, 이이가 혜공惠公이다. 혜공은 환공의 아들이다. 그 어머니는 위衛나라 딸로 '소위희少衛姬'라고 했다. 제나라의 난을 피해 위나라에 있었다.

혜공 2년, 장적長翟[2]이 왔는데, 왕자 성보城父[3]가 공격해서 살해하고 북문에 묻었다. 진晉나라 조천趙穿이 그의 군주 영공靈公을 시해했다.

五月 懿公游於申池[1] 二人浴 戲 職曰 斷足子 戎曰 奪妻者 二人俱病此言 乃怨 謀與公游竹中 二人弑懿公車上 棄竹中而亡去 懿公之立 驕 民不附 齊人廢其子而迎公子元於衛 立之 是爲惠公 惠公 桓公子也 其母衛女 曰少衛姬 避齊亂 故在衛 惠公二年 長翟[2]來 王子城父[3]攻殺之 埋之於北門 晉趙穿弑其君靈公

① 申池신지

집해 두예가 말했다. "제나라 남쪽 성 서문西門의 이름이 신문申門이다. 제나라 성에는 (둘러싼) 연못이 없고 오직 문의 좌우에 연못이 있는데 아마 이것일 것이다. 좌사左思의 《제도부》 주석에는 '신지申池를 바닷가 제나라 늪지'라고 했다."

杜預曰 齊南城西門名申門 齊城無池 唯此門左右有池 疑此是也 左思齊都賦注曰 申池 海濱齊藪也

② 長翟장적

집해 《곡량전》에서 말한다. "몸을 가로로 하면 9묘畝나 되고, 그의 머리를 잘라 수레에 실으면 눈썹이 수레의 식軾(수레 앞턱의 가로 댄 나무) 에 드러난다."

穀梁傳曰 身橫九畝 斷其首而載之 眉見於軾

③ 王子城父왕자성보

집해 가규가 말했다. "왕자 성보城父는 제나라 대부다."

賈逵曰 王子城父 齊大夫

경공의 부흥과 최저의 전횡

10년, 혜공이 죽었다. 아들 경공頃公[①] 무야無野가 계승했다. 애초
에 최저崔杼는 혜공의 총애가 있었다. 혜공이 죽자, 고씨高氏와 국
씨國氏들은 그 핍박이 두려워 (최저를) 쫓아냈다. 최저는 위衛나라
로 달아났다.

경공 원년, 초장왕이 강성해져 진陳을 공격했다.

2년, (초장왕이) 정나라를 포위했다. 정나라 백작이 항복하자 나라
를 다시 정나라 백작에게 돌려주었다.

十年 惠公卒 子頃公[①]無野立 初 崔杼有寵於惠公 惠公卒 高國畏其偪
也 逐之 崔杼奔衛 頃公元年 楚莊王彊 伐陳 二年 圍鄭 鄭伯降 已復國
鄭伯

① 頃公경공

정의 頃의 발음은 '경傾'이다.

頃音傾

6년(서기전 593) 봄, 진晉나라에서 극극郤克을 제나라에 사신으로 보냈다.[1] 제나라는 태부인太夫人[2]에게 장막 안에서 보게 했다. 극극이 계단을 오르자 태부인이 비웃었다. 극극이 말했다.

"이를 보복하지 않고는 다시 하수河水를 건너지 않을 것이다."

돌아가서 제나라 공격을 청했지만 진후는 허락하지 않았다. 제나라 사신이 진晉나라에 이르자, 극극이 제나라의 사신 4명을 하내河內에서 잡아 죽였다.[3]

六年春 晉使郤克於齊[1] 齊使夫人[2]帷中而觀之 郤克上 夫人笑之 郤克曰 不是報 不復涉河 歸 請伐齊 晉侯弗許 齊使至晉 郤克執齊使者四人 河内 殺之[3]

① 六年春 晉使郤克於齊육년춘 진사극극어제

신주 극극을 사신으로 보낸 일은 《좌전》과 〈십이제후연표〉 및 〈진세가〉에 모두 1년 후인 제나라 경공 7년의 일로 나온다.

② 夫人부인

신주 제혜공齊惠公의 부인이자 경공의 어머니인 소동숙자蕭桐叔子를 가리킨다. 극극이 발을 절뚝이는 것을 보고 시녀와 웃어 전쟁의 단초를 만들었다.

③ 郤克執齊使者四人河内 殺之극극집제사자사인하내 살지

신주 《사기지의》는 이렇게 달리 말한다. "《좌전》 선공 17년에서 '진晉에서 제齊에 모일 것을 청하여 고고高固, 안약晏弱, 채조蔡朝, 남곽언南郭

偃을 회합에 보냈는데, 고고는 먼저 도망쳐 돌아왔고 진나라는 세 명을 붙잡아 두었다. 묘분황苗賁皇이 진후에게 말하여 감시를 느긋해서 (세 명도) 앞뒤로 달아나게 했다.'라고 한다. 어찌 일찍이 네 명을 하내에서 체포해 죽인 일이 있겠는가《사통》에서 이미 그 잘못을 모아두었다."

8년, 진晉나라가 제나라를 공격하여 제나라가 공자 강彊을 진晉나라에 인질로 보내니 진나라 군사가 떠나갔다.

10년 봄, 제나라가 노나라와 위衛나라를 공격했다. 노나라와 위나라의 대부는 진晉나라로 가서 군사를 요청했는데 모두 극극과의 인연 때문이다.[①] 진晉나라는 극극을 전차 800대[②]를 거느리는 중군장中軍將으로 삼고, 사섭士燮에게 상군을 거느리게 하고, 난서欒書에게 하군을 거느리게 해서 노나라와 위나라를 구원하고 제나라를 공격하게 했다.

八年 晉伐齊 齊以公子彊質晉 晉兵去 十年春 齊伐魯衛 魯衛大夫如晉 請師 皆因郤克[①] 晉使郤克以車八百乘[②]爲中軍將 士燮將上軍 欒書將 下軍 以救魯衛 伐齊

---

① 皆因郤克개인극극

[색은] 《좌전》 성공 2년에서 노나라 장선숙臧宣叔과 위衛나라 손환자孫桓子가 진晉나라에 갔는데 모두 극극이 주관했다고 했는데 이를 말한다.

成二年左傳魯臧宣叔衛孫桓子如晉 皆主於郤克是

② 八百乘팔백승

집해 가규가 말했다. "800승은 6만 명이다."

賈逵曰 八百乘 六萬人

6월 임신일, (진나라 군사가) 제나라 후작의 군사들과 미계산靡笄山①
아래에서 싸웠다.

계유일, 안鞍 땅②에 진을 쳤다. 봉추보逢丑父③는 제나라 경공의
오른쪽을 호위했는데, 경공이 말했다.

"달려라! 진군을 쳐부수고 회식會食하겠다."

활을 쏘아 극극郤克에게 상처를 입혔는데, 피가 신발까지 흘러내
렸다. 극극이 다시 성채城砦로 쳐들어가고 싶어하니 수레를 모는
자가 말했다.

"제가 처음 쳐들어가서 두 번 상처를 입었지만 감히 다쳤다고 말
하지 못한 것은 사졸들이 두려워할 것을 우려한 것입니다. 원하
건대 그대는 참으시오."

六月壬申 與齊侯兵合靡笄① 下 癸酉 陳于鞍② 逢丑父③爲齊頃公右 頃
公曰 馳之 破晉軍會食 射傷郤克 流血至履 克欲還入壁其御 曰 我始入
再傷 不敢言疾 恐懼士卒 願子忍之

---

① 靡笄미계

집해 서광이 말했다. "미靡는 다른 판본에는 마摩로 되어 있다." 가규
가 말했다. "미계靡笄는 산 이름이다."

徐廣曰 靡 一作摩 賈逵曰 靡笄 山名也

색은 미靡는 통상적인 발음으로 읽는다. 미계는 산 이름이다. 제남군에 있는데 대代 땅의 마계산磨笄山과는 다르다.

靡 如字 靡笄 山名 在濟南 與代地磨笄山不同

② 鞍안

집해 복건이 말했다. "안鞍은 제나라 지명이다."

服虔曰 鞍 齊地名也

③ 逢丑父봉추보

집해 가규가 말했다. "제나라 대부다."

賈逵曰 齊大夫

신주 방逢을 그대로 읽기도 하고 《좌전》에 따르면 '봉逢'으로 읽기도 한다. 또 축丑 역시 '축'과 '추'로 병행하여 읽는다.

> 마침내 다시 싸웠다. 싸움에서 제나라가 위급해지자 봉추보는 제나라 경공이 사로잡힐까 두려웠다. 이에 자리를 바꿔서 경공이 우右가 되었는데 수레가 나무에 걸려서 멈춰 섰다.① 진나라의 낮은 장수 한궐韓厥②이 제나라 경공의 수레 앞에 엎드려서 "우리 군주께서 신을 시켜서 노나라와 위나라를 구원하라 했습니다."라고 희롱했다.
> 봉추보가 경공에게 (수레에서) 내려가 물을 마시라고 하자③ 이를

계기로 경공은 도망쳐서 빠져나가 제나라 군영으로 들어갔다.

遂復戰 戰 齊急 丑父恐齊侯得 乃易處 頃公爲右 車絓①於木而止 晉小

將韓厥②伏齊侯車前 曰寡君使臣救魯衛 戲之 丑父使頃公下取飲③ 因

得亡 脫去 入其軍

① 絓괘

정의 絓의 발음은 '괘[胡卦反]'이다. 멈추는 것이며 방해받는 것이 있다
는 뜻이다.

絓 胡卦反 止也 有所礙也

② 韓厥한궐

신주 《좌전》에 따르면 한궐은 당시 사마司馬를 맡고 있었다.

③ 丑父使頃公下取飲축보사경공하취

정의 《좌전》에서 말한다. "화천華泉이라는 우물로 가려고 하는데 전
차를 끄는 옆 말이 나무에 걸려 달리지 못하고 멈추었다. 봉추보가 경공
에게 전차에서 내려 화천으로 가서 물을 마시라고 하자 정주보鄭周父가
군주의 좌거佐車를 조종하고 원패苑茷가 오른편의 전사가 되어 제나라
후작을 태우고 모면했다."

左傳云及華泉 驂絓於木而止 丑父使公下 如華泉取飲 鄭周父御佐車 苑茷爲右
載齊侯獲免也

진晉나라 극극郤克이 봉추보를 죽이려고 하자 봉추보가 말했다. "군주의 죽음을 대신하는데 욕을 보인다면, 이후 인신人臣으로서 그 군주에게 충성하는 자가 없을 것이다."

극극이 놓아주자 봉추보는 마침내 도망쳐 제나라로 돌아갔다. 이에 진晉나라 군사들이 제나라 군사를 추격해 마릉馬陵[1]에 이르렀다. 제나라 경공은 보물과 기물로 사죄하기[2]를 청했지만 들어주지 않았다. 반드시 극극을 비웃은 소동숙蕭桐叔의 딸[3]을 내놓으라면서 제나라의 밭두둑 길을 동쪽으로 내라고 요구했다.[4]

晉郤克欲殺丑父 丑父曰 代君死而見僇 後人臣無忠其君者矣 克舍之 丑父遂得亡歸齊 於是晉軍追齊至馬陵[1] 齊侯請以寶器謝[2] 不聽 必得笑克者蕭桐叔子[3] 令齊東畝[4]

① 馬陵마릉

[집해] 서광이 말했다. "다른 판본에는 '형陘'으로 되어 있다." 살펴보니 가규는 마형馬陘을 제나라 땅이라고 했다.

徐廣曰 一作陘 駰案 賈逵曰 馬陘 齊地也

② 齊侯請以寶器謝제후청이보기사

[집해] 《좌전》에서 말한다. "기紀나라의 시루와 옥경을 뇌물로 주었다."

左傳曰 賂以紀甗玉磬也

③ 蕭桐叔子소동숙자

[집해] 두예가 말했다. "동숙桐叔은 소군蕭君의 자字이고 제후齊侯의 외

조부이다. 자子는 딸이다. 그의 어머니를 똑바로 가리켜 말하기 어려우므로 멀리 돌려 말한 것이다." 가규가 말했다. "소소蕭는 (제나라의) 부용국附庸國이며 자성子姓이다.

杜預曰 桐叔 蕭君之字 齊侯外祖父 子 女也 難斥言其母 故遠言之 賈逵曰 蕭附庸 子姓

④ 令齊東畝영제동무

집해 복건이 말했다. "제나라의 밭이랑을 동쪽으로 향하게 만들려는 것이다."

服虔曰 欲令齊隴畝東行

색은 밭이랑을 동쪽으로 내게 한 것은 진나라의 수레와 말이 제나라를 향해 쉽게 가도록 한 것이다.

壟畝東行 則晉車馬東向齊行易也

신주 진晉나라는 제나라의 서쪽에 있으므로 언제라도 동쪽의 제나라로 들어가기 쉽게 동서東西로 길을 만들라는 뜻이다.

제나라에서 대답했다.

"숙자叔子는 제나라 군주의 어머니입니다. 제나라 군주의 어머니라면 또한 진晉나라 군주의 어머니와 같은 것인데, 그대는 어디에 안치할 것입니까? 또 그대는 의로 정벌한다고 했는데 난폭한 것으로 끝낸다면 옳겠습니까?"

이에 제나라의 말을 받아들이고 노나라와 위나라를 침략해 빼앗은 땅을 되돌려 주도록 했다.[1]

> 對曰 叔子 齊君母 齊君母亦猶晉君母 子安置之 且子以義伐而以暴爲
> 後 其可乎 於是乃許 令反魯衛之侵地[1]

[1] 令反魯衛之侵地영반노위지침지

정의 《좌전》에서 "진晉나라 군사가 제나라에 이르러 제나라 사람을 시켜서 노나라 문양汝陽의 전田을 돌려주게 했다"라고 한다.

左傳云晉師及齊國 使齊人歸我汝陽之田也

11년, 진晉에서 처음으로 육경六卿을 두었고[1] 안鞍 전투의 전공에 상을 내렸다.

제경공은 진에 조회를 하고 진나라 경공景公을 왕으로 높이고자 했다.[2] 진나라 경공이 감히 받지 않자 이에 돌아왔다. 귀국한 경공은 원유苑囿들을 없애고 세금을 가볍게 하고 고아들을 구제하고 질병이 있는 백성을 위문하며, 창고에 쌓여 있는 곡식을 내어 백성을 구제하니 백성이 크게 기뻐했다. 제후들에게도 두터운 예로 대했다. 마침내 경공이 죽을 때까지 백성이 따랐으며 제후들이 침범하지 않았다.

17년, 경공이 죽고[3] 아들 영공 환環이 계승했다.

十一年 晉初置六卿[1] 賞鞍之功 齊頃公朝晉 欲尊王晉景公[2] 晉景公不敢受 乃歸 歸而頃公弛苑囿 薄賦斂 振孤問疾 虛積聚以救民 民亦大說 厚禮諸侯 竟頃公卒 百姓附 諸侯不犯 十七年 頃公卒[3] 子靈公環立

① 晉初置六卿진초치육경

신주 양옥승의 《사기지의》에서는 《좌전》 소疏에 의거하여 6군六軍이라
한다. 〈십이제후연표〉는 〈제태공세가〉와 같지만, 〈진세가〉에는 역시 6군이
라 한다.

② 欲尊王晉景公욕존왕진경공

색은 왕소王劭가 살펴보니 "장형張衡이 이르기를 '예禮에서, 제후가 천
자에게 조회를 할 때는 옥을 가지고 하고, 주고 나서 돌려받는다. 만약
제후들끼리 서로 조회할 때는 옥을 주지 않는다.'라고 한다. 제경공은 전
쟁에서 패하고 진晉나라에 조회를 하러 들어가 옥을 주었다. 이것은 진
후晉侯를 왕으로 높이고자 한 것인데, 태사공이 그의 뜻을 헤아려 말한
것이다."라고 했다. 지금 살펴보니 이 문장에 '수옥授玉(옥을 주었다)'이라고
이르지 않았으니 왕소의 설명은 다시 어디에서 의거한 것인지 (모르겠지만)
그저 기록이 다를 뿐이다.

王劭按 張衡曰禮 諸侯朝天子執玉 旣授而反之 若諸侯自相朝 則不授玉 齊頃
公戰敗朝晉而授玉 是欲尊晉侯爲王 太史公探其旨而言 今按 此文不云授玉 王
氏之說復何所依 聊記異耳

신주 《사기지의》에서 왕으로 높이고자 한 것은 망령된 것이라고 했다.

③ 頃公卒경공졸

집해 《황람》에서 말한다. "경공의 무덤은 여상呂尙 무덤 가까이에 있다."
皇覽曰 頃公冢近呂尙冢

영공 9년, 진晉나라 난서欒書가 그 군주 여공厲公을 시해했다.

10년, 진晉나라 도공悼公이 제나라를 공격하자 제나라는 공자 광光을 진晉나라에 인질로 보냈다.

19년, 아들 광光을 세워 태자로 삼았다. 고후高厚를 사부로 삼아서 제후들의 종리鍾離[1] 회맹에 가게 했다.

27년, 진晉나라는 중항헌자中行獻子[2]를 시켜 제나라를 공격하게 했다.

靈公九年 晉欒書弑其君厲公 十年 晉悼公伐齊 齊令公子光質晉 十九年 立子光爲太子 高厚傅之 令會諸侯盟於鍾離[1] 二十七年 晉使中行獻子[2]伐齊

[1] 鍾離종리

정의 《괄지지》에서 말한다. "종리 고성은 기주沂州 승현承縣 경내에 있다."

括地志云 鍾離故城在沂州承縣界

[2] 中行獻子중항헌자

색은 순언荀偃의 조부는 림보林父인데 대대로 중항中行이 되었다. 뒤에 성씨를 고쳐서 중항씨로 삼았다. 헌자獻子의 이름은 언偃이다.

荀偃祖林父代爲中行 後改姓爲中行氏 獻子名偃

제나라 군사가 패배하자 영공靈公은 달아나 임치로 들어갔다. 안
영晏嬰이 영공을 말렸으나 영공은 따르지 않았다. 안영이 말했다.
"군주께서는 또한 용기가 없으십니까?"

진晉나라 군사가 마침내 임치를 포위했다. 임치에서 성을 지킬 뿐
감히 나오지 못하자 진나라는 성곽을 불사르고 떠나갔다.

28년, 애초에 제나라 영공은 노나라 후작의 딸을 취해서 아들 광
光을 낳아 태자로 삼았다. 중희仲姬와 융희戎姬[1]가 있었는데, 융
희가 총애를 받자 중희가 아들 아牙를 낳아서 융희에게 부탁했
다. 융희가 (아牙를) 태자로 삼으라고 간청하니 영공이 허락했다. 중
희가 말했다.

"불가합니다. 광光이 태자로 서서 제후들과 반열하고 있는데[2] 지
금 까닭 없이 폐한다면 군주께서는 반드시 후회하실 것입니다."

齊師敗 靈公走入臨菑 晏嬰止靈公 靈公弗從 曰君亦無勇矣 晉兵遂圍
臨菑 臨菑城守不敢出 晉焚郭中而去 二十八年 初 靈公取魯女 生子光
以爲太子 仲姬戎姬[1] 戎姬嬖 仲姬生子牙 屬之戎姬 戎姬請以爲太子
公許之 仲姬曰 不可 光之立 列於諸侯矣[2] 今無故廢之 君必悔之

① 仲姬戎姬중희용희

신주 《사기지의》는 《좌전》과 그 주석에 의거하여 두 사람은 송나라
여자인데, 앞 문장이 탈락했다고 한다.

② 列於諸侯矣열어제후의

집해 복건이 말했다. "자주 제후들을 따라 정벌하고 회맹을 했다."

服虔曰 數從諸侯征伐盟會

영공이 말했다.

"나에게 달렸을 뿐이다."

마침내 태자 광을 동쪽으로 보내고[1] 고후高厚를 아牙의 사부로 삼아서 태자로 만들었다. 영공이 병이 들자, 최저崔杼는 옛 태자 광을 맞이해 태자로 세웠는데 이이가 장공莊公이다.[2] 장공은 융희를 죽였다.

5월 임진일, 영공이 죽었다. 장공이 즉위하여 태자 아牙를 구두句竇 언덕에서 체포해 죽였다.

8월, 최저가 고후를 죽였다. 진晉나라는 제나라에 난리가 났다는 소식을 듣고 제나라를 공격해 고당高唐[3]에 이르렀다.

公曰 在我耳 遂東太子光[1] 使高厚傳牙爲太子 靈公疾 崔杼迎故太子光而立之 是爲莊公[2] 莊公殺戎姬 五月壬辰 靈公卒 莊公卽位 執太子牙 於句竇之丘 殺之 八月 崔杼殺高厚 晉聞齊亂 伐齊 至高唐[3]

① 東太子光동태자광

집해 가규가 말했다. "동쪽 변방으로 옮겼다."

賈逵曰 徙之東垂也

② 是爲莊公시위장공

신주 여기 장공은 후장공後莊公이다. 제나라에는 이미 선대에 장공(서기전 794~731) 구購가 있어서 장공이 두 명이었다.

③ 高唐고당

집해 두예가 말했다. "고당은 축아현祝阿縣 서북쪽에 있다.

杜預曰 高唐在祝阿縣西北

장공 3년, 진晉나라 대부 난영欒盈[1]이 제나라로 달아났는데, 장공은 객客으로 후하게 대우했다. 안영晏嬰과 전문자田文子가 간언해 말렸으나[2] 장공은 듣지 않았다.

4년, 제나라 장공이 난영을 시켜서 몰래 진晉나라 곡옥曲沃[3]으로 들어가 안에서 호응하게 하고, 군사를 뒤따르게 해서 태항산에 올라 맹문孟門으로 들어가게 했다.[4] 그러나 난영은 실패했고 제나라 군사들이 돌아오면서 조가朝歌[5]를 빼앗았다.

莊公三年 晉大夫欒盈[1]奔齊 莊公厚客待之 晏嬰田文子諫[2] 公弗聽 四年 齊莊公使欒盈間入晉曲沃[3]爲内應 以兵隨之 上太行 入孟門[4] 欒盈敗 齊兵還 取朝歌[5]

---

① 盈영

집해 서광이 말했다. "《사기》에는 대부분 '영逞'으로 기록했다."

徐廣 史記多作逞

② 晏嬰田文子諫안영전문자간

신주 《사기지의》는 《좌전》에서 의거하여 간한 사람은 안영인데, 나와서 진문자에게 알렸다고 한다. 〈전경중완세가〉에도 이 기록과 같다.

③ 曲沃곡옥

집해 가규가 말했다. "곡옥은 난영의 읍邑이다."

賈逵曰 欒盈之邑

④ 太行入孟門태항입맹문

집해 가규가 말했다. "맹문과 태항은 모두 진晉나라의 험준한 산이다."

賈逵曰 孟門太行皆晉山隘也

색은 맹문산은 조가 동북쪽에 있다. 태항산은 하내 온현 서쪽에 있다.

孟門山在朝歌東北 太行山在河內溫縣西

⑤ 朝歌조가

집해 가규가 말했다. "진晉나라 읍이다."

賈逵曰 晉邑

6년, 애초에 당공棠公[①]의 아내가 미인이었는데, 당공이 죽자 최저가 취했다. 장공이 간통하려고 자주 최씨의 집에 들락거리면서 최저의 관冠을 남에게 하사하자 시종이 말했다.

"옳지 않습니다."

최저가 화가 나서 진晉나라가 공격하는 것을 계기로 진나라와

238   제32권 제태공세가

모의하여 제나라를 습격하려고 했으나 틈을 얻지 못했다. 장공이 일찍이 내시 가거賈舉를 매질했던 적이 있었다. 가거가 다시 시종으로 등용되자 최저를 위해 장공의 틈을 엿보고② 원한을 갚고자 했다.

5월, 거莒나라 자작이 제나라에 조회를 오자 제나라는 갑술일에 연회를 열었다. 최저는 병을 핑계 대고 일을 보지 않았다.

六年 初 棠公①妻好 棠公死 崔杼取之 莊公通之 數如崔氏 以崔杼之冠賜人 侍者曰 不可 崔杼怒 因其伐晉 欲與晉合謀襲齊而不得閒 莊公嘗笞宦者賈舉 賈舉復侍 爲崔杼閒公②以報怨 五月 莒子朝齊 齊以甲戌饗之 崔杼稱病不視事

① 棠公당공

집해 가규가 말했다. "당공은 제나라 당읍棠邑의 대부다."

賈逵曰 棠公 齊棠邑大夫

② 閒公한공

집해 복건이 말했다. "장공莊公의 한가한 틈을 엿보았다."

服虔曰 伺公閒隙

정의 閒의 발음은 '한閑'이고 또 통상적인 발음대로 '간'으로 읽는다.

閒音閑 又如字

을해일, 장공이 최저의 병환을 위문하고 마침내 최저의 아내에게 나아갔다. 최저의 아내는 방으로 들어가 최저와 함께 스스로 문을 닫고 나가지 않았다. 장공은 기둥을 껴안고 노래를 불렀다.[①] 내시 가거가 장공을 따르는 관리들을 막고 들어가 문을 닫자 최저의 무리들이 병장기를 가지고 안에서 일어나서 장공을 쫓았다. 장공은 대臺에 올라 화해를 청했지만 허락하지 않았다. 맹약을 청했지만 허락하지 않았다. 종묘에서 자살하겠다고 청해도 허락하지 않았다.

乙亥 公問崔杼病 遂從崔杼妻 崔杼妻入室 與崔杼自閉戶不出 公擁柱而歌[①] 宦者賈舉遮公從官而入 閉門 崔杼之徒持兵從中起 公登臺而請解 不許 請盟 不許 請自殺於廟 不許

① 公擁柱而歌공옹주이가

[집해] 복건이 말했다. "장공은 강씨들이 자신이 밖에 있는 것을 알지 못한다고 여겼다. 그래서 노래를 불러서 명했다. 일설에 장공은 자신이 속은 것을 알고 아마 나가지 못할 것으로 여겼으므로 노래를 불러서 후회했다고 한다."

服虔曰 公以爲姜氏不知己在外 故歌以命之也 一曰公自知見欺 恐不得出 故歌以自悔

모두 말했다.

"군주의 신하 최저는 병을 앓아 명령을 들을 수 없습니다.[1] 여기는 공궁公宮과 가까이 있으니[2] 배신陪臣들은 음란한 자가 있는 곳으로 다투어 달려가고 있을 뿐[3] 다른 명은 알지 못합니다.[4]"

장공이 담을 넘어가자 활로 장공의 허벅지를 맞히니, 장공이 담 안으로 떨어졌다. 마침내 그를 시해했다.

皆曰 君之臣杼疾病 不能聽命[1] 近於公宮[2] 陪臣爭趣有淫者[3] 不知二命[4] 公踰牆 射中公股 公反墜 遂弑之

① 不能聽命불능청명

집해 복건이 말했다. "친히 장공의 명령을 들을 수 없다는 말이다."

服虔曰 言不能親聽公命

② 近於公宮근어공궁

집해 복건이 말했다. "최저의 궁이 장공의 궁과 가까이 있으니, 음란한 자가 혹 거짓으로 공公을 칭할 수도 있다."

服虔曰 崔杼之宮近公宮 淫者或詐稱公

③ 爭趣有淫者쟁취유음자

집해 서광이 말했다. "쟁爭은 다른 판본에는 '한扞'으로 되어 있다."

徐廣曰 爭 一作扞

색은 《좌전》에는 '한취扞趣'로 되어있다. 이곳에서 '쟁취爭趣'라고 한 것은 태사공이 좌씨의 문장을 변화시킨 것이다. 배신陪臣이 다만 다투어 음란한 자가 있는 곳으로 달려갈 뿐, 다시 다른 명령이 있는 것을 알지 못한다는 말이다.

左傳作扞趣 此爲爭趣者 是太史公變左氏之文 言陪臣但爭趣投有淫者耳 更不知他命也

④ 不知二命부지이명

<u>집해</u> 두예가 말했다. "(군사들은) 최저崔杼에게 음란한 사람을 잡아서 토벌하라는 명을 받았으니 다른 명령은 알지 못한다는 말이다."

杜預曰 言得淫人 受崔子命討之 不知他命也

안영이 최저의 집 대문 밖에 서서 말했다.①

"군주께서 사직을 위해 죽는다면 함께 죽을 것이고 사직을 위해 도망친다면 함께 도망할 것이다.② 만약 자기의 사욕 때문에 죽거나 도망한 경우라면 사사롭게 친한 이가 아니라면 누가 감히 책임지겠는가!③"

문을 열고 들어가 장공의 시체를 무릎으로 받치고④ 곡을 하며 3번 발을 구르고 나갔다. 사람들이 최저에게 말했다.

"반드시 죽여야 합니다."

최저가 말했다.

"백성이 우러러보니 놓아 주면 백성을 얻을 것이다.⑤"

晏嬰立崔杼門外① 曰 君爲社稷死則死之 爲社稷亡則亡之② 若爲己死己亡 非其私暱 誰敢任之③ 門開而入 枕公尸④而哭 三踊而出 人謂崔杼必殺之 崔杼曰 民之望也 舍之得民⑤

① 晏嬰立崔杼門外안영립최저문외

집해 가규가 말했다. "난이 일어났다는 소식을 듣고 왔다."

賈逵曰 聞難而來

② 爲社稷亡則亡之위사직망즉망지

집해 복건이 말했다. "공의公義로써 사직을 위해 죽거나 도망친다는 것을 이른 것이다. 이와 같다면 신하도 따라서 죽거나 도망치는 것이다."

服虔曰 謂以公義爲社稷死亡也 如是者 臣亦隨之死亡

③ 非其私暱 誰敢任之비기사닐 수감임지

집해 복건이 말했다. "군주가 스스로 자신의 사욕으로 죽거나 도망가는 재앙을 얻었다면, (군주와) 사사롭게 가까운 신하가 마땅히 맡을 임무라는 말이다." 두예가 말했다. "사닐私暱은 친애하는 바이다. 친애한 바가 아니라면 그의 재앙을 감당하는 것이 없다."

服虔曰 言君自以己之私欲取死亡之禍 則私近之臣所當任也 杜預曰 私暱 所親愛也 非所親愛 無爲當其禍也

④ 枕公尸침공시

신주 군주의 몸에 얼굴을 묻는 것은 불경이며, 오히려 자기의 허벅지에 장공의 머리를 누였다고 봐야 한다. 《좌전》 희공 28년에는 위성공衛成公이 억울하게 죽은 아우 숙무叔武를 위해 곡하는데, 그때 '침지고枕之股'(허벅지에 머리를 누이다)라는 말이 나온다. 자신의 허벅지에 아우의 시신 머리를 올려놓고 곡했음을 알 수 있다. 따라서 여기 안영도 자기의 허벅지에 장공의 시체를 누이고 곡을 하였다고 볼 수 있다. 이와 같은 이야기가

《삼국지 위지》〈삼소제기〉에서 위나라 황제 조모曹髦의 죽음에 나온다.

⑤ 舍之得民사지득민

[집해] 복건이 말했다. "놓아주는 것은 인심을 얻으려는 까닭이다."
服虔曰 置之 所以得人心

[신주] 《좌전》에 따르면 이때 노포계盧蒲癸는 진晉나라로, 왕하王何는 거莒나라로 달아난다. 그들은 나중에 돌아와서 또 경씨慶氏를 제거하는 난리를 일으킨다.

정축일, 최저는 장공과 어머니가 다른 동생 저구杵臼[①]를 군주로 세우니 이이가 경공景公이다. 경공의 어머니는 노나라 숙손선백叔孫宣伯의 딸이다. 경공이 제후가 되어 최저를 우상右相으로 삼고 경봉慶封을 좌상左相으로 삼았다. (경공은) 두 재상이 난을 일으킬까 두려워 곧 나라 사람들과 함께 맹약해서 말했다.

"최저, 경봉과 함께하지 않는 자는 죽일 것이다."

안자가 하늘을 우러러 말했다.

"나 안영은 하지 않을 것입니다. 오직 군주에게 충성하고 사직을 이롭게 하는 자를 따르기 때문입니다."

그리고 맹약하는 것을 수긍하지 않았다. 경봉은 안자(안영)를 죽이려고 했다. 최저가 말했다.

"충신이오. 놓아줍시다."

제나라 태사太史가 "최저가 장공을 시해했다."라고 기록하자 최저가 그를 죽였다. 그의 아우가 다시 기록하자 최저가 다시 죽였다. 작은 아우가 다시 기록하자 최저는 놔주었다.

丁丑 崔杼立莊公異母弟杵臼^① 是爲景公 景公母 魯叔孫宣伯女也 景公立 以崔杼爲右相 慶封爲左相 二相恐亂起 乃與國人盟曰 不與崔慶者死 晏子仰天曰 嬰所不{獲}唯忠於君利社稷者是從 不肯盟 慶封欲殺晏子 崔杼曰 忠臣也 舍之 齊太史書曰崔杼弑莊公 崔杼殺之 其弟復書 崔杼復殺之 少弟復書 崔杼乃舍之

① 杵臼저구

집해 서광이 말했다. "《사기》에는 대부분 '저구箸臼'라고 썼다."

徐廣曰 史記多作箸臼

경공과 안영

경공景公 원년, 애초에 최저는 아들 성成과 강彊을 낳았는데, 그들
의 어머니가 죽자 동곽東郭의 딸을 취해서 명明을 낳았다. 동곽의
딸은 전남편의 아들 당무구棠無咎와 자신의 동생 동곽언東郭偃[1]
에게 최씨를 돕게 했다.

최성이 죄를 짓자[2] 당무구와 동곽언에게 급히 도와 죄를 다스리
게 하고, 최명崔明을 태자로 세웠다. 최성崔成이 최저에게 늙었다
면서 (최성崔城으로) 물러나겠다고 청하자 허락했는데, 둘(당무구와 동
곽언)이 들어주지 않고 말했다.

"최성은 종가의 읍이니[3] (성成에게 주는 것은) 안 됩니다."

景公元年 初 崔杼生子成及彊 其母死 取東郭女 生明 東郭女使其前夫
子無咎與其弟偃[1]相崔氏 成有罪[2] 二相急治之 立明爲太子 成請老於
崔{杼} 崔杼許之 二相弗聽曰 崔 宗邑[3] 不可

---

① 東郭女使其前夫子無咎與其弟偃동곽녀사기전부자무구여기제언

[정의] 두예가 말했다. "동곽언東郭偃은 동곽강東郭姜의 아우이다.

杜預云 東郭偃 東郭姜之弟也

무구無咎는 동곽강이 최저에게 시집오기 전에 다른 남자에게서 낳은 아들 당무구棠無咎이다. 앞서 나왔던 당공棠公의 아들이다. 《좌전》에서 동곽언은 최저에게 둘은 같은 성姓이라 결혼할 수 없다고 했다. 최씨는 정공丁公에서 나왔고 당씨는 환공桓公에서 나왔다. 그러나 최저는 점을 쳐보고 사관들이 길하다고 하자 결혼을 결심했다. 그런데 그 점괘를 보고 전문자田文子 수무須無는 흉하다고 하였다. 경공 원년은 〈수정춘추연표〉로 하면 경공 2년이 된다.

② 成有罪성유죄

정의 《좌전》에는 성成에게 병이 있어서 폐했다고 한다. 두예는 나쁜 질병이 있었다고 했다.

左傳云成有疾而廢之 杜預云有惡疾也

③ 崔 宗邑최 종읍

집해 두예가 말했다. "제남군 동쪽 조양현朝陽縣 서북쪽에 최씨의 성이 있다."

杜預曰 濟南東朝陽縣西北有崔氏城也

성成과 강彊은 화를 내며 경봉①에게 고했다. 경봉과 최저는 틈이 벌어진 터라 경봉은 최저를 무너뜨리려고 했다. 최성과 최강이 당무구와 동곽언을 최저의 집안에서 죽이자 집안사람들이 모두 도망쳤다. 최저는 화가 났지만 (도와줄) 사람이 없었다. 한 환관에게 수레를 몰게 하여 경봉을 만났다. 경봉이 말했다.

"그대를 위해 죽이겠소."

이에 최저의 원수인 노포별盧蒲嫳[2]에게 최씨를 공격하게 하고, 성과 강을 살해하고 최씨 일가를 모두 멸하자 최저의 부인은 자살했다. 최저도 돌아갈 곳이 없어서[3] 또한 자살했다. 경봉은 상국이 되어 권력을 멋대로 했다.

成彊怒 告慶封[1] 慶封與崔杼有郤 欲其敗也 成彊殺無咎偃於崔杼家 家皆奔亡 崔杼怒 無人 使一宦者御 見慶封 慶封曰 請爲子誅之 使崔杼仇盧蒲嫳[2]攻崔氏 殺成彊 盡滅崔氏 崔杼婦自殺 崔杼母[3]歸 亦自殺 慶封爲相國 專權

① 成彊怒 告慶封성강노 고경봉

정의 《좌전》에서 말한다. "성成과 강彊이 경봉慶封에게 고해 말했다. '부자夫子(부친 최저)의 신상은 어른께서도 잘 알고 계신데, 오직 당구무와 동곽언의 말만 따르시어 집안의 부형들도 나아가 말하지 못하고 있습니다. 아마 부자를 해칠까 봐서 감히 알려드리는 것입니다.' 경봉이 대답했다. '진실로 부친에게 이로운 일이라면 반드시 그들을 제거하라. 어려운 일이 있으면 내가 그대들을 돕겠네.' 이에 동곽언과 당무구를 최씨 가문의 정사政事를 보는 곳에서 죽였다. 그의 아내와 최저는 모두 목을 매어 죽었고 최명崔明은 노나라로 달아났다."

左傳云成彊告慶封曰 夫子身亦子所知也 唯無咎與偃是從 父兄莫能進矣 恐害夫子 敢以告 慶封曰 苟利夫子 必去之 難吾助汝 乃殺東郭偃棠無咎於崔氏朝也 其妻及崔杼皆縊死 崔明奔魯

신주 전체적으로 〈제태공세가〉의 기사가 사건 추이에 맞고, 《좌전》에서 인용한 것은 동곽언과 당무구를 제거하는 과정이다. 최저는 첫 부인의 자식들을 내치고 둘째 부인의 아들을 감싸다가 화를 당한 것이다. 참고로 이 사건은 경공 원년이 아니라 2년에 벌어졌다. 〈십이제후연표〉에는 2년이라 기록했다.

② 娩별

집해 가규가 말했다. "별娩은 제의 대부이며 경봉의 무리이다."

賈逵曰 娩 齊大夫慶封之屬

③ 毋무

색은 毋 발음은 '무無'이다.

毋音無也

3년 10월, 경봉이 사냥을 나갔다. 애초에 경봉은 최저를 죽인 뒤에 더욱 교만해졌는데, 술을 즐기고 사냥을 좋아하면서 정사를 다스리지 않았다. 경사慶舍[①]가 정사를 행하면서 이미 안으로 틈이 벌어져 있었다. 전문자田文子가 환자桓子에게 말했다.[②]

"장차 난리가 날 것이다."

三年十月 慶封出獵 初 慶封已殺崔杼 益驕 嗜酒好獵 不聽政令 慶舍[①]用政 已有内郤 田文子謂桓子曰[②] 亂將作

① 慶舍경사

집해 복건이 말했다. "경사慶舍는 경봉의 아들이다. 살아서 그의 직분과 정사를 전해서 아들에게 주었다."

服虔曰 舍 慶封之子也 生傳其職政與子

② 田文子謂桓子曰전문자위환자왈

신주 전문자는 전완의 증손인 전수무田須無이고 전환자는 전수무의 아들 전무우田無宇이다.

전씨田氏와 포씨鮑氏와 고씨高氏와 난씨欒氏는 서로 더불어 경씨를 없애기를 도모하였다. 경사慶舍는 갑옷 입은 군사들을 풀어 경봉의 궁宮을 호위했지만, 네 집안의 무리들이 함께 공격해 부수었다.① 경봉이 돌아왔지만 들어가지 못하자 노나라로 달아났다. 제나라 사람들이 노나라를 꾸짖자 경봉은 오吳나라로 달아났다. 오나라는 주방朱方 땅을 주어 그의 가족들을 모여 살게 했는데 부유함이 제나라에 있을 때보다 더했다.

그해 가을, 제나라 사람들이 장공을 옮겨서 장사지내고 최저의 시체를 꺼내 저자에 늘어놓아 백성을 흡족하게 했다.

田鮑高欒氏相與謀慶氏 慶舍發甲圍慶封宮 四家徒共擊破之① 慶封還不得入 奔魯 齊人讓魯 封奔吳 吳與之朱方 聚其族而居之 富於在齊 其秋 齊人徙葬莊公 僇崔杼尸於市以說衆

① 慶舍發甲圍慶封宮 四家徒共擊破之경사발갑위경봉궁 사가도공격파지

신주 《좌전》에 따르면, 최저가 제거된 후에 경사慶舍는 앞서 진나라와 거나라로 도망갔던 노포계와 왕하를 불러들여 심복으로 삼았다. 노포계에게는 자기 딸을 맺어주었는데, 노포계와 왕하는 경공이 태공묘太公廟에서 상제嘗祭를 지내는 것을 계기로 경씨들을 없애려고 했다. 노포계가 부인 강씨에게 거사를 귀띔하자 강씨는 부친 경사에게 제사에 참석하지 말라고 말렸지만, 경사는 무시하고 참석했다가 살해당했다.

9년, 경공은 안영을 사신으로 진晉나라에 보냈는데, 안영이 숙향叔向과 함께 사사롭게 말했다.

"제나라의 정사는 끝내 전씨田氏에게 돌아갈 것입니다. 전씨가 비록 큰 덕은 없지만, 공적인 것으로 사사로운 것을 저울질해 백성에게 덕을 베푸니 백성이 그를 아낍니다."

12년, 경공은 진晉나라에 가서 평공平公을 만나보고 함께 연燕나라를 공격하고자 했다.①

18년, 경공景公은 다시 진晉나라에 가서 소공昭公을 만나보았다.

九年 景公使晏嬰之晉 與叔向私語曰 齊政卒歸田氏 田氏雖無大德 以公權私 有德於民 民愛之 十二年 景公如晉 見平公 欲與伐燕① 十八年 公復如晉 見昭公

---

① 欲與伐燕욕여벌연

신주 이 연나라는 소공 석의 후예인 '북연北燕'이다. 경공 9년에 제나라

로 도망친 연나라 군주 관款을 다시 들이기 위해 진나라와 협력한다. 이 사실은 〈연소공세가〉와 〈진세가〉에서 연이어 나온다. 〈연소공세가〉에서는 연나라 혜공惠公을 다시 들이는 것으로 나오지만, 《좌전》에는 그 이듬해 경공이 연나라에서 뇌물을 받고 돌아온 것으로 나온다. 〈연소공세가〉보다는 《좌전》의 기록이 더 합리적인데, 자세한 것은 〈연소공세가〉에 있다. 또 《좌전》에는 이때 연나라 군주가 혜공이 아니라 간공簡公이라고 한다.

26년, 노나라 교외에서 사냥을 하고 이로 인해 노나라로 들어가 안영과 더불어 노나라의 예를 물었다.[1]

31년, 노나라 소공昭公은 계씨季氏의 난難을 피해 제나라로 달아났다. 제나라에서 1,000사로 봉하려 하자[2] 자가子家[3]가 소공을 만류했다. 소공이 이에 노나라를 공격해 줄 것을 제나라에 요청하자, 제나라는 운鄆 땅[4]을 빼앗아 소공을 거주하게 했다.

二十六年 獵魯郊 因入魯 與晏嬰俱問魯禮[1] 三十一年 魯昭公辟季氏難 奔齊 齊欲以千社封之[2] 子家[3]止昭公 昭公乃請齊伐魯 取鄆[4]以居昭公

---

① 與晏嬰俱問魯禮여안영구문노례

신주 〈공자세가〉에는 공자에게 예를 물은 것으로 나오는데, 상세한 내용은 〈공자세가〉에 있다.

② 千社封之천사봉지

집해 가규가 말했다. "25가가 1사社가 된다. 1,000사이면 2만 5,000가이다."

賈逵曰 二十五家爲一社 千社 二萬五千家也

③ 子家자가

신주 자가는 소공의 망명에 따라온 노나라 공족이다.

④ 鄆운

정의 鄆은 운성鄆城이다.

鄆 鄆城也

32년, 혜성이 나타났다. 경공이 잣나무 침상에 앉아서 탄식해서 말했다.

"당당堂堂함이여! 누가 이러한 것을 가지겠는가?①"

모든 신하들이 모두 감읍하는데, 안자晏子가 웃자 경공이 노했다. 안자가 말했다.

"신은 여러 신하들의 아첨이 심한 것을 비웃은 것입니다."

경공이 말했다.

"혜성이 동북쪽에서 나타났으니 제의 분야에 해당하므로 과인이 두려워하는 것이다."

안자가 대답했다.

"군주께서 누대를 높이고 연못을 깊이 파면서도 세금을 거두지 못하고 백성이 형벌을 두려워하지 않을까 봐 걱정하시니, 패성孛星[2]이 장차 출현할 것인데, 혜성[3] 따위를 두려워하십니까?"

三十二年 彗星見 景公坐柏寢 嘆曰 堂堂 誰有此乎[1] 群臣皆泣 晏子笑 公怒 晏子曰 臣笑群臣諛甚 景公曰 彗星出東北 當齊分野 寡人以爲憂 晏子曰 君高臺深池 賦斂如弗得 刑罰恐弗勝 孛星[2]將出 彗星[3]何懼乎

① 誰有此乎수유차호

집해 복건이 말했다. "경공은 스스로 덕이 박해서 오래도록 제나라를 향유하지 못할 것을 두려워했다. 그러므로 이르기를 '누가 이를 가질 것 인가?'라고 했다."

服虔曰 景公自恐德薄不能久享齊國 故曰 誰有此也

② 孛星패성

정의 孛의 발음은 '패佩'이다. 객성客星이 가까운 곁으로 침범해서 서 로 해치고자 하는 것이다.

孛音佩 謂客星侵近邊側欲相害

신주 패성은 '살별'로 재앙을 내리는 별이다. 살별은 신성이나 초신성 을 말하며, 폭발하는 별이다. 객성客星이라고도 한다.

③ 彗星혜성

정의 彗의 발음은 '세[息歲反]'이다. 빗자루의 형상과 같고 나타나면 그 지역에 어지러움이 있다고 한다.

彗 息歲反 若帚形 見 其境有亂也

경공이 말했다.

"물리칠 수 없겠는가?"

안자가 대답했다.

"가령 신神에게 빌어서[1] 오게 할 수 있다면 또한 제사(양禳)를 지내서 제거할 수 있을 것입니다. 그러나 백성이 고달파하고 원망하는 것은 수만 가지인데, 군주께서 한 사람을 시켜서 제사를 지낸들 어찌 많은 백성의 입을 이길 수 있겠습니까?"

이때 경공은 궁실 짓기를 좋아하고 개와 말을 수집하며 사치하고 세금을 무겁게 하며 형벌을 무겁게 했으므로 안자가 간언한 것이다.

公曰 可禳否 晏子曰 使神可祝[1]而來 亦可禳而去也 百姓苦怨以萬數 而君令一人禳之 安能勝衆口乎 是時景公好治宮室 聚狗馬 奢侈 厚賦 重刑 故晏子以此諫之

---

① 祝축

[정의] 祝의 발음은 '주[章受反]'이다.

祝音章受反

[신주] 축祝은 주呪(빌다) 와 같은 뜻이다.

42년, 오왕 합려闔閭가 초를 공격해, 영郢으로 쳐들어갔다.

47년, 노나라 양호陽虎는 그의 군주[1]를 공격하다 이기지 못하자 제나라로 달아나서 노나라를 공격할 것을 제나라에 청했다. 포자鮑子가 경공에게 간언하여 양호를 옥에 가두려고 했다. 양호는 도망쳐 진晉으로 달아났다.

48년, 노나라 정공定公과 협곡夾谷[2]에 모여 우호를 맺었다. 이때 이서犁鉏[3]가 말했다.

"공구孔丘(공자)는 예를 알지만 겁이 많으니 청컨대 래인萊人[4]들을 시켜서 음악을 연주하게 하고 이때를 노려 노나라 군주를 체포하면 뜻을 얻을 수 있을 것입니다."

四十二年 吳王闔閭伐楚 入郢 四十七年 魯陽虎攻其君[1] 不勝 奔齊 請齊伐魯 鮑子諫景公 乃囚陽虎 陽虎得亡 奔晉 四十八年 與魯定公好會夾谷[2] 犁鉏[3]曰 孔丘知禮而怯 請令萊人[4]爲樂 因執魯君 可得志

① 陽虎攻其君양호공기군

신주 여기서 '군주'란 양호가 모시던 계손씨를 가리킨다.

② 夾谷협곡

집해 복건이 말했다. "동해군 축기현祝其縣이 이곳이다."

服虔曰 東海祝其縣是也

신주 제나라 동해에서 가까운 곳으로, 노나라에서 상당히 멀리 떨어진 제나라 남부의 땅이다.

③ 犁鉏이서

색은 且의 발음은 '져[即余反]'이다. 즉 이미 犁彌이다.

且 即余反 即犁彌也

④ 萊人 래인

집해 두예가 말했다. "래인은 제나라에서 멸한 내이萊夷이다."

杜預曰 萊人 齊所滅萊夷

경공은 공자가 노나라를 도와서 노나라가 패자가 될까 두려워 하여① 이서의 계책을 따랐다. 한창 모임에서 래인들에게 음악을 연주하게 하자 공자가 한 걸음에 계단을 뛰어올라② 담당 관리들에게 래인들을 체포해서 목을 베게 하고 예로써 경공을 꾸짖었다. 경공은 부끄러워하면서 이에 노나라를 침략해 빼앗은 땅을 돌려주면서 사과했다. 이에 모임을 마치고 떠나갔다.

이해에 안영이 죽었다.

景公害孔丘相魯 懼其霸① 故從犁鉏之計 方會 進萊樂 孔子歷階上② 使有司執萊人斬之 以禮讓景公 景公慚 乃歸魯侵地以謝 而罷去 是歲 晏嬰卒

① 景公害孔丘相魯 懼其霸경공해공구상노 구기패

신주 공자는 이미 제나라에서 벼슬을 구했으므로 경공은 공자의 사람됨과 능력을 알고 있었고 공자가 노나라를 부강하게 만드는 것을 두려워했다는 것이다. 공자를 높인 사마천의 해석이 들어간 내용이다. 동이족인 공자가 같은 동이족 음악을 연주하는 래인들을 죽인 행위는 새로운 해석이 필요하다.

② 孔子歷階上공자력계상

신주 당시 예법은 계단을 오를 때 두 발을 가지런히 모은 다음에 다음 계단을 올라야 하지만, 공자는 한걸음에 내디딘 것이다.

경공 55년, 범씨范氏와 중항씨中行氏는 진晉나라에서 그 군주를 배반했다. 진晉나라에서 그들을 급하게 공격하자 (범씨와 중항씨가) 제나라에 와서 곡식을 요청했다.[①] 전기田乞[②]는 난亂을 일으키고자 역신逆臣들과 당파를 세우고 경공을 설득해 말했다.

"범씨와 중항씨는 자주 제나라에 덕을 끼쳤으니 가히 구제하지 않으면 안 될 것입니다."

이에 전기를 시켜서 구원하게 하고 곡식도 수송해 주었다.

五十五年 范中行反其君於晉 晉攻之急 來請粟[①] 田乞[②]欲爲亂 樹黨於逆臣 說景公曰 范中行數有德於齊 不可不救 及使乞救而輸之粟

---

① 五十五年~來請粟오십오년~래청속

신주 이 사건은 제나라 경공 51년에 시작되어 경공 58년에 끝난다. 경공 54년에 조간자 조앙趙鞅이 조가朝歌 땅에서 중항인中行寅과 범길역范吉射을 포위 공격하자 제나라와 위衛나라는 그들을 도와 진晉과 싸웠다.

그들이 조앙에게 패해 한단邯鄲으로 도망가자, 경공 55년에 정鄭나라가 구원했다가 다시 조앙에게 패했고 제나라는 곡식을 수송해 주었다. 그러다가 그들은 끝내 패하고 경공 58년에 제나라로 도망친다.

② 田乞전기

신주 乞의 통상적인 발음은 '걸'이지만, '기'의 발음도 있다. '田乞'은 통상 '전기'로 읽는 경우가 많다. 전기는 전완田完의 5대손으로 희자僖子라고도 부른다. 환자桓子 전무우田無宇의 아들이다.

58년 여름, 경공의 부인 연희燕姬가 낳은 적자適子가 죽었다. 경공은 첩 예희芮姬를 총애하여 아들 도茶를 낳았다.[1] 도는 어리고 그의 어머니는 천하며 행적이 없어서 여러 대부들이 그가 후계자가 되는 것을 꺼렸다. 이에 여러 공자 중에서 나이가 많고 어진 이를 가려서 태자로 삼기를 원한다고 말했다.

五十八年夏 景公夫人燕姬適子死 景公寵妾芮姬生子荼[1] 荼少 其母賤 無行 諸大夫恐其爲嗣 乃言願擇諸子長賢者爲太子

---

① 芮姬生子荼예희생자도

색은 《좌전》에서 육사鬻姒의 아들 도茶가 사랑받았다고 했으니, 곧 도茶 어머니의 성은 사씨姒氏이다. 이곳에서는 '예희芮姬'라고 했으니 같지 않다. 초주는 《좌씨전》에 의거해서 '육사鬻姒'라고 했다. 추탄생본에는 '예구芮姁'로 되어 있다. 姁의 발음은 '우[五句反]'이다.

左傳曰鬻姒之子荼嬖 則荼母姓姒 此作芮姬 不同也 譙周依左氏作鬻姒 鄒誕生
本作芮姁 姁音五句反

경공은 나이가 들어서 후계자의 일을 말하는 것을 싫어했다. 또
도荼의 어미를 사랑해 도를 군주로 세우고자 했다. 그러나 입 밖에
내서 후계를 말하는 것을 꺼렸다. 이에 여러 대부들에게 말했다.
"즐거우면 그뿐이지, 나라에 어찌 군주가 없다고 근심하겠는가?"
가을에 경공은 병이 들자 국혜자國惠子와 고소자高昭子[1]에게 명
을 내려 막내아들 도荼를 세워서 태자로 삼으라고 했다. 그리고
모든 공자들을 쫓아내서 내萊 땅[2]으로 옮기게 했다.
경공이 죽자[3] 태자 도荼가 계승했는데, 이이가 안유자晏孺子이다.
景公老 惡言嗣事 又愛荼母 欲立之 憚發之口 乃謂諸大夫曰 爲樂耳 國
何患無君乎 秋 景公病 命國惠子高昭子[1]立少子荼爲太子 逐群公子 遷
之萊[2] 景公卒[3] 太子荼立 是爲晏孺子

[1] 國惠子高昭子국혜자고소자

집해 두예가 말했다. "혜자는 국하國夏이다. 소자는 고장高張이다."
杜預曰 惠子 國夏也 昭子 高張也

[2] 萊내

집해 복건이 말했다. "래萊는 제나라 동쪽의 변두리 읍이다."
服虔曰 萊 齊東鄙邑

③ 景公卒경공졸

<u>집해</u> 《황람》에서 말한다. "경공의 묘는 환공의 묘와 같은 곳에 있다."

皇覽曰 景公冢與桓公冢同處

겨울, 경공의 장례를 치르지 않았는데 여러 공자들은 처벌이 두려워서 모두 나가서 도망쳤다. 도의 이복형 공자 수壽[①]와 구駒와 검黔[②]은 위나라로 달아났고,[③] 공자 서駔[④]와 공자 양생陽生은 노나라로 달아났다.[⑤] 래인萊人이 노래해 말했다.

"경공이 죽어 아직 묻히지도 않았고, 삼군三軍의 일은 더불어 도모하지도 않았네.[⑥] 공자의 무리들아! 공자의 무리들아! 어느 곳으로 갔느냐?[⑦]"

冬 未葬 而群公子畏誅 皆出亡 荼諸異母兄公子壽[①]駒黔[②]奔衛[③] 公子駔[④]陽生奔魯[⑤] 萊人歌之曰 景公死乎弗與埋 三軍事乎弗與謀[⑥] 師乎師乎 胡黨之乎[⑦]

---

① 壽수

<u>색은</u> 다른 판본에는 '가嘉'로 되어 있다.

一作嘉

② 壽駒黔수구검

<u>정의</u> 3명의 공자이다.

三公子

③ 壽駒黔奔衛수구검분위

집해 서광이 말했다. "일설에는 수壽와 검黔은 위衛나라로 달아났다고 한다."

徐廣曰 一云壽黔奔衛

색은 세 사람은 위나라로 달아났다.

三人奔衛

④ 駔서

색은 《좌전》에는 '서鉏'로 되어 있다.

左傳作鉏

신주 駔의 발음은 '장'이지만 《좌전》의 '鉏'와 음이 통한다.

⑤ 陽生奔魯양생분노

색은 두 사람은 노나라로 달아났다. 모두 5명의 공자이다.

二人奔魯 凡五公子也

⑥ 景公死乎弗與埋~三軍事乎弗與謀경공사호불여매~삼군사호불여모

집해 복건이 말했다. "래인萊人이 5명의 공자가 멀리 변두리 읍으로 옮겨지고 경공의 장사하는 일과 국가의 삼군三軍의 계책이 함께하지 못하는 것을 보았다. 그러므로 불쌍하게 여겨 노래한 것이다." 두예가 말했다. "시호를 칭하고 아마 장례를 한 뒤에 이 노래를 부른 것이니 여러 공자가 있을 곳을 잃은 것을 애처롭게 여긴 것이다."

服虔曰 萊人見五公子遠遷鄙邑 不得與景公葬埋之事及國三軍之謀 故愍而歌
杜預曰 稱謚 蓋葬後而爲此歌 哀群公子失所也

⑦ 師乎師乎～胡黨之乎사호사호～호당지호

복건이 말했다. "사師는 '무리'이다. 당黨은 장소이다. 공자의 무리
들이 어디로 갔느냐는 말이다."

服虔曰 師 衆也 黨 所也 言公子徒衆何所適也

전씨의 역성혁명

안유자 원년 봄, 전기田乞(제나라 대부)는 거짓으로 고소자와 국혜자를 섬기면서 조회하러 갈 때마다 전기가 참승驂乘으로 호위하며 말했다.

"그대들께서 군주의 신임을 얻으니 대부들이 모두 스스로 위태하게 여기고 난을 일으키려고 합니다."

또 여러 대부들에게 이렇게 말했다.

"고소자를 두려워해야 할 것이며 그가 군사를 일으키기 전에 먼저 처야 할 것입니다."

대부들이 이에 따랐다.

6월, 전기와 포목鮑牧은 대부들과 더불어 군사를 이끌고 공궁公宮으로 들어가 고소자를 공격했다. 고소자가 듣고 국혜자와 함께 공公(안유자)를 구원했다. 공의 군사가 패하자 전기의 무리가 이들을 추격했는데, 국혜자는 거莒나라로 달아났다. (전기는) 마침내 되돌아와 고소자를 살해했다.[1] 안어晏圉[2]가 노나라로 달아났다.

8월, 제나라 병의자秉意玆[3]도 노나라로 달아났다.

전기는 좌와 우의 두 상相을 무찌르고, 이에 사람을 보내 노나라에 가서 공자 양생陽生을 불러왔다. 양생은 제나라에 이르러 사사롭게 전기의 집에 숨었다.

晏孺子元年春 田乞僞事高國者 每朝 乞驂乘 言曰 子得君 大夫皆自危 欲謀作亂 又謂諸大夫曰 高昭子可畏 及未發 先之 大夫從之 六月 田乞鮑牧乃與大夫以兵入公宮 攻高昭子 昭子聞之 與國惠子救公 公師敗 田乞之徒追之 國惠子奔莒 遂反殺高昭子① 晏圉②奔魯 八月 齊秉意茲③ 田乞敗二相 乃使人之魯召公子陽生 陽生至齊 私匿田乞家

① 殺高昭子살고소자

신주 《좌전》에서 고소자는 노나라로 달아났다고 한다.

② 圉어

집해 가규가 말했다. "어圉는 안영晏嬰의 아들이다."

賈逵曰 圉 晏嬰之子

③ 齊秉意茲제병의자

집해 서광이 말했다. "《좌전》에는 8월에 제나라 병의자邴意茲가 노나라로 달아난 것으로 되어 있다."

徐廣曰 左傳八月 齊邴意茲奔魯

신주 본문에서 '齊'는 덧붙여진 글자이며 뒤에 '奔魯' 두 글자가 탈락된 것으로 보인다.

10월 무자일, 전기가 여러 대부를 청해 말했다.

"상常(전기의 아들)의 어미①가 물고기와 콩으로 제사②(소박한 제사)를 지냈으니 오셔서 모여 술 한 잔 나누시기 바랍니다."

모여서 술을 마시는데, 전기가 양생을 자루 속에 담아서 좌중의 가운데 놓고 자루를 풀어서 양생을 나오게 하고 말했다.

"이분이 제나라 군주십니다."

대부들이 모두 엎드려 배알했다. 장차 대부들과 더불어 군주로 세우기로 맹약했는데, 포목鮑牧은 술에 취해 있었다. 전기가 대부들을 속여 말했다.

"나는 포목과 더불어 양생을 세우기로 계획했습니다."

포목이 화가 나서 말했다.

"그대는 경공의 명을 잊었는가?"

十月戊子 田乞請諸大夫曰 常之母①有魚菽之祭② 幸來會飲 會飲 田乞盛陽生橐中 置坐中央 發橐出陽生 曰 此乃齊君矣 大夫皆伏謁 將與大夫盟而立之 鮑牧醉 乞誣大夫曰 吾與鮑牧謀共立陽生 鮑牧怒曰 子忘景公之命乎

① 常之母상지모

신주 전기田乞의 아들 전상숙田甞菽의 어머니를 말한다. 즉 전기田乞의 처이다.

② 常之母有魚菽之祭상지모유어숙지제

집해 하휴가 말했다. "제나라 풍속에는 부인夫人이 처음으로 제사한다. 어두魚豆(물고기와 콩)라는 것은 박하고 누추해서 가진 바가 없음을 보였다는 말이다."

何休曰 齊俗 婦人首祭事 言魚豆者 示薄陋無所有也

여러 대부들이 서로 쳐다보며 후회하는 듯하자, 양생이 앞에 나서서 머리를 조아려 말했다.

"옳다면 세워주시고 그렇지 않다면 그만두십시오."

포목은 재앙이 일어날 것이 두려워서 이에 다시 말했다.

"모두 경공의 아들입니다! 어찌 안 되겠습니까?"

이에 함께 맹약하고 양생을 군주로 세웠는데, 이이가 도공悼公이다. 도공은 궁으로 들어가 사람을 시켜 안유자를 태駘 땅[1]으로 옮겨 장막 아래에서 죽이고, 유자의 어미 예자芮子를 쫓아냈다. 예자는 본디 천했고 안유자晏孺子는 어렸으므로 권세가 없어서 나라 사람들이 얕보았던 것이다.

諸大夫相視欲悔 陽生前 頓首曰 可則立之 否則已 鮑牧恐禍起 乃復曰 皆景公子也 何爲不可 乃與盟 立陽生 是爲悼公 悼公入宮 使人遷晏孺子於駘[1] 殺之幕下 而逐孺子母芮子 芮子故賤而孺子少 故無權 國人輕之

① 駘태

집해 가규가 말했다. "제나라 읍이다."

賈逵曰 齊邑

도공 원년, 제나라는 노나라를 공격해 환讙 땅과 천闡 땅[1]을 빼앗았다.

애초에 양생은 망명해서 노나라에 있었는데, 계강자季康子가 그의 누이동생을 아내로 삼아 주었다. 제나라로 돌아와 즉위하자 사신을 보내 맞이하게 했다. 그러나 계희季姬는 계방후季魴侯[2]와 사통하였는데 그 사정을 말하자 노나라가 감히 보내지 못하였다. 그래서 제나라는 노나라를 공격했고 마침내 계희를 맞이하였다. 계희가 총애를 받자, 제나라는 침략한 땅을 노나라에게 돌려주었다.[3]

悼公元年 齊伐魯 取讙闡[1] 初 陽生亡在魯 季康子以其妹妻之 及歸即位 使迎之 季姬與季魴侯[2]通 言其情 魯弗敢與 故齊伐魯 竟迎季姬 季姬嬖 齊復歸魯侵地[3]

① 闡천

집해 두예가 말했다. "천闡은 동평군 강현剛縣 북쪽에 있다."

杜預曰 闡在東平剛縣北

색은 환과 천은 두 곳의 읍의 이름이다. 환은 지금 박성현博城縣 서남쪽에 있다. 두예가 말했다. "천은 동평군 강현 북쪽에 있다."

二邑名 讙在今博城縣西南 杜預曰 闡在東平剛縣北

신주 〈십이제후연표〉에서 노나라를 정벌한 것은 도공 2년이다.

② 魴侯방후

집해 두예가 말했다. "방후는 계강자의 숙부이다."

杜預曰 魴侯 康子叔父也

③ 齊復歸魯侵地제복귀로침지

신주 《좌전》에 따르면 제나라에서 포목鮑牧을 시켜 노나라를 침략하고 다시 그 땅을 돌려준 것은 모두 도공 2년이자 노나라 애공 8년의 일이다. 또 이때 일을 마치고 돌아온 포목은 도공에게 살해당한다.

포자鮑子와 도공이 틈이 생겨 사이가 좋지 않았다.

4년, 오나라와 노나라가 제나라 남쪽을 공격했다. 포자는 도공을 시해하고 오나라에 부음을 알렸다.① 오왕 부차는 군문軍門 밖에서 3일간 곡을 하고, 장차 바다를 따라 쳐들어와 제나라를 토벌하려 했다. 제나라 사람들이 그들을 무찌르자, 오나라 군사는 마침내 철수했다.② 진晉나라 조앙趙鞅이 제나라를 공격해 뢰賴 땅③에 이르렀다가 물러갔다. 제나라 사람들이 함께 도공의 아들 임壬④을 군주로 세웠는데, 이이가 간공簡公이다.

鮑子與悼公有郤 不善 四年 吳魯伐齊南方 鮑子弑悼公 赴于吳① 吳王夫差哭於軍門外三日 將從海入討齊 齊人敗之 吳師乃去② 晉趙鞅伐齊至賴③而去 齊人共立悼公子壬④ 是爲簡公

① 鮑子弑悼公 赴于吳포자시도공 부우오

신주 《좌전》에는 제나라 사람이 도공을 시해했다면서 누가 시해했는지는 밝히지 않았다. 〈오태백세가〉에서는 사마정이 주석하여, 여기 포자는 포목이 아니라 아마 다른 포씨일 것이라고 했다. 그러나 《사기지의》의 저자 양옥승은 포목이 도공 2년에 도공에게 살해당했다는 《좌전》의 기록을 근거로 〈십이제후연표〉에서 다음과 같이 서술하고 있다.

"태사공은 〈진본기〉에서 《좌전》에 의거하여 제나라 사람이 도공을 시해했다고 했다. 제나라 사람은 진항陳恒(전성자)이다. 《안자춘추》〈간상諫上〉에 명확히 '田氏殺陽生(전씨가 양생을 살해하다)'라고 했다. 그런데 〈십이제후연표〉는 〈오태백세가〉, 〈제태공세가〉, 〈위강숙세가〉, 〈오자서열전〉과 더불어 혹 포자鮑子 혹 포씨鮑氏라 했고 〈전경중완세가〉에는 곧바로 포목鮑牧이라 했다. 무릇 군주를 시해한 대역죄를 어찌 가벼이 거짓으로 할 수 있는가? 하물며 포목은 앞서 2년에 도공에게 살해되었거늘, 어찌 저승에서 일으켜 시역弑逆의 악명을 더하는가?"

② 齊人敗之 吳師乃去제인패지 오사내거

신주 이 사건은 오왕 부차 11년에 일어났으며, 노나라와 함께 제나라를 공격한 애릉艾陵 전투는 부차 12년이자 간공簡公 원년에 일어났다. 그때 부차는 오자서를 죽였다.

③ 賴뢰

집해 복건이 말했다. "뢰賴는 제의 읍이다."

服虔曰 賴 齊邑

④ 壬임

집해 서광이 말했다. "〈십이제후연표〉에서 간공 임任은 경공景公의 아들이라고 한다."

徐廣曰 年表云簡公壬者 景公之子也

신주 현재 중화서국본 《사기》에는 본문처럼 도공의 아들로 되어 있다.

간공 4년 봄, 애초에 간공은 아버지 양생과 함께 노나라에 있었는데, 감지監止^①를 총애했다. 즉위함에 이르러 감지에게 정사를 하게 했다. 전성자田成子는 이를 꺼려서 조정에서 자주 감지를 돌아보았다.^② 수레를 모는 어앙御鞅^③이 간공에게 말했다.

"전성자와 감지는 함께 할 수 없으니, 군주께서 (한 명을) 선택하십시오.^④"

그러나 간공은 듣지 않았다.

簡公四年春 初 簡公與父陽生俱在魯也 監止^①有寵焉 及即位 使爲政 田成子憚之 驟顧於朝^② 御鞅^③言簡公曰 田監不可竝也 君其擇焉^④ 弗聽

① 監止감지

▣집해▣ 가규가 말했다. "감지는 자아子我이다."

賈逵曰 闞止 子我也

▣색은▣ 감監은 《좌전》에는 '감闞'으로 되어 있다. 발음은 '감[苦濫反]'이다. 감闞은 동평군 수창현修昌縣 동남쪽에 있다.

監 左傳作闞 音苦濫反 闞在東平須昌縣東南也

▣신주▣ 춘추시대 말기 노魯나라 사람으로, 자는 자아子我 또는 재아宰我이다. 공자孔子의 제자로 공문십철孔門十哲 중의 한 사람이며 언변이 출중出衆했다고 전해진다.

② 驟顧於朝취고어조

▣집해▣ 두예가 말했다. "마음이 불안했으므로 자주 돌아본 것이다."

杜預曰 心不安 故數顧也

③ 鞅앙

집해 가규가 말했다. "앙鞅은 제나라 대부이다."

賈逵曰 鞅 齊大夫也

색은 앙鞅은 이름이다. 수레를 모는 관리가 되었으므로, 어앙御鞅이라고 했는데 또한 전씨田氏의 족속이다. 살펴보니 《세본》에는 진환자陳桓子 무우無宇는 자미子亹를 낳고 자미는 자헌子獻을 낳고 자헌은 앙鞅을 낳았다고 한다.

鞅 名也 爲僕御之官 故曰御鞅 亦田氏之族 按 系本陳桓子無宇産子亹 亹産子獻 獻産鞅也

④ 君其擇焉군기택언

집해 두예가 말했다. "한 사람만 선택해서 쓰라는 것이다."

杜預曰 擇用一人也

> 자아子我(감지)는 저녁 일①을 살피러 갔다가 전역田逆이 사람을 죽이는 일을 직접 보았다.② 마침내 체포해 조정으로 들어갔다.③
> 전씨들은 바야흐로 화목하게 지냈으므로④ 갇혀 있는 자에게 병이 있다고 말하게 하고 죄수를 지키는 자에게 술을 보내⑤ 취하게 했다. 술에 취하자 지키는 자를 살해하고 도망치게 했다. 자아子我는 여러 전씨와 진종陳宗(진씨 종가)에서 맹약했다.⑥
> 子我夕① 田逆殺人② 逢之 遂捕以入③ 田氏方睦④ 使囚病而遺守囚者酒⑤ 醉而殺守者 得亡 子我盟諸田於陳宗⑥

① 夕석

집해 복건이 말했다. "저녁에 일을 살피는 것이다."

服虔曰 夕省事

② 田逆殺人전역살인

집해 복건이 말했다. "자아子我가 장차 저녁에 가서 군주의 일을 살피려는데 전역田逆이 길에서 살인을 하는 것을 마주쳤다." 두예가 말했다. "역逆은 자행子行으로 진씨의 종족이다."

服虔曰 子我將往夕省事於君 而逢逆之殺人也 杜預曰 逆 子行 陳氏宗

③ 遂捕以入수포이입

집해 두예가 말했다. "전역田逆을 체포해 들어와 조정에 이른 것이다."

杜預曰 執逆入至於朝也

④ 田氏方睦전씨방목

집해 복건이 말했다. "진상陳常이 한창 제나라를 소유하기를 모의했으므로 그의 종족과 화락했다."

服虔曰 陳常方欲謀有齊國 故和其宗族

⑤ 遺守囚者酒유수수자주

집해 복건이 말했다. "진역陳逆을 시켜 거짓으로 아프다고 하게 하고 지키는 자에게 술을 보냈다."

服虔曰 使陳逆詐病而遺也

⑥ 子我盟諸田於陳宗자아맹제전어진종

집해 복건이 말했다. "자아子我는 진역陳逆이 살아서 탈출한 것을 보고 진씨들의 원망을 받을까 두려워했다. 그러므로 함께 맹약하고 화해를 청했다. 진종陳宗은 종가집이다."

服虔曰 子我見陳逆得生出 而恐爲陳氏所怨 故與盟而請和也 陳宗 宗長之家

애초에 전표田豹①는 자아子我(감지)의 신하가 되려고 대부 공손公孫에게 자신을 추천하게 했으나② 전표가 상을 당해 그만두었다.③ 뒤에 마침내 신하가 되어 자아의 총애를 받았다. 자아가 말했다.

"내가 전씨들을 다 쫓아내고 너를 군주로 세우려고 하는데 가능하겠는가?"

전표가 대답했다.

"나는 전씨와 소원합니다.④ 또 거역하는 자⑤는 몇 사람에 불과한데 어찌 모두 쫓아내려 하십니까?"

마침내 전씨에게 고했다. 자행子行(전역田逆)이 말했다.

"저 자아가 군주의 총애를 얻었으니 선수 치지 않으면 반드시 재앙은 그대(진상)에게 미칠 것입니다.⑥"

자행이 공궁公宮에서 머물렀다.⑦

初 田豹①欲爲子我臣 使公孫言豹② 豹有喪而止③ 後卒以爲臣 幸於子我 子我謂曰 吾盡逐田氏而立女 可乎 對曰 我遠田氏矣④ 且其違者⑤不過 數人 何盡逐焉 遂告田氏 子行曰 彼得君 弗先 必禍子⑥ 子行舍於公宮⑦

① 田豹전표

[집해] 가규가 말했다. "전표는 진씨陳氏의 족속이다."
賈逵曰 豹 陳氏族也

② 使公孫言豹사공손언표

[집해] 가규가 말했다. "공손公孫은 제나라 대부이다." 두예가 말했다.
"언言은 개입해서 전달해달라는 뜻이다."
賈逵曰 公孫 齊大夫也 杜預曰 言 介達之意

[신주] 《좌전》에 따르면, 공손 대부는 감지에게 전표의 사람됨을 말하면서, 등이 굽고 눈은 흘겨보는 버릇이 있다며 조심하라고 했다. 감지는 그 말을 무시하고 전씨의 일족을 심복으로 믿고 총애하다가 난리가 발생한 것이다.

③ 豹有喪而止표유상이지

[집해] 두예가 말했다. "상을 마치는 것이다."
杜預曰 終喪也

④ 我遠田氏矣아원전씨의

[집해] 복건이 말했다. "나는 진씨陳氏의 종족과 소원하다는 말이다."
服虔曰 言我與陳氏宗疏遠也

⑤ 違者위자

[집해] 복건이 말했다. "위자는 자아子我를 따르지 않는 자이다."
服虔曰 違者 不從子我者

⑥ 彼得君 弗先 必禍子피득군 불선 필화자

집해 복건이 말했다. "피彼는 감지闞止를 이른 것이다. 자子는 진상陳常을 이른 것이다."

服虔曰 彼謂闞止也 子謂陳常也

⑦ 子行舍於公宮자행사어공궁

집해 복건이 말했다. "공궁에 머물면서 진씨陳氏를 위해 안에서 틈을 만들었다."

服虔曰 止於公宮 爲陳氏作内間也

여름 5월 임신일, 전성자의 형제들이 수레 4대에 나누어 타고 간공에게 갔다.① 자아가 장막② 안에 있다가 나와 맞이하자 마침내 들어가서 문을 닫아걸었다.③

夏五月壬申 成子兄弟四乘如公① 子我在幄② 出迎之 遂入 閉門③

① 成子兄弟四乘如公성자형제사승여공

집해 복건이 말했다. "성자의 형제 8명이 2명씩 1대의 수레에 탔으므로 4승이다."

服虔曰 成子兄弟八人 二人共一乘 故曰四乘

색은 복건이 말했다. "성자의 형제 8명이 2명씩 1대의 수레에 탔으므로 4승이다."《세본》에 살펴보니 진희자 기乞는 성자상成子常, 간자치簡子齒, 선자기이宣子其夷, 목자안穆子安, 늠구자의자廩丘子躉玆, 망자영芒子盈,

혜자득惠子得을 낳았으니 총 7명이다. 두예는 또 소자장昭子莊을 취해서 8명의 숫자를 채웠다. 《세본》을 살펴보니 소자昭子는 환자桓子의 아들이자 성자成子의 숙부이며, 또 장莊이라고 이름하지 않았다. 억지로 서로 증거를 모아 4대의 수레에 8명이라고 말했을 뿐이다. 지금 살펴보니 〈전완세가〉에서 전상田常의 형제 4명이 공궁公宮으로 갔다는 것은 이 사건과 동일하다. 지금 여기서 오직 4대의 수레를 일컫고 인원수를 말하지 않은 것에서 4승四乘이란 형제 4명이 수레를 타고 들어감을 말한 것이지 2명씩 함께 수레를 탄 것이 아님을 알 수 있다. 그렇다면 그의 형제 3명이 보이지 않는 것은 아마 당시에 혹은 있지 않았거나 공궁으로 들어가는 것을 함께하지 않은 것이니, 억지로 수레 4대로써 8명을 만든 것이나 숙부를 보태서 형제의 수로 삼은 것은 옳지 못한 것이다. 복건이나 두예가 자못 실수한 것이다.

服虔曰 成子兄弟八人 二人共乘一車 故四乘 按系本 陳僖子乞産成子常簡子齒宣子其夷穆子安廩丘子{尙}豎茲芒子盈惠子得 凡七人 杜預又取昭子莊以充八人之數 按系本 昭子是桓子之子 成子之叔父 又不名莊 彊相證會 言四乘有八人耳 今按 田完系家云田常兄弟四人如公宮 與此事同 今此唯稱四乘 不云人數 知四乘謂兄弟四人乘車而入 非二人共車也 然其昆弟三人不見者 蓋時或不在 不同入公宮 不可彊以四乘爲八人 添叔父爲兄弟之數 服杜殊失也

② 幄악

집해 두예가 말했다. "악幄은 장막이고 정사를 듣는 곳이다."

杜預曰 幄 帳也 聽政之處也

③ 出迎之~閉門출영지~폐문

집해 복건이 말했다. "성자 형제가 자아子我가 나가는 것을 보고 마침내 갑자기 들어가 도리어 문을 닫아 자아가 다시 들어오지 못했다."

服虔曰 成子兄弟見子我出 遂突入 反閉門 子我不得復入

환관이 막아서자① 자행(전역)은 환관을 죽였다.② 간공은 부인과 단대檀臺③에서 술을 마시고 있었는데 전성자가 침전寢殿으로 옮기자고 했다.④ 간공이 창을 쥐고 그를 장차 공격하려 했는데⑤ 태사太史 자여子餘⑥가 말했다.

"불리하게 하려는 것이 아니라 해로운 자를 제거하려는 것입니다.⑦"

전성자는 나가서 창고에 머물러 기다리는데⑧ 간공이 오히려 화를 내자 전상은 밖으로 나가면서⑨ 말했다.

"어느 곳인들 섬길 만한 군주가 없겠는가."

宦者禦之① 子行殺宦者② 公與婦人飲酒於檀臺③ 成子遷諸寢④ 公執戈將擊之⑤ 太史子餘⑥曰 非不利也 將除害也⑦ 成子出舍于庫⑧ 聞公猶怒 將出⑨曰 何所無君

---

① 宦者禦之환자어지

집해 복건이 말했다. "환관이 군사들로 진씨를 막았다."

服虔曰 閹豎以兵禦陳氏

② 子行殺宦者자행살환자

집해 복건이 말했다. "공궁에 머물러 있었으므로 환관을 죽일 수 있었다."

服虔曰 舍於公宮 故得殺之

③ 公與婦人飮酒於檀臺공여부인음주어단대
집해 복건이 말했다. "진씨가 들어갔을 때 이 단대에서 술을 마시고
있었다."
服虔曰 當陳氏入時 飮酒於此臺

④ 成子遷諸寢성자천저침
집해 복건이 말했다. "공의 거처와 침소를 옮기고자 했다."
服虔曰 欲徙公令居寢也
신주 정전正殿으로 옮기자는 말이다.

⑤ 公執戈將擊之공집과장격지
집해 두예가 말했다. "그가 난리를 만드는 것으로 의심했다."
杜預曰 疑其作亂也

⑥ 太史子餘태사자여
집해 복건이 말했다. "제나라 대부이다."
服虔曰 齊大夫
신주 간공이 공격하려는 것을 막았으니, 아마 전씨와 한 패거리였을 것
이다.

⑦ 將除害也장제해야
집해 두예가 말했다. "장차 공을 위해 해로운 자를 제거할 것이라는

말이다."

杜預曰 言將爲公除害也

⑧ 成子出舍于庫성자출사우고

집해 두예가 말했다. "공이 화를 냈기 때문이었다."

杜預曰 以公怒故也

⑨ 將出장출

집해 복건이 말했다. "나가서 달아나는 것이다."

服虔曰 出奔也

> 자행이 칼을 뽑아 들고 말했다.
> "주저하는 것은 일을 망치는 것이오.[①] 누가 전씨의 종족이 아니겠
> 소?[②] 그대를 죽이지 않는 것은 전씨의 종족으로 여기기 때문이오.[③]"
> 이에 전상은 탈출하는 것을 그만두었다.
> 子行拔劍曰 需 事之賊也[①] 誰非田宗[②] 所不殺子者有如田宗[③] 乃止

① 需事之賊也수사지적야

집해 두예가 말했다. "머뭇거리고 의심하는 것은 일을 해치는 것이라
는 말이다."

杜預曰 言需疑則害事

② 誰非田宗수비전종

집해 두예가 말했다. "(그대가 아니라도) 진씨의 종족은 많다는 말이다."
杜預曰 言陳氏宗族衆多

③ 所不殺子者有如田宗소불살자자유여전종

집해 두예가 말했다. "그대가 만약 나가고자 한다면 나는 반드시 그대를 죽여서 진종陳宗(진씨 종족)과 같다는 것을 밝히겠다는 말이다."
杜預曰 言子若欲出 我必殺子 明如陳宗

자아가 돌아가서 따르는 무리들을 모아① 궁중의 문과 공문②을 공격했으나 모두 이기지 못하자 이에 탈출했는데 전씨들이 추격했다. 풍구豊丘③ 사람들이 자아를 잡아 보고하니 곽관郭關④에서 죽였다.

전성자는 장차 대륙자방大陸子方⑤을 죽이려 했는데, 전역田逆이 청하자 풀어주었다. 대륙자방은 간공의 명을 빙자하고 길에서 수레를 빼앗아⑥ 옹문雍門⑦으로 나갔다. 전표田豹가 수레를 주려하자 받지 않고 말했다.

"전역은 나를 위해 (사면을) 청하고 전표는 나를 위해 수레를 주려 했으니 나는 사적인 은혜를 가지게 되었다. 자아(감지)를 섬기고도 그 원수에게 사적인 은혜를 가졌으니 어떻게 노나라와 위나라의 사인士人들을 보겠는가?⑧"

子我歸 屬徒①攻闈與大門② 皆弗勝 乃出 田氏追之 豊丘③人執子我以

告 殺之郭關^④ 成子將殺大陸子方^⑤ 田逆請而免之 以公命取車於道^⑥ 出雍門^⑦ 田豹與之車 弗受 曰 逆爲余請 豹與余車 余有私焉 事子我而 有私於其讎 何以見魯衛之士^⑧

① 屬徒속도

집해 복건이 말했다. "모여 있는 무리이다."

服虔曰 會徒衆

② 闈與大門위여대문

집해 궁중의 문을 위闈라고 한다. 대문大門은 공문公門이다.

宮中之門曰闈 大門 公門也

③ 豊丘풍구

집해 가규가 말했다. "풍구는 진씨의 읍邑이다."

賈逵曰 豊丘 陳氏邑也

④ 郭關곽관

집해 복건이 말했다. "제나라의 관關 이름이다."

服虔曰 齊關名

⑤ 大陸子方대륙자방

집해 복건이 말했다. "자방은 자아의 무리인데 대부 동곽가東郭賈이다."

服虔曰 子方 子我黨 大夫東郭賈也

⑥ 公命取車於道공명취차어도

집해 두예가 말했다. "자방이 길에서 행인의 수레를 빼앗았다."

杜預曰 子方取道中行人車

⑦ 雍門옹문

집해 두예가 말했다. "제나라 성문이다."

杜預曰 齊城門

신주 옹문은 임치성의 서쪽 문이라고 하는데 위나라나 노나라로 가는 방향이다.

⑧ 何以見魯衛之士하이견노위지사

집해 복건이 말했다. "자방은 장차 노나라와 위나라로 달아나고자 했다."《좌전》에서 말한다. "동곽가는 위나라로 달아났다."

服虔曰 子方將欲奔魯衛也 左傳曰 東郭賈奔衛

경진일에 전상은 간공을 서주徐州[1]에서 잡았다. 간공이 말했다. "내가 일찍이 어앙御鞅의 말을 따랐다면 이에 이르지 않았을 것이다."

갑오일에 전상은 간공을 서주에서 시해했다. 전상은 이에 간공의 아우 오鰲[2]를 군주로 세웠는데, 이이가 평공平公이다.

평공이 즉위하자 전상은 재상宰相이 되어 제나라의 정사를 독단하고, 제나라 안평安平 동쪽을 갈라 전씨의 봉읍으로 삼았다.[3]

庚辰 田常執簡公于徐州^① 公曰 余蚤從御鞅言 不及此 甲午 田常弑簡
公于徐州 田常乃立簡公弟驁^② 是爲平公 平公即位 田常相之 專齊之政
割齊安平以東爲田氏封邑^③

① 徐州서주

집해 《춘추》에는 '서주舒州'로 되어 있다. 가규가 말했다. "진씨의 읍이다."

春秋作舒州 賈逵曰 陳氏邑也

색은 徐의 발음은 '서舒'이다. 그 글자는 사람을 따른다는 뜻이다. 《좌
전》에는 '서舒'라고 했다. 서舒는 진씨의 읍이다. 《설문》에는 '도郤'로 되
어 있는데 도는 설현薛縣에 있다.

徐音舒 其字從人 左氏作舒 舒陳氏邑 說文作郤 郤在薛縣.

신주 간공은 사건이 일어난 지 9일 만에 체포되었고, 체포되어 유폐 2
주 뒤에 시해되었다. 사마정이 도가 '설현'이라고 본 것은 잘못이다. 설현
은 멀리 남쪽 송나라로 가는 방향이다. 〈전경중완세가〉에서 장수절이 말
한 대로 발해군 동평현東平縣이 맞다.

② 驁오

색은 《세본》과 초주는 모두 '경敬'이라고 했는데 아마 잘못된 것이다.

系本及譙周皆作敬 蓋誤也

③ 割齊安平以東爲田氏封邑할제안평이동위전씨봉읍

집해 서광이 말했다. "〈십이제후연표〉에는 평공平公 때인데 제나라는
이로부터 전씨의 나라로 일컬어졌다고 한다."

徐廣曰 年表云平公之時 齊自是稱田氏

안평은 제나라의 읍이다. 살펴보니 〈지리지〉에는 탁군에 안평현安平縣이 있다.

安平 齊邑 按 地理志涿郡有安平縣也

탁군은 당시 제나라의 강역이 아니었다. 탁군이 춘추시대 과연 중국사의 강역이었는지도 검토해보아야 한다.

평공 8년, 월越나라가 오吳나라를 멸했다.

25년, 평공이 죽고 아들 선공宣公 적積이 계승했다.

선공이 51년에 죽고 아들 강공康公 대貸가 계승했다. 전회田會가 늠구廩丘에서 배반했다.[①]

강공 2년, 한韓나라와 위魏나라와 조趙나라가 처음으로 제후의 반열에 올랐다.

19년, 전상의 증손 전화田和가 처음으로 제후가 되고 강공을 바닷가로 추방했다.

26년, 강공이 죽고 여씨呂氏는 마침내 그 제사가 끊겼다. 전씨들이 드디어 제齊 나라를 소유했는데, 제위왕齊威王이 되면서 천하에서 강성해졌다.

平公八年 越滅吳 二十五年卒 子宣公積立 宣公五十一年卒 子康公貸立 田會[①]反廩丘 康公二年 韓魏趙始列爲諸侯 十九年 田常曾孫田和始爲諸侯 遷康公海濱 二十六年 康公卒 呂氏遂絶其祀 田氏卒有齊國 爲齊威王 彊於天下

① 田會전회

[색은] 전회田會는 제나라 대부이다. 늠廩은 읍 이름이다. 동군에 늠구현이 있다.

田會 齊大夫 廩 邑名 東郡有廩丘縣也

> 태사공이 말한다.
>
> 내가 제나라에 가보니, 태산泰山에서 낭야琅邪까지 이어지고 북쪽으로 바다에 이르렀다. 기름진 땅이 2,000리였고 그 백성은 활달하고 숨은 지혜가 많았으니 그들의 천성이었다. 태공太公의 성스러움으로부터 국가의 근본을 세웠다. 환공桓公이 성대하게 하고 좋은 정사를 닦아 제후들로부터 회맹하게 했으니, 패자라고 일컬어진 것이 또한 마땅하지 않은가? 양양하다! 진실로 대국大國의 풍모가 있도다!
>
> 太史公曰 吾適齊 自泰山屬之琅邪 北被于海 膏壤二千里 其民闊達多匿知 其天性也 以太公之聖 建國本 桓公之盛 修善政 以爲諸侯會盟 稱伯 不亦宜乎 洋洋哉 固大國之風也

[색은술찬] 사마정이 펼쳐서 밝히다.

태공은 주나라를 도와서 실로 정권을 쥐고 은밀하게 계획했다. 동해를 표준으로 삼고 영구에 거주했다. 소백小白은 패자가 되어 제후를 9번 모았다. 부인들을 총애함에 빠져서 불쌍하게도 ① 시신에는 구더기가 흘러나왔다. 장공莊公은 덕을 잃고 최저崔杼는 원수가 되었다. 진씨는 정치를 독단하여 많이 빌려주고 적게 돌려받았다. 도공과 간공은 화를 만났고 전표와 감지는 짝이 아니었다. 넓고 여유로운 열렬함이 무슨 까닭으로 일시에 변했는가?

太公佐周 實秉陰謀 旣表東海 乃居營丘 小白致霸 九合諸侯 及溺内寵 釁鍾[1] 蟲流 莊公失德 崔杼作仇 陳氏專政 厚貨輕収 悼簡遘禍 田闞非儔 颯颯餘烈 一變何由

신주 1 혼종釁鍾은 '혼종의식'이란 말로 종을 만들어 그 틈에 피를 발라 메꾸는 방법을 말한다. 피의 철분 성분이 종의 틈을 메우는 원리다. 그 의식으로 원래 소를 썼으나 끌려가는 소를 불쌍하게 여긴 제나라 선왕宣王이 양으로 바꾸게 했다. 이 이야기는《맹자》〈양혜왕 상〉에 있으며, 측은지심惻隱之心을 가리키는 말이다. 제환공이 죽어 장례도 못 치르고 시신에서 구더기가 나온 것을 불쌍하다고 여긴 것이다.

[지도 2] 제태공세가

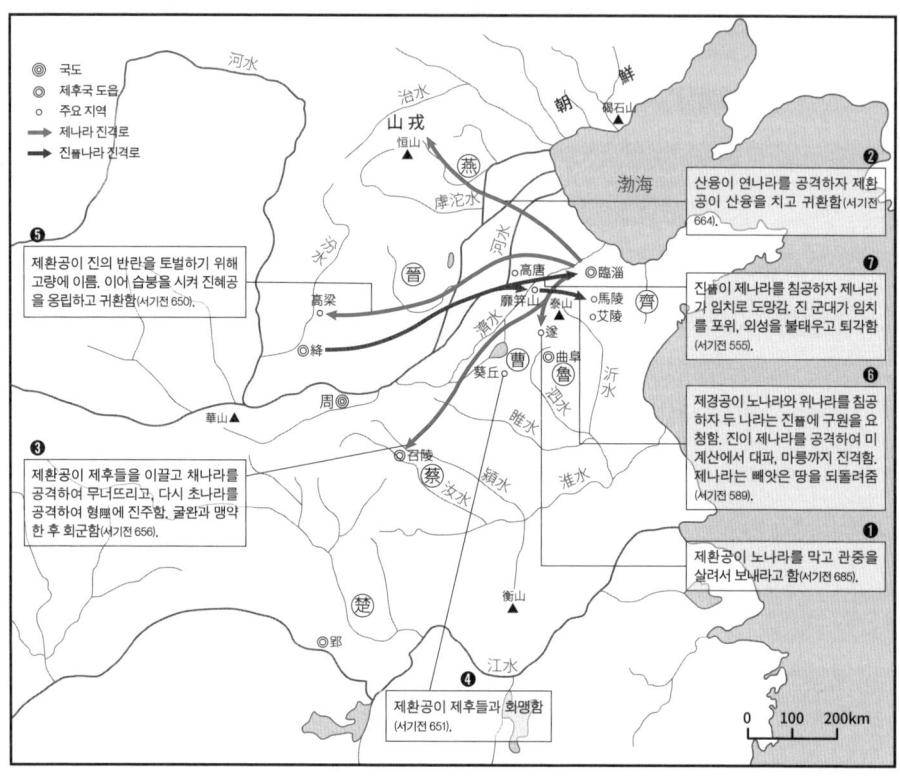

- ◎ 국도
- ◎ 제후국 도읍
- ○ 주요 지역
- ➡ 제나라 진격로
- ➡ 진晉나라 진격로

❺ 제환공이 진의 반란을 토벌하기 위해 고랑에 이름. 이어 습붕을 시켜 진혜공을 옹립하고 귀환함(서기전 650).

❷ 산융이 연나라를 공격하자 제환공이 산융을 치고 귀환함(서기전 664).

❼ 진晉이 제나라를 침공하자 제나라가 임치로 도망감. 진 군대가 임치를 포위, 외성을 불태우고 퇴각함(서기전 555).

❻ 제경공이 노나라와 위나라를 침공하자 두 나라는 진晉에 구원을 요청함. 진이 제나라를 공격하여 미계산에서 대파, 마릉까지 진격함. 제나라는 빼앗은 땅을 되돌려줌(서기전 589).

❸ 제환공이 제후들을 이끌고 채나라를 공격하여 무너뜨리고, 다시 초나라를 공격하여 형陘에 진주함. 굴완과 맹약한 후 회군함(서기전 656).

❶ 제환공이 노나라를 막고 관중을 살려서 보내라고 함(서기전 685).

❹ 제환공이 제후들과 회맹함(서기전 651).

0 100 200km

춘추시대 수정 연표

개요

이 표는 주周나라 공화 원년(서기전 841)부터 진晉나라 멸망(서기전 369)까지 춘추시대와 전국시대 초기의 각국 연표이다. 주나라를 포함한 15개 국에 대한 표를 수정하여 작성했다. 기존《사기》의 〈본기〉, 〈세가〉, 〈표〉, 〈열전〉 등의 기년이 서로 다른 기록이 많고,《좌전》,《고본죽서기년》과도 기년 및 제후 명칭이 서로 다르다. '춘추시대 수정 연표'는《사기》〈십이제후연표〉와 〈육국연표〉를 기본으로 삼고 〈세가〉의 삼가 주석,《좌전》,《고본죽서기년》,《사기지의》, (현대의) 〈중국역사기년표〉 등의 사료를 참고해서 기년과 제후의 명칭을 일부 수정 보완한 것이다.

앞서 출간한《신주사기》의 〈표〉와 〈세가〉의 기년이 서로 달라 수정이 필요한 경우, 그 사유와 집필진의 의견을 신주로 달았다. 다만 〈정세가〉에는 정鄭나라 말기의 기년에 오류가 있는데, 〈육국연표〉는 오류가 거의 없다. 독자가《사기》를 보거나 연구할 때 〈십이제후연표〉 및 〈육국연표〉를 참고하기 바란다.

주注

- 수정 연표에 색자로 표시한 왕과 제후 명칭은《사기》〈십이제후연표〉와 〈육국연표〉에 기록된 것이다. 색자와 먹자의 군주가 동일한 경우 먹자가 수정한 군주이다.

예| 서기전 706년 진晉나라표에 '민湣'은 〈십이제후연표〉의 기록이며, 〈진晉세가〉 및 《좌전》에 따라 수정한 기년은 서기전 704년이 진후晉侯 민湣의 원년이다. 〈십이제후연표〉에는 서기전 479년에 진陳나라가 '망亡'한 해로 기록하고 있으나 〈진기陳杞세가〉는 진민공陳湣公 24년(서기전 478)에 멸망했다고 한다. 《좌전》에도 서기전 478년에 초나라가 멸망시킨 것으로 되어 있다.

- 서기전 730년 진晉나라표에 '곡옥 장백莊伯'이라고 표시되어 있는데, 진소후晉昭侯 원년(서기전 745)에 전 군주인 진문후晉文侯의 아우 환숙桓叔을 곡옥曲沃에 봉한 것이다. 그 환숙의 아들이 곡옥 장백이다. 나중에 그 아들 무공武公이 진晉나라 제후가 된다.

- 서기전 715년 진晉나라표 '곡옥 무공武公' 표시는 곡옥 장백이 죽고 그 아들 무공이 즉위한 해이다.

- 서기전 679년 제齊나라표의 '초패初霸'는 제나라 환공桓公이 최초로 패자가 된 해를 표시한 것이다.

- 서기전 678년 진晉나라표의 '무공武公 38'은 곡옥의 군주 무공이 진晉나라의 군주 민湣을 공격하여 멸망시키고 진나라를 병탄한 것을 표시했다. 이전 곡옥에서 즉위한 것과 합하면 재위 기간이 38년이다.

- 서기전 585년 오吳나라표의 '수몽壽夢'은 이때부터 오나라 제후 기록이 시작되었다는 표시이다. 해당 칸의 연燕나라는 특별한 변동 사항이 없어 후략으로 처리했다.

- 서기전 546년 위衛나라표의 '헌공 후獻公 後'는 헌공이 서기전 558년 상공殤公 때 쫓겨났다가 다시 즉위하여 헌공 후後 1년이 되었다는 표시이다.

- 서기전 521년 채蔡나라표의 '도후悼侯'와 '주朱1'은 《좌전》과 《사기지의》에 따르면 평후의 아들 주朱가 즉위하였고 도후는 그 이듬해(서기전 520)에 즉위했다는 표시이다.
- 서기전 496년 오吳나라표 '구천勾踐'은 《사기》〈표〉에 월越나라 연표가 없어 오吳나라 표에 기재한 것이다. 서기전 496년은 월왕 구천句踐 원년이다. 이해에 구천과 오왕 합려의 전투로 합려는 상처를 입어 죽게 된다.
- 서기전 476년 주周나라의 '원왕元王 44'는 《좌전》과 《사기지의》에 따라 경왕의 죽음을 표시한 것이다. 원왕元王의 즉위 연도는 서기전 475년이다.
- 서기전 470년 월나라표의 '구천句踐 27'은 월왕 구천의 재위 연수를 가리킨다. 오나라는 서기전 473년에 멸망했다.
- 서기전 453년 진晉나라표의 '지백 멸智伯 滅'은 한韓, 위魏, 조趙 세 명의 대부들이 진양晉陽에서 지백을 죽이고 그 땅을 나누어 가진 해이다. 이때부터 실질적인 전국시대가 시작되었다는 견해도 있다.
- 서기전 423년 정鄭나라표의 '수 유공繻 幽公'은 〈정세가〉에서 유공幽公이 서기전 424년에 즉위한 것으로 나오고, 한韓나라 무자가 정나라를 공격해서 유공을 살해하고 유공의 동생을 옹립하는데, 이이가 수공繻公으로 즉위한 표시이다. 그러나 〈한세가〉와 〈육국연표〉에서 정나라가 멸망한 시점을 고려하면 서기전 423년은 유공幽公 원년이 되고, 그해에 유공이 죽고 다음해인 서기전 422년은 수공繻公의 원년이 된다. 이후의 정나라 기년은 〈육국연표〉의 기록이 맞는다.
- 서기전 392년 진晉나라표 '효공孝公'은 《죽서기년》에는 환공桓公으로 되어 있다. 효공과 환공은 같은 군주라고 한다.

- 서기전 386년 제齊나라표의 '19망亡'은 전田씨가 처음으로 제나라 제후의 반열에 올라 제강공(강태공의 후예인 여呂씨)을 해변으로 쫓아낸 일을 가리킨다. 서기전 379년 제강공이 죽자 여呂씨의 제사가 끊어지고 전田씨가 제나라를 병탄한다.

- 서기전 376년 진晉나라표의 '망亡'은 〈육국연표〉에 따라 한韓, 위魏, 조趙가 진晉을 멸망시키자 후사가 끊어졌다는 표시이다. 그러나 〈진晉세가〉에서는 효공(환공)이 17년 만에 죽고 아들 정공靜公이 군주에 오른다고 한다. 진晉, 한韓, 조趙의 〈세가〉를 검토하면 정공 2년(서기전 369)에 한韓, 위魏, 조趙가 진晉을 멸망시키고 토지를 분배하였다.

- 서기전 372년 송宋나라표의 '벽공辟公'은 《죽서기년》에 따르면, 송나라 환후桓侯이다. 서기전 361년이 원년이다. 그리고 서기전 369년으로 표시된 척성剔成의 원년은 오기이다. 서기전 348년이 원년(전국시대 수정 연표 참조)이다.

- 서기전 370년 위魏나라표의 '혜왕惠王'은 〈육국연표〉에서 혜왕 원년이라고 되어있다. 《죽서기년》에는 서기전 369년이 혜왕 원년으로 되어 있다.

- 서기전 370년 한韓나라표의 '의후懿侯'는 〈육국연표〉에서 장후莊侯 원년이라고 하는데, 해당 주석인 《색은》에는 의후라고 한다. 〈한세가〉에도 의후라고 되어 있다.

춘추시대 수정 연표

서기전	周	魯	齊	晉	秦	楚
841	共和 1	眞公 15	武公 10	靖侯 18	秦仲 4	熊勇 7
840	2	16	11	釐侯 1	5	8
839	3	17	12	2	6	9
838	4	18	13	3	7	10
837	5	19	14	4	8	熊嚴 1
836	6	20	15	5	9	2
835	7	21	16	6	10	3
834	8	22	17	7	11	4
833	9	23	18	8	12	5
832	10	24	19	9	13	6
831	11	25	20	10	14	7
830	12	26	21	11	15	8
829	13	27	22	12	16	9
828	14	28	23	13	17	10
827	宣王 1	29	24	14	18	熊霜 1
826	2	30	25	15	19	2
825	3	武公 1	26	16	20	3
824	4	2	厲公 1	17	21	4
823	5	3	2	18	22	5
822	6	4	3	獻侯 1	23	6
821	7	5	4	2	莊公 1	熊徇 1
820	8	6	5	3	2	2
819	9	7	6	4	3	3
818	10	8	7	5	4	4
817	11	9	8	6	5	5
816	12	10	9	7	6	6
815	13	懿公 1	文公 1	8	7	7
814	14	2	2	9	8	8
813	15	3	3	10	9	9
812	16	4	4	11	10	10
811	17	5	5	穆侯 1	11	11
810	18	6	6	2	12	12
809	19	7	7	3	13	13

宋	曹	衛	陳	蔡	鄭	燕
釐公 18	夷伯 24	釐侯 14	幽公 14	武侯 23		惠侯 24
19	25	15	15	24		25
20	26	16	16	25		26
21	27	17	17	26		27
22	28	18	18	夷侯 1		28
23	29	19	19	2		29
24	30	20	20	3		30
25	幽伯 1	21	21	4		31
26	2	22	22	5		32
27	3	23	23	6		33
28	4	24	釐公 1	7		34
惠公 1	5	25	2	8		35
2	6	26	3	9		36
3	7	27	4	10		37
4	8	28	5	11		38
5	9	29	6	12		釐侯 1
6	戴伯 1	30	7	13		2
7	2	31	8	14		3
8	3	32	9	15		4
9	4	33	10	16		5
10	5	34	11	17		6
11	6	35	12	18		7
12	7	36	13	19		8
13	8	37	14	20		9
14	9	38	15	21		10
15	10	39	16	22		11
16	11	40	17	23		12
17	12	41	18	24		13
18	13	42	19	25		14
19	14	武公 1	20	26		15
20	15	2	21	27		16
21	16	3	22	28		17
22	17	4	23	釐侯 1		18

서기전	周	魯	齊	晉	秦	楚
808	20	8	8	4	14	14
807	21	9	9	5	15	15
806	22	伯御 1	10	6	16	16
805	23	2	11	7	17	17
804	24	3	12	8	18	18
803	25	4	成公 1	9	19	19
802	26	5	2	10	20	20
801	27	6	3	11	21	21
800	28	7	4	12	22	22
799	29	8	5	13	23	熊鄂 1
798	30	9	6	14	24	2
797	31	10	7	15	25	3
796	32	11	8	16	26	4
795	33	孝公 1	9	17	27	5
794	34	2	莊公 1	18	28	6
793	35	3	2	19	29	7
792	36	4	3	20	30	8
791	37	5	4	21	31	9
790	38	6	5	22	32	若敖 1
789	39	7	6	23	33	2
788	40	8	7	24	34	3
787	41	9	8	25	35	4
786	42	10	9	26	36	5
785	43	11	10	27	37	6
784	44	12	11	殤叔 1	38	7
783	45	13	12	2	39	8
782	46	14	13	3	40	9
781	幽王 1	15	14	4	41	10
780	2	16	15	文侯 1	42	11
779	3	17	16	2	43	12
778	4	18	17	3	44	13
777	5	19	18	4	襄公 1	14
776	6	20	19	5	2	15

宋	曹	衛	陳	蔡	鄭	燕
23	18	5	24	2		19
24	19	6	25	3		20
25	20	7	26	4	桓公 1	21
26	21	8	27	5	2	22
27	22	9	28	6	3	23
28	23	10	29	7	4	24
29	24	11	30	8	5	25
30	25	12	31	9	6	26
31	26	13	32	10	7	27
戴公 1	27	14	33	11	8	28
2	28	15	34	12	9	29
3	29	16	35	13	10	30
4	30	17	36	14	11	31
5	惠伯 1	18	武公 1	15	12	32
6	2	19	2	16	13	33
7	3	20	3	17	14	34
8	4	21	4	18	15	35
9	5	22	5	19	16	36
10	6	23	6	20	17	頃侯 1
11	7	24	7	21	18	2
12	8	25	8	22	19	3
13	9	26	9	23	20	4
14	10	27	10	24	21	5
15	11	28	11	25	22	6
16	12	29	12	26	23	7
17	13	30	13	27	24	8
18	14	31	14	28	25	9
19	15	32	15	29	26	10
20	16	33	夷公 1	30	27	11
21	17	34	2	31	28	12
22	18	35	3	32	29	13
23	19	36	平公 1	33	30	14
24	20	37	2	34	31	15

서기전	周	魯	齊	晉	秦	楚
775	7	21	20	6	3	16
774	8	22	21	7	4	17
773	9	23	22	8	5	18
772	10	24	23	9	6	19
771	11	25	24	10	7	20
770	平王 1	26	25	11	8	21
769	2	27	26	12	9	22
768	3	惠公 1	27	13	10	23
767	4	2	28	14	11	24
766	5	3	29	15	12	25
765	6	4	30	16	文公 1	26
764	7	5	31	17	2	27
763	8	6	32	18	3	霄敖 1
762	9	7	33	19	4	2
761	10	8	34	20	5	3
760	11	9	35	21	6	4
759	12	10	36	22	7	5
758	13	11	37	23	8	6
757	14	12	38	24	9	蚡冒 1
756	15	13	39	25	10	2
755	16	14	40	26	11	3
754	17	15	41	27	12	4
753	18	16	42	28	13	5
752	19	17	43	29	14	6
751	20	18	44	30	15	7
750	21	19	45	31	16	8
749	22	20	46	32	17	9
748	23	21	47	33	18	10
747	24	22	48	34	19	11
746	25	23	49	35	20	12
745	26	24	50	昭侯 1	21	13
744	27	25	51	2	22	14
743	28	26	52	3	23	15

宋	曹	衛	陳	蔡	鄭	燕
25	21	38	3	35	32	16
26	22	39	4	36	33	17
27	23	40	5	37	34	18
28	24	41	6	38	35	19
29	25	42	7	39	36	20
30	26	43	8	40	武公 1	21
31	27	44	9	41	2	22
32	28	45	10	42	3	23
33	29	46	11	43	4	24
34	30	47	12	44	5	哀侯 1
武公 1	31	48	13	45	6	2
2	32	49	14	46	7	鄭侯 1
3	33	50	15	47	8	2
4	34	51	16	48	9	3
5	35	52	17	共侯 1	10	4
6	36	53	18	2	11	5
7	穆公 1	54	19	戴侯 1	12	6
8	2	55	20	2	13	7
9	3	莊公 1	21	3	14	8
10	桓公 1	2	22	4	15	9
11	2	3	23	5	16	10
12	3	4	文公 1	6	17	11
13	4	5	2	7	18	12
14	5	6	3	8	19	13
15	6	6	4	9	20	14
16	7	8	5	10	21	15
17	8	9	6	宣侯 1	22	16
18	9	10	7	2	23	17
宣公 1	10	11	8	3	24	18
2	11	12	9	4	25	19
3	12	13	10	5	26	20
4	13	14	桓公 1	6	27	21
5	14	15	1	7	莊公 1	22

서기전	周	魯	齊	晉	秦	楚
742	29	27	53	4	24	16
741	30	28	54	5	25	17
740	31	29	55	6	26	武王 1
739	32	30	56	孝侯 7	27	2
738	33	31	57	孝侯 1	28	3
737	34	32	58	2	29	4
736	35	33	59	3	30	5
735	36	34	60	4	31	6
734	37	35	61	5	32	7
733	38	36	62	6	33	8
732	39	37	63	7	34	9
731	40	38	64	8	35	10
730	41	39	釐公 1	곡옥 莊伯	36	11
729	42	40	2	10	37	12
728	43	41	3	11	38	13
727	44	42	4	12	39	14
726	45	43	5	13	40	15
725	46	44	6	14	41	16
724	47	45	7	15	42	17
723	48	46	8	鄂侯 1	43	18
722	49	隱公 1	9	2	44	19
721	50	2	10	3	45	20
720	51	3	11	4	46	21
719	桓王 1	4	12	5	47	22
718	2	5	13	6	48	23
717	3	6	14	哀侯 1	49	24
716	4	7	15	2	50	25
715	5	8	16	곡옥 武公	寧公 1	26
714	6	9	17	4	2	27
713	7	10	18	5	3	28
712	8	11	19	6	4	29
711	9	桓公 1	20	7	5	30
710	10	2	21	8	6	31

宋	曹	衛	陳	蔡	鄭	燕
6	15	16	3	8	2	23
7	16	17	4	9	3	24
8	17	18	5	10	4	25
9	18	19	6	11	5	26
10	19	20	7	12	6	27
11	20	21	8	13	7	28
12	21	22	9	14	8	29
13	22	23	10	15	9	30
14	23	桓公 1	11	16	10	31
15	24	2	12	17	11	32
16	25	3	13	18	12	33
17	26	4	14	19	13	34
18	27	5	15	20	14	35
19	28	6	16	21	15	36
穆公 1	29	7	17	22	16	穆侯 1
2	30	8	18	23	17	2
3	31	9	19	24	18	3
4	32	10	20	25	19	4
5	33	11	21	26	20	5
6	34	12	22	27	21	6
7	35	13	23	28	22	7
8	36	14	24	29	23	8
9	37	15	25	30	24	9
殤公 1	38	16	26	31	25	10
2	39	宣公 1	27	32	26	11
3	40	2	28	33	27	12
4	41	3	29	34	28	13
5	42	4	30	35	29	14
6	43	5	31	桓侯 1	30	15
7	44	6	32	2	31	16
8	45	7	33	3	32	17
9	46	8	34	4	33	18
莊公 10	47	9	35	4	34	宣侯 1

서기전	周	魯	齊	晉	秦	楚
709	11	3	22	9	7	32
708	12	4	23	小子 1	8	33
707	13	5	24	2	9	34
706	14	6	25	湣 3	10	35
705	15	7	26	4	11	36
704	16	8	27	湣 1	12	37
703	17	9	28	2	出子 1	38
702	18	10	29	3	2	39
701	19	11	30	4	3	40
700	20	12	31	5	4	41
699	21	13	32	6	5	42
698	22	14	33	7	6	43
697	23	15	襄公 1	8	武公 1	44
696	莊王 1	16	2	9	2	45
695	2	17	3	10	3	46
694	3	18	4	11	4	47
693	4	莊公 1	5	12	5	48
692	5	2	6	13	6	49
691	6	3	7	14	7	50
690	7	4	8	15	8	51
689	8	5	9	16	9	文王 1
688	9	6	10	17	10	2
687	10	7	11	18	11	3
686	11	8	12	19	12	4
685	12	9	桓公 1	20	13	5
684	13	10	2	21	14	6
683	14	11	3	22	15	7
682	15	12	4	23	16	8
681	釐王 1	13	5	24	17	9
680	2	14	6	25	18	10
679	3	15	初 覇	26	19	11
678	4	16	8	武公 38	20	12
677	5	17	9	39	德公 1	13

宋	曹	衛	陳	蔡	鄭	燕
莊公 1	48	10	36	6	35	2
2	49	11	37	7	36	3
3	50	12	38	8	37	4
4	51	13	厲公 1	9	38	5
5	52	14	2	10	39	6
6	53	15	3	11	40	7
7	54	16	4	12	41	8
8	55	17	5	13	42	9
9	莊公 1	18	6	14	43	10
10	2	19	7	15	厲公 1	11
11	3	惠公 1	莊公 1	16	2	12
12	4	2	2	17	3	13
13	5	3	3	18	4	桓侯 1
14	6	黔牟 4	4	19	昭公 1	2
15	7	黔牟 1	5	20	2	3
16	8	2	6	哀侯 1	子亹 1	4
17	9	3	7	2	子嬰 1	5
18	10	4	宣公 1	3	2	6
湣公 1	11	5	2	4	3	7
2	12	6	3	5	4	莊公 1
3	13	7	4	6	5	2
4	14	8	5	7	6	3
5	15	惠公 13	6	8	7	4
6	16	14	7	9	8	5
7	17	15	8	10	9	6
8	18	16	9	11	10	7
9	19	17	10	12	11	8
10	20	18	11	13	12	9
桓公 1	21	19	12	14	13	10
2	22	20	13	15	14	11
3	23	21	14	16	厲公 後 1	12
4	24	22	15	17	2	13
5	25	23	16	18	3	14

서기전	周	魯	齊	晉	秦	楚
676	惠王 1	18	10	獻公 1	2	莊敖 14
675	2	19	11	2	宣公 1	15
674	3	20	12	3	2	莊敖 1
673	4	21	13	4	3	2
672	5	22	14	5	4	3
671	6	23	15	6	5	成王 1
670	7	24	16	7	6	2
669	8	25	17	8	7	3
668	9	26	18	9	8	4
667	10	27	19	10	9	5
666	11	28	20	11	10	6
665	12	29	21	12	11	7
664	13	30	22	13	12	8
663	14	31	23	14	成公 1	9
662	15	32	24	15	2	10
661	16	閔公 1	25	16	3	11
660	17	2	26	17	4	12
659	18	釐公 1	27	18	穆公 1	13
658	19	2	28	19	2	14
657	20	3	29	20	3	15
656	21	4	30	21	4	16
655	22	5	31	22	5	17
654	23	6	32	23	6	18
653	24	7	33	24	7	19
652	25	8	34	25	8	20
651	襄王 1	9	35	26	9	21
650	2	10	36	惠公 1	10	22
649	3	11	37	2	11	23
648	4	12	38	3	12	24
647	5	13	39	4	13	25
646	6	14	40	5	14	26
645	7	15	41	6	15	27
644	8	16	42	7	16	28

宋	曹	衛	陳	蔡	鄭	燕
6	26	24	17	19	4	15
7	27	25	18	20	5	16
8	28	26	19	穆侯 1	6	17
9	29	27	20	2	7	18
10	30	28	21	3	文公 1	19
11	31	29	22	4	2	20
12	釐公 1	30	23	5	3	21
13	2	31	24	6	4	22
14	3	懿公 1	25	7	5	23
15	4	2	26	8	6	24
16	5	3	27	9	7	25
17	6	4	28	10	8	26
18	7	5	29	11	9	27
19	8	6	30	12	10	28
20	9	7	31	13	11	29
21	昭公 1	8	32	14	12	30
22	2	9	33	15	13	31
23	3	文公 1	34	16	14	32
24	4	2	35	17	15	33
25	5	3	36	18	16	襄公 1
26	6	4	37	19	17	2
27	7	5	38	20	18	3
28	8	6	39	21	19	4
29	9	7	40	22	20	5
30	共公 1	8	41	23	21	6
31	2	9	42	24	22	7
襄公 1	3	10	43	25	23	8
2	4	11	44	26	24	9
3	5	12	45	27	25	10
4	6	13	穆公 1	28	26	11
5	7	14	2	29	27	12
6	8	15	3	莊侯 1	28	13
7	9	16	4	2	29	14

서기전	周	魯	齊	晉	秦	楚
643	9	17	43	8	17	29
642	10	18	孝公 1	9	18	30
641	11	19	2	10	19	31
640	12	20	3	11	20	32
639	13	21	4	12	21	33
638	14	22	5	13	22	34
637	15	23	6	14	23	35
636	16	24	7	文公 1	24	36
635	17	25	8	2	25	37
634	18	26	9	3	26	38
633	19	27	10	4	27	39
632	20	28	昭公 1	5	28	40
631	21	29	2	6	29	41
630	22	30	3	7	30	42
629	23	31	4	8	31	43
628	24	32	5	9	32	44
627	25	33	6	襄公 1	33	45
626	26	文公 1	7	2	34	46
625	27	2	8	3	35	穆王 1
624	28	3	9	4	36	2
623	29	4	10	5	37	3
622	30	5	11	6	38	4
621	31	6	12	7	39	5
620	32	7	13	靈公 1	康公 1	6
619	33	8	14	2	2	7
618	頃王 1	9	15	3	3	8
617	2	10	16	4	4	9
616	3	11	17	5	5	10
615	4	12	18	6	6	11
614	5	13	19	7	7	12
613	6	14	20	8	8	莊王 1
612	匡王 1	15	懿公 1	9	9	2
611	2	16	2	10	10	3

宋	曹	衛	陳	蔡	鄭	燕
8	10	17	5	3	30	15
9	11	18	6	4	31	16
10	12	19	7	5	32	17
11	13	20	8	6	33	18
12	14	21	9	7	34	19
13	15	22	10	8	35	20
14	16	23	11	9	36	21
成公 1	17	24	12	10	37	22
2	18	25	13	11	38	23
3	19	成公 1	14	12	39	24
4	20	2	15	13	40	25
5	21	3	16	14	41	26
6	22	4	共公 1	15	42	27
7	23	5	2	16	43	28
8	24	6	3	17	44	29
9	25	7	4	18	45	30
10	26	8	5	19	穆公 1	31
11	27	9	6	20	2	32
12	28	10	7	21	3	33
13	29	11	8	22	4	34
14	30	12	9	23	5	35
15	31	13	10	24	6	36
16	32	14	11	25	7	37
17	33	15	12	26	8	38
昭公 1	34	16	13	27	9	39
2	35	17	14	28	10	40
3	文公 1	18	15	29	11	桓公 1
4	2	19	16	30	12	2
5	3	20	17	31	13	3
6	4	21	18	32	14	4
7	5	22	靈公 1	33	15	5
8	6	23	2	34	16	6
9	7	24	3	文侯 1	17	7

서기전	周	魯	齊	晉	秦	楚
610	3	17	3	11	11	4
609	4	18	4	12	12	5
608	5	宣公 1	惠公 1	13	共公 1	6
607	6	2	2	14	2	7
606	定王 1	3	3	成公 1	3	8
605	2	4	4	2	4	9
604	3	5	5	3	桓公 1	10
603	4	6	6	4	桓公 2	11
602	5	7	7	5	3	12
601	6	8	8	6	4	13
600	7	9	9	7	5	14
599	8	10	10	景公 1	6	15
598	9	11	頃公 1	2	7	16
597	10	12	2	3	8	17
596	11	13	3	4	9	18
595	12	14	4	5	10	19
594	13	15	5	6	11	20
593	14	16	6	7	12	21
592	15	17	7	8	13	22
591	16	18	8	9	14	23
590	17	成公 1	9	10	15	共王 1
589	18	2	10	11	16	2
588	19	3	11	12	17	3
587	20	4	12	13	18	4
586	21	5	13	14	19	5
585	簡王 1	6	14	15	20	6
584	2	7	15	16	21	7
583	3	8	16	17	22	8
582	4	9	17	18	23	9
581	5	10	靈公 1	19	24	10
580	6	11	2	厲公 1	25	11
579	7	12	3	2	26	12
578	8	13	3	3	27	13

宋	曹	衛	陳	蔡	鄭	燕
文公 1	8	25	4	2	18	8
2	9	26	5	3	19	9
3	10	27	6	4	20	10
4	11	28	7	5	21	11
5	12	29	8	6	22	12
6	13	30	9	7	靈公 1	13
7	14	31	10	8	襄公 1	14
8	15	32	11	9	2	15
9	16	33	12	10	3	16
10	17	34	13	11	4	宣公 1
11	18	35	14	12	5	2
12	19	穆公 1	15	13	6	3
13	20	2	成公 1	14	7	4
14	21	3	2	15	8	5
15	22	4	3	16	9	6
16	23	5	4	17	10	7
17	宣公 1	6	5	18	11	8
18	2	7	6	19	12	9
19	3	8	7	20	13	10
20	4	9	8	景侯 1	14	11
21	5	10	9	2	15	12
22	6	11	10	3	16	13
共公 1	7	定公 1	11	4	17	후략
2	8	2	12	5	18	
3	9	3	13	6	悼公 1	吳
4	10	4	14	7	2	壽夢 1
5	11	5	15	8	成公 1	2
6	12	6	16	9	2	3
7	13	7	17	10	3	4
8	14	8	18	11	4	5
9	15	9	19	12	5	6
10	16	10	20	13	6	7
11	17	11	21	14	7	8

서기전	周	魯	齊	晉	秦	楚
577	9	14	5	4	28	14
576	10	15	6	5	景公 1	15
575	11	16	7	6	2	16
574	12	17	8	7	3	17
573	13	18	9	8	4	18
572	14	襄公 1	10	悼公 1	5	19
571	靈王 1	2	11	2	6	20
570	2	3	12	3	7	21
569	3	4	13	4	8	22
568	4	5	14	5	9	23
567	5	6	15	6	10	24
566	6	7	16	7	11	25
565	7	8	17	8	12	26
564	8	9	18	9	13	27
563	9	10	19	10	14	28
562	10	11	20	11	15	29
561	11	12	21	12	16	30
560	12	13	22	13	17	31
559	13	14	23	14	18	康王 1
558	14	15	24	15	19	2
557	15	16	25	平公 1	20	3
556	16	17	26	2	21	4
555	17	18	27	3	22	5
554	18	19	28	4	23	6
553	19	20	莊公 1	5	24	7
552	20	21	2	6	25	8
551	21	22	3	7	26	9
550	22	23	4	8	27	10
549	23	24	5	9	28	11
548	24	25	6	10	29	12
547	25	26	景公 1	11	30	13
546	26	27	2	12	31	14
545	27	28	3	13	32	15

宋	曹		衛		陳	蔡	鄭		吳	
12	成公	1	12		22	15	8		9	
13	2		獻公	1	23	16	9		10	
平公 1	3		2		24	17	10		11	
2	4		3		25	18	11		12	
3	5		4		26	19	12		13	
4	6		5		27	20	13		14	
5	7		6		28	21	14		15	
6	8		7		29	22	釐公	1	16	
7	9		8		30	23	2		17	
8	10		9		哀公 1	24	3		18	
9	11		10		2	25	4		19	
10	12		11		3	26	5		20	
11	13		12		4	27	簡公	1	21	
12	14		13		5	28	2		22	
13	15		14		6	29	3		23	
14	16		15		7	30	4		24	
15	17		16		8	31	5		25	
16	18		17		9	32	6		諸樊 1	
17	19		18		10	33	7		2	
18	20		殤公	1	11	34	8		3	
19	21		2		12	35	9		4	
20	22		3		13	36	10		5	
21	23		4		14	37	11		6	
22	武公	1	5		15	38	12		7	
23	2		6		16	39	13		8	
24	3		7		17	40	14		9	
25	4		8		18	41	15		10	
26	5		9		19	42	16		11	
27	6		10		20	43	17		12	
28	7		11		21	44	18		13	
29	8		12		22	45	19		餘祭 1	
30	9		獻公 後 1		23	46	20		2	
31	10		2		24	47	21		3	

서기전	周	魯	齊	晉	秦	楚
544	景王 1	29	4	14	33	郟敖 1
543	2	30	5	15	34	2
542	3	31	6	16	35	3
541	4	昭公 1	7	17	36	4
540	5	2	8	18	37	靈王 1
539	6	3	9	19	38	2
538	7	4	10	20	39	3
537	8	5	11	21	40	4
536	9	6	12	22	畢公 1	5
535	10	7	13	23	2	6
534	11	8	14	24	3	7
533	12	9	15	25	4	8
532	13	10	16	26	5	9
531	14	11	17	昭公 1	6	10
530	15	12	18	2	7	11
529	16	13	19	3	8	12
528	17	14	20	4	9	平王 1
527	18	15	21	5	10	2
526	19	16	22	6	11	3
525	20	17	23	頃公 1	12	4
524	21	18	24	2	13	5
523	22	19	25	3	14	6
522	23	20	26	4	15	7
521	24	21	27	5	16	8
520	25	22	28	6	17	9
519	敬王 1	23	29	7	18	10
518	2	24	30	8	19	11
517	3	25	31	9	20	12
516	4	26	32	10	21	13
515	5	27	33	11	22	昭王 1
514	6	28	34	12	23	2
513	7	29	35	13	24	3
512	8	30	36	14	25	4

宋	曹	衛	陳	蔡	鄭	吳
31	11	3	25	48	22	4
32	12	襄公 1	26	49	23	餘昧 1
33	13	2	27	靈侯 1	24	2
34	14	3	28	2	25	3
35	15	4	29	3	26	4
36	16	5	30	4	27	5
37	17	6	31	5	28	6
38	18	7	32	6	29	7
39	19	8	33	7	30	8
40	20	9	34	8	31	9
42	21	靈公 1	35	9	32	10
43	22	2	惠公 1	10	33	11
44	23	3	2	11	34	12
元公 1	24	4	3	12	35	13
2	25	5	4	平侯 1	36	餘昧 14
3	26	6	5	2	定公 1	15
4	27	7	6	3	2	16
5	平公 1	8	7	4	3	17
6	2	9	8	5	4	僚 1
7	3	10	9	6	5	2
8	4	11	10	7	6	3
9	悼公 1	12	11	8	7	4
10	2	13	12	9	8	5
11	3	14	13	悼侯 朱 1	9	6
12	4	15	14	悼侯 1	10	7
13	5	16	15	2	11	8
14	6	17	16	昭候 1	12	9
15	7	18	17	2	13	10
景公 1	8	19	18	3	14	11
2	9	20	19	4	15	12
3	聲公 1	21	20	5	16	闔閭 1
4	2	22	21	6	獻公 1	2
5	3	23	22	7	2	3

서기전	周	魯	齊	晉	秦	楚
511	9	31	37	定公 1	26	5
510	10	32	38	2	27	6
509	11	定公 1	39	3	28	7
508	12	2	40	4	29	8
507	13	3	41	5	30	9
506	14	4	42	6	31	10
505	15	5	43	7	32	11
504	16	6	44	8	33	12
503	17	7	45	9	34	13
502	18	8	46	10	35	14
501	19	9	47	11	36	15
500	20	10	48	12	惠公 1	16
499	21	11	49	13	2	17
498	22	12	50	14	3	18
497	23	13	51	15	4	19
496	24	14	52	16	5	20
495	25	15	53	17	6	21
494	26	哀公 1	54	18	7	22
493	27	2	55	19	8	23
492	28	3	56	20	9	24
491	29	4	57	21	悼公 1	25
490	30	5	58	22	2	26
489	31	6	孺子	23	3	27
488	32	7	悼公 1	24	4	惠王 1
487	33	8	2	25	5	2
486	34	9	3	26	6	3
485	35	10	4	27	7	4
484	36	11	簡公 1	28	8	5
483	37	12	2	29	9	6
482	38	13	3	30	10	7
481	39	14	4	31	11	8
480	40	15	平公 1	32	12	9
479	41	孔子 卒	2	33	13	10

宋	曹	衛	陳	蔡	鄭	吳
6	4	24	23	8	3	4
7	5	25	24	9	4	5
8	隱公 1	26	25	10	5	6
9	2	27	26	11	6	7
10	3	28	27	12	7	8
11	4	29	28	13	8	9
12	靖公 1	30	懷公 1	14	9	10
13	2	31	2	15	10	11
14	3	32	3	16	11	12
15	4	33	4	17	12	13
16	伯陽 1	34	湣公 1	18	13	14
17	2	35	2	19	聲公 1	15
18	3	36	3	20	2	16
19	4	37	4	21	3	17
20	5	38	5	22	4	18
21	6	39	6	23	5	19 (구천)
22	7	40	7	24	6	夫差 1
23	8	41	8	25	7	2
24	9	42	9	26	8	3
25	10	出公 1	10	27	9	4
26	11	2	11	28	10	5
27	12	3	12	成侯 1	11	6
28	13	4	13	2	12	7
29	14	5	14	3	13	8
30	15 亡	6	15	4	14	9
31		7	16	5	15	10
32		8	17	6	16	11
33		9	18	7	17	12
34		10	19	8	18	13
35		11	20	9	19	14
36		12	21	10	20	15
37		莊公 13	22	11	21	16
38		莊公 1	23 亡	12	22	17

서기전	周	魯	齊	晉	秦	楚
478	42	17	3	34	14	11
477	43	18	4	35	15	12
476	元王 44	19	5	36	厲公 1	13
475	元王 1	20	6	37	2	14
474	2	21	7	出公 1	3	15
473	3	22	8	2	4	16
472	4	23	9	3	5	17
471	5	24	10	4	6	18
470	6	25	11	5	7	19
469	7	26	12	6	8	20
468	貞王 1	27	13	7	9	21
467	2	悼公 1	14	8	10	22
466	3	悼公 2	15	9	11	23
465	4	3	16	10	12	24
464	5	4	17	11	13	25
463	6	5	18	12	14	26
462	7	6	19	13	15	27
461	8	7	20	14	16	28
460	9	8	21	15	17	29
459	10	9	22	16	18	30
458	11	10	23	17	19	31
457	12	11	24	18	20	32
456	13	12	25	哀公 19	21	33
455	14	13	宣公 1	20	22	34
454	15	14	2	懿公 21	23	35
453	16	15	3	智伯 滅	24	36
452	17	16	4	23	25	37
451	18	17	5	敬公 1	26	38
450	19	18	6	2	27	39
449	20	19	7	3	28	40
448	21	20	8	4	29	41
447	22	21	9	5	30	42
446	23	22	10	6	31	43

宋	趙	衛	陳	蔡	鄭	吳
38		2	24 亡	13	23	18
39		起 1		14	24	19
40		出公後 1		15	25	20
42	襄子 1	2		16	26	21
43	2	3		17	27	22
44	3	4		18	28	23 亡
45	4	5		19	29	
46	5	6		聲侯 1	30	**越**
47	6	7		2	31	句踐 27
48	7	8		3	32	28
昭公 1	8	悼公 1		4	33	29
2	9	2		5	34	30
3	10	3		6	35	31
4	11	4		7	36	32
5	12	5		8	37	顓與 1
6	13	6		9	哀公 1	2
7	14	7		10	哀公 2	3
8	15	8		11	3	4
9	16	9		12	4	5
10	17	10		13	5	6
11	18	11		14	6	不壽 1
12	襄子 19	12		15	7	2
13	20	13		元侯 1	8	3
14	21	悼公 14		2	共公 1	4
15	22	15		3	2	5
16	23	敬公 1		4	3	6
17	24	2		5	4	7
18	25	3		6	5	8
昭公 19	26	敬公 4		姬齊 1	6	9
20	27	5		2	7	10
21	28	6		3	8	翁 1
22	29	7		4 亡	9	2
23	30	8			10	3

서기전	周	魯	齊	晉	秦	楚
445	24	23	11	7	32	44
444	25	24	12	8	33	45
443	26	25	13	9	34	46
442	27	26	14	10	躁公 1	47
441	28	27	15	11	2	48
440	考王 1	28	16	12	3	49
439	2	29	17	13	4	50
438	3	30	18	14	5	51
437	4	31	19	幽公 15	6	52
436	5	32	20	16	7	53
435	6	33	21	17	8	54
434	7	34	22	18	9	55
433	8	35	23	幽公 1	10	56
432	9	36	24	2	11	57
431	10	37	25	3	12	簡王 1
430	11	元公 1	26	4	13	2
429	12	2	27	5	14	3
428	13	元公 3	28	6	懷公 1	4
427	14	4	29	7	2	5
426	15	5	30	8	3	6
425	威烈 1	6	31	9	4	7
424	2	7	32	10	靈公 1	8
423	3	8	33	11	2	9
422	4	9	34	12	3	10
421	5	10	35	13	4	11
420	6	11	36	14	5	12
419	7	12	37	烈公 15	6	13
418	8	13	38	16	7	14
417	9	14	39	17	8	15
416	10	15	40	18	9	16
415	11	16	41	烈公 1	10	17
414	12	17	42	2	簡公 1	18
413	13	18	43	3	2	19

宋	趙	衛	魏	韓	鄭	越
24	31	9	文侯 1		11	4
25	32	10	2		12	5
26	33	11	3		13	6
27	34	12	4		14	7
28	35	13	5		15	8
29	36	14	6		16	9
30	37	15	7		17	10
31	38	16	8		18	11
32	39	17	9		19	12
33	40	18	10		20	13
34	41	19	11		21	14
35	42	昭公 1	12		22	15
36	43	2	13		23	16
37	44	3	14		24	17
38	45	昭公 4	15		25	18
39	46	5	16		26	19
40	47	6	17		27	20
41	48	懷公 1	18		28	21
42	49	2	19		29	22
43	50	3	20		30	23
44	51	懷公 4	21		31	24
45	桓子 1	5	文侯 22	武子 1	幽 32	25
46	獻侯 1	6	23	2	繻 幽公 1	26
47	2	7	24	3	繻公 1	27
48	3	8	25	4	2	28
49	4	9	26	5	3	29
50	5	10	27	6	4	30
51	6	11	28	7	5	31
52	7	慎公 1	29	8	6	32
53	8	2	30	9	7	33
54	9	3	31	10	8	34
55	10	慎公 4	32	11	9	35
56	11	5	33	12	19	36

서기전	周	魯	齊	晉	秦	楚
412	14	19	44	4	3	20
411	15	20	45	5	4	21
410	16	21	46	6	5	22
409	17	穆公 1	47	7	6	23
408	18	2	48	8	7	24
407	19	3	49	9	8	聲王 1
406	20	4	50	10	9	2
405	21	5	51	11	10	3
404	22	6	康公 1	12	11	4
403	23	7	2	13	12	5
402	24	8	3	14	13	6
401	安王 1	9	4	15	14	悼王 1
400	2	10	5	16	15	2
399	3	11	6	17	惠公 1	3
398	4	12	7	18	2	4
397	5	13	8	19	3	5
396	6	14	9	20	4	6
395	7	15	10	21	5	7
394	8	16	11	22	6	8
393	9	17	12	23	7	9
392	10	18	13	孝公 24	8	10
391	11	19	14	25	9	11
390	12	20	15	26	10	12
389	13	21	16	27	11	13
388	14	22	17	桓公 1	12	14
387	15	23	18	2	13	15
386	16	24	19 亡	3	出公 1	16
385	17	25	20	4	2	17
384	18	26	21	5	獻公 1	18
383	19	27	22	6	2	19
382	20	28	23	7	3	20
381	21	29	24	8	4	21
380	22	30	25	9	5	蕭王 1

宋	趙	衛	魏	韓	鄭	越
57	12	6	34	13	11	37
58	13	7	35	14	12	翳 1
59	14	8	36	15	13	2
60	15	9	37	16	14	3
61	烈侯 1	10	38	景侯 1	15	4
62	2	11	39	2	16	5
63	3	12	40	3	17	6
64	4	13	41	4	18	7
65	5	14	42	5	19	8
悼公 66	6	15	43	6	20	9
悼公 1	7	16	44	7	21	10
2	8	17	45	8	22	11
3	9	18	46	9	23	12
4	武公 10	19	47	烈侯 1	24	13
5	11	20	48	2	25	14
6	12	21	49	3	26	15
7	13	22	50	4	27	16
休公 8	14	23	武侯 1	5	康公 1	17
9	15	24	2	6	2	18
10	16	25	3	7	3	19
11	17	26	4	8	4	20
12	18	27	5	9	5	21
13	19	28	6	10	6	22
14	20	29	7	11	7	23
15	21	30	8	12	8	24
16	22	31	9	13	9	25
17	敬侯 1	32	武侯 10	文侯 1	10	26
18	2	33	11	2	11	27
休公 1	3	34	12	3	12	28
2	4	35	13	4	13	29
3	5	36	14	5	14	30
4	6	37	15	6	15	31
5	7	38	16	7	16	32

서기전	周	魯	齊	晉	秦	楚
379	23	31	26	10	6	2
378	24	32		11	7	3
377	25	33		靜公 12	8	4
376	26	共公 1		13 亡	9	5
375	烈王 1	2		14	10	6
374	2	3		15	11	7
373	3	4		16	12	8
372	4	5		17	13	9
371	5	6		18	14	10
370	6	7		靜公 1	15	11
369	7	8		2 亡	16	宣王 1

宋	趙	衛	魏	韓	鄭	越
6	8	39	17	8	17	33
7	9	40	18	9	18	34
8	10	41	19	10	19	35
9	11	42	20	哀侯 1	20	36
10	12	聲公 1	21	2	21 亡	之侯 1
11	成侯 1	2	22	懿侯 1		2
12	2	3	23	2		3
辟公 13	3	聲公 4	24	3		4
14	4	5	25	4		5
15	5	6	惠王 26	懿侯 5		6
剔成 16	6	7	惠王 1	6		7

지명

《신주 사마천 사기》〈세가〉를 만든 사람들

한가람역사문화연구소 사기연구실

이덕일(한가람역사문화연구소 소장, 문학박사)
김명옥(문학박사)
송기섭(문학박사)
이시율(고대사 및 역사고전 연구가)
정 암(지리학박사)
최원태(고대사 연구가)

한가람역사문화연구소는 1998년 창립된 이래 한국 사학계에 만연한 중화사대주의 사관과 일제식민 사관을 극복하고 한국의 주체적인 역사관을 세우려 노력하고 있는 학술연구소이다. 독립운동가들의 역사관 계승 작업을 꾸준히 진행하는 한편 《사기》 본문 및 '삼가주석'에 한국 고대사의 진실을 말해주는 수많은 기술이 있음을 알고 연구에 몰두했다. 지난 10여 년간 '《사기》 원전 및 삼가주석 강독(강사 이덕일)'을 진행하는 한편 사기연구실 소속 학자들과 《사기》에 담긴 한중고대사의 진실을 찾기 위한 연구 및 답사도 계속했다. 《신주 사마천 사기》는 원전 강독을 기초로 여러 연구자들이 그간 토론하고 연구한 결과의 집대성이라고 할 수 있다. 한가람역사문화연구소는 《신주 사마천 사기》 출간을 시작으로 역사를 바로세우기 위해 토대가 되는 문헌사료의 번역 및 주석 추가 작업을 꾸준히 이어갈 계획이다.

한문 번역 교정

박종민 유정님 오선이 김효동 이주은 김현석

《사기》를 지은 사람들

본문_ 사마천

사마천은 자가 자장子長으로 하양(지금 섬서성 한성시) 출신이다. 한 무제 때 태사공을 역임하다가 이릉 사건에 연루되어 궁형을 당했다. 기전체 사서이자 중국 25사의 첫머리인 《사기》를 집필해 역사서 저술의 신기원을 이룩했다. 후세 사람들이 태사공 또는 사천이라고 높여 불렀다. 《사기》는 한족의 시각으로 바라본 최초의 중국 민족사라고 할 수 있는데 여기서 사마천은 동이족의 역사를 삭제하거나 한족의 역사로 바꾸기도 했다.

삼가주석_ 배인·사마정·장수절

《집해》 편찬자 배인은 자가 용구龍駒이며 남북조시대 남조 송 (420~479)의 하동 문희(현 산서성 문희현) 출신이다. 진수의 《삼국지》에 주석을 단 배송지의 아들로 《사기집해》 80권을 편찬했다.

《색은》 편찬자 사마정은 자가 자정子正으로 당나라 하내(지금 하남성 심양) 출신인데 굉문관 학사를 역임했다. 사마천이 삼황을 삭제한 것을 문제로 여겨서 〈삼황본기〉를 추가했으며 위소, 두예, 초주 등 여러 주석자의 주석을 폭넓게 모으고 자신의 견해를 덧붙여 《사기색은》 30권을 편찬했다.

《정의》 편찬자 장수절은 당나라의 저명한 학자로, 개원 24년(736) 《사기정의》 서문에 "30여 년 동안 학문을 섭렵했다"고 썼을 정도로 《사기》 연구에 몰두했다. 그가 편찬한 《사기정의》에는 특히 당나라 위왕 이태 등이 편찬한 《괄지지》를 폭넓게 인용한 것을 비롯해서 역사지리에 관한 내용이 풍부하다.